V&R unipress

Schriften zum
Internationalen Privatrecht
und zur Rechtsvergleichung

Band 49

Herausgegeben im
European Legal Studies Institute /
Institut für Europäische Rechtswissenschaft /
Institut pour le droit en Europe
der Universität Osnabrück

von
Professor Dr. Dr. h. c. mult. Christian von Bar, FBA, MAE,
Professor Dr. Christoph Busch,
Professor Dr. Hans Schulte-Nölke, MAE, und
Professor Dr. Dr. h. c. Fryderyk Zoll

Franziska Mürmann

Der zivilrechtliche Schutz des ungeborenen Kindes vor seiner Mutter

V&R unipress

Universitätsverlag Osnabrück

UNIVERSITÄT OSNABRÜCK

MIX
Papier aus verantwortungsvollen Quellen
FSC www.fsc.org FSC® C083411

Bibliografische Information der Deutschen Nationalbibliothek
Die Deutsche Nationalbibliothek verzeichnet diese Publikation in der Deutschen Nationalbibliografie; detaillierte bibliografische Daten sind im Internet über https://dnb.de abrufbar.

Veröffentlichungen des Universitätsverlags Osnabrück erscheinen bei V&R unipress.

Druck und Bindung: CPI books GmbH, Birkstraße 10, D-25917 Leck
Printed in the EU.

Vandenhoeck & Ruprecht Verlage | www.vandenhoeck-ruprecht-verlage.com

ISSN 2198-7041
ISBN 978-3-8471-1357-7

Inhalt

Einleitung

Bedeutung des Themas

Am 09. September jeden Jahres wird in vielen Ländern der Welt der Tag des alkoholgeschädigten Kindes begangen, um auf die zahlreichen Folgen pränatalen Kontaktes mit Alkohol aufmerksam zu machen. Eine Fetale-Alkohol-Spektrum-Störung (FASD= fetal alcohol spectrum disorder) ist die häufigste angeborene Krankheit in Deutschland; die aber hundertprozentig vermeidbar ist. Jährlich werden hierzulande 3.000–4.000 Kinder mit FASD geboren. Laut Umfragen trinken mehr als die Hälfte der Frauen in Deutschland[1] und etwa 10 Prozent der Weltbevölkerung[2] während der Schwangerschaft Alkohol. Folge pränatalen Alkoholkonsums können schwerwiegende körperliche oder geistige Einschränkungen sein, die ein selbständiges Leben der Betroffenen in vielen Fällen nicht zulassen.

Die Häufigkeit und die schweren Auswirkungen des Alkoholkonsums geben Anlass zu der Frage, ob der Staat einschreiten sollte, wenn erkennbar ist, dass eine Mutter durch ihr Verhalten das noch ungeborene Kind schädigt. Neben präventiven Maßnahmen sind auch Schadensersatzansprüche denkbar, die eine Abschreckungswirkung erzielen und mit deren Hilfe die Kosten, welche auf etwa zwei Millionen US Dollar pro Betroffenen geschätzt werden[3], auf die Schädigerin[4] übertragen werden könnten.

Auch andere pränatale Verletzungen können über die Geburt des Menschen hinaus schwere körperliche und geistige Beeinträchtigungen hervorrufen. Neben

1 *Spohr*, das Fetale Alkoholsyndrom S. 113.

2 *Popova/Lange u. a.*, The Lancet 2017, 290.

3 Studie des US Department of Health and Human Services, deutsche Übersetzung: https://www.ev-sonnenhof.de/dokumente/FASD%20in%20Zahlen.pdf (abgerufen am 25.07.2018).

4 Aus Gründen der leichteren Lesbarkeit wird im Folgenden bei personenbezogenen Substantiven und Pronomen überwiegend die männliche Sprachform verwendet. Dies impliziert jedoch keine Benachteiligung des weiblichen Geschlechts, sondern soll im Sinne der sprachlichen Vereinfachung als geschlechtsneutral zu verstehen sein.

einer Schädigung durch Alkohol stehen zahlreiche weitere Verhaltensweisen im Ruf, Schäden an ungeborenen Kindern zu verursachen. Beispielhaft genannt werden sollen hier das Rauchen, Flugreisen, Sportarten wie Reiten, Skifahren oder Joggen aber auch der Kontakt mit Katzen oder sogar der Gebrauch von Haarfärbemitteln.

In diesem Zusammenhang stellt sich auch die Frage, wie mit der schwerwiegendsten Verletzung – der Abtötung einer Leibesfrucht – umzugehen ist. Diesbezüglich ist von besonderem Interesse, ob der Staat oder ein Dritter, typischerweise der Vater des ungeborenen Kindes, einen von der Mutter gewünschten Schwangerschaftsabbruch verhindern kann.

Angesichts der Schwere der möglichen Beeinträchtigung und der Höhe der Kosten für die Allgemeinheit vielleicht verwunderlich, wird ein weitreichender Schutz durch das Zivilrecht nicht gewährt. Dies liegt neben rechtlichen Bedenken, wie den entgegenstehenden Rechten der werdenden Mutter, an praktischen Problemen. Die rechtlichen Schutzmöglichkeiten sind in hohem Maße von den Erkenntnissen und Überzeugungen der medizinischen Wissenschaft abhängig. Während die Liste der Verhaltensweisen, die Schäden des ungeborenen Kindes hervorrufen können, lang ist, ist die Liste sicher schädlicher Verhaltensweisen erstaunlich kurz. Die medizinische Praxis behilft sich insoweit damit, Schwangeren von Verhaltensweisen abzuraten, wenn ungewiss ist, ob diese ein Risiko für das ungeborene Kind darstellen. Eine Übertragung dieses Vorgehens auf die rechtliche Beurteilung ist bedenklich. Es ist fraglich, ob einem Menschen ein Verhalten vorgeworfen oder es ihm versagt werden darf, lediglich weil nicht auszuschließen ist, dass es schädliche Folgen für einen anderen haben kann. Unter Berücksichtigung der langen Liste an möglicherweise schädlichen Verhaltensweisen, wäre die Schwangere permanent dem Risiko einer Haftung oder Unterlassungsanordnung ausgesetzt. Vorgegriffen werden kann an dieser Stelle schon, dass nicht jede potentielle schädliche Handlung der Schwangeren rechtliche Maßnahmen nach sich ziehen wird. Ob aus dieser medizinischen Unsicherheit heraus sämtliche Maßnahmen abzulehnen sind, oder ob eine Grenze herausgearbeitet werden kann, jenseits derer rechtliche Schutzmaßnahmen auch bei verbleibender Ungewissheit zulässig sind, ist eines der Hauptaugenmerke der vorliegenden Arbeit.

Freilich werden praktischen Beweisschwierigkeiten vor allem hinsichtlich der Geltendmachung von Schadensersatzansprüchen eine erhebliche Hürde darstellen. Die Ausführungen hinsichtlich der Schadensersatzansprüche sind damit überwiegend theoretischer Natur. Aufgrund der abschreckenden Wirkung von Schadensersatzansprüchen vermag jedoch auch eine rein theoretische Schadensersatzverpflichtung einen – wenngleich geringen – Beitrag für einen besseren Kindesschutz erbringen. Diese Wirkung des Schadenersatzanspruchs, damit aber zugleich auch die Beeinträchtigung der (Grund-) Rechte der Schwangeren, ist erheblich höher, wenn ein Schadensersatzanspruch für ein bestimmtes Verhalten grundsätzlich anerkannt ist und lediglich aufgrund von Nachweisschwierigkeiten im Einzelfall versagt wird.

Vor allem dem Thema »Alkoholkonsum im Mutterleib« wird in der Öffentlichkeit zusehends breitere Aufmerksamkeit geschenkt.[5] Aus juristischer Sicht beschäftigen sich aktuell aber nur wenige Autoren mit der Problematik. Gerade im Hinblick auf den stets fortschreitenden medizinischen Kenntnisstand, ist das Thema jedoch von aktueller Bedeutung.

Überblick Forschungsstand

Die Anzahl an (veröffentlichter) Rechtsprechung zu dieser Thematik lässt sich an einer Hand abzählen. Der Meinungsstand in der Literatur lässt sich in etwa wie folgt zusammenfassen: Die Frage nach der zivilrechtlichen Beziehung zwischen werdender Mutter und ungeborenem Kind wird weitestgehend ignoriert. Sofern die Frage Beachtung findet, werden Maßnahmen gegen die Schwangere in der Regel mit einem oftmals pauschalen Hinweis auf deren entgegenstehende Persönlichkeitsrechte abgelehnt. Anerkannt wird allenfalls eine soziale, nicht aber eine rechtliche Pflicht der Mutter, für ihr ungeborenes Kind zu sorgen und es vor Gesundheitsschädigungen zu bewahren.

Anders ist die Situation hinsichtlich des Lebensschutzes des ungeborenen Kindes. Diesbezüglich kann auf einen deutlich umfangreicheren Forschungsstand zurückgegriffen werden. Vor allem aufgrund der Entscheidung des Gesetzgebers zur Strafbarkeit bestimmter Schwangerschaftsabbrüche werden die Rechte der Mutter in diesen Fällen als nachrangig erachtet und zivilrechtliche Maßnahmen seitens der Familiengerichte überwiegend befürwortet.

Untersuchungsgegenstand/ -fragen

Ziel dieser Arbeit ist es, herauszufinden, ob das deutsche Zivilrecht von der Mutter eine Lebensweise fordern und durchsetzen kann, welche das ungeborene Kind vor Schäden bewahrt, oder ob die Mutter frei von staatlichen Zwängen über ihr Leben und mithin auch über das Wohl des Kindes bestimmen kann.

Die Beantwortung dieser Fragen richtet sich entscheidend nach der Stellung des ungeborenen Menschen in der Rechtsordnung und der Gewichtung der

5 Vgl. z. B.: https://www.zeit.de/2018/37/alkoholsyndrom-schwangerschaft-fas, http://www.spiegel.de/gesundheit/schwangerschaft/alkohol-in-der-schwangerschaft-ist-ein-glas-doch-okay-a-1167129.html. (abgerufen am 12. März 2019).

Rechte und Interessen der werdenden Mutter im Verhältnis zu denen des gefährdeten Kindes. Ob die Rechte gleichrangig gegeneinander abzuwägen sind, der Schutz des einen dem Schutz des anderen vorgeht und ob die Interessen der werdenden Mutter und des ungeborenen Kindes überhaupt wie bei zwei unabhängig voneinander existierenden Personen gegeneinander abgewogen werden können, wird von entscheidender Bedeutung sein. Anders als bei zwei voneinander getrennt existierenden Personen sind die Wechselwirkungen zwischen dem Schutz des einen und dem des anderen sehr viel stärker ausgeprägt.

Sowohl die rechtliche Stellung des ungeborenen Lebens als auch die Besonderheit der untrennbaren körperlichen Verbindung zwischen werdender Mutter und Kind unterscheidet diese Beziehung von denen, die in allen anderen Fällen zwischen einem Schädiger und einem Geschädigten bestehen.

Welche Stellung dem ungeborenen menschlichen Leben zukommen soll, kann weder das öffentliche noch das bürgerliche Recht eindeutig beantworten. Viele Bezeichnungen und Forderungen nach einem gleichberechtigten Schutz folgen lediglich dem begrifflichen Bestreben, das menschliche Leben vor der Geburt nicht als weniger bedeutsam zu bezeichnen. Der Leser wird sich an mancher Stelle nicht leicht des Eindrucks erwehren können, dass ein Schutz des ungeborenen Menschen vorrangig auf sprachlicher Ebene versucht wird, die praktische Anwendung diesen Forderungen aber nicht nachkommt.

Die außergewöhnliche Beziehung zwischen werdender Mutter und ungeborenem Kind führt zu einer rechtlichen Sonderstellung des ungeborenen Kindes im Verhältnis zu seiner Mutter. Nur wenn die pränatale Lebensform des Menschen als – und hier sind keine beschönigenden Bezeichnungen angebracht – geringwertigere oder neutraler ausgedrückt, weniger geschützte Vorstufe zum geborenen Menschen gewertet wird, ist zu erklären, warum ein Rechtsschutz vor schädlichen Verhaltensweisen der werdenden Mutter nach dem deutschem Recht versagt wird. Anderenfalls wäre es keinesfalls selbstverständlich, Grundrechte von herausragender Bedeutung wie die Grundrechte auf Leben und körperliche Unversehrtheit gegenüber den Persönlichkeitsrechten eines anderen hintenanzustellen.

Dass gesundheitsgefährdende Behandlungen des ungeborenen Kindes mit zivilrechtlichen Maßnahmen nicht zu verhindern sein sollen, scheint dessen Interessen zu vernachlässigen. Ein pauschaler Hinweis auf die Persönlichkeitsrechte der werdenden Mutter wäre jedenfalls dann nicht ausreichend, wenn dem ungeborenen Kind bereits Rechte auf Leben und Gesundheit zukommen. Diejenigen Autoren, allen voran Michael Coester und Dagmar Coester-Waltjen sowie aus der älteren Literatur zum Beispiel Walter Selb, die sich vertieft mit der Rechtsbeziehung zwischen Mutter und Fetus auseinandergesetzt haben, zeigen die Probleme auf, welche bei der Ausgestaltung von Maßnahmen zum Schutz des ungeborenen Kindes zu berücksichtigen sind. Eine ideale oder auch nur gute

Lösung, die sowohl die Rechte und Interessen der Mutter aber auch diejenigen des Kindes sichert, wird nicht möglich sein. Aufgrund der untrennbaren körperlichen Verbindung zwischen werdender Mutter und ungeborenem Kind bedeutet der Schutz des einen stets eine Beschränkung des Schutzes des anderen. Sämtliche Ausführungen, einschließlich der hier folgenden, können lediglich ein Versuch sein, die Interessen beider Parteien bestmöglich in Einklang zu bringen.

Sowohl für die vorbeugenden Maßnahmen als auch für die Schadensersatzansprüche wird sich die besondere körperliche Verbindung zwischen Mutter und Kind als bedeutsam herausstellen. Entscheidend ist die Gewichtung der Rechte und Interessen von Mutter und Kind. Die Stellung des ungeborenen Kindes hängt davon ab, ob man es überwiegend als Teil der Mutter oder als eigenständiges Lebewesen betrachtet. Das Kind kann weder als gegenüber der Mutter eigenständiges Wesen, noch lediglich als der Entscheidung der Frau vollständig unterworfener unselbständiger Teil ihres Körpers angesehen werden. Coester weist zu Recht auf den Widerspruch hin, dass für das Recht des Schwangerschaftsabbruchs die Interessen und Rechte von Mutter und Kind bereits intensiv diskutiert und zu einem Ausgleich gebracht wurden, es jedoch der ungeregelten Willkür der Frau obliegt, dem Kind an Körper und Gesundheit Schäden zuzufügen.[6] Dies ist insbesondere für Verhaltensweisen bedenklich, die ein Absterben des Embryos zur Folge haben können. Nicht umsonst wird die Forderung erhoben, ein gesetzliches Instrumentarium zu schaffen, welches effektive Maßnahmen gegen schädliche Verhaltensweisen von Müttern zulässt.[7] Es sollte zumindest rechtstheoretisch in eine intensive Diskussion über den Umfang des Schutzes ungeborener Kinder eingetreten werden.

Rechtsvergleichende Einschübe

Der Leser wird an verschiedenen Stellen der Arbeit auf mehr oder weniger knappe Darstellungen des amerikanischen Rechts stoßen. Es handelt sich hierbei um vereinzelte Funde. Eine vollständige Aufarbeitung der amerikanischen Rechtsprechung und Literatur erfolgt nicht, da Kern der folgenden Ausführungen die deutsche Rechtslage ist. Der Schutz des Kindes vor der Mutter ist in den USA jedoch in nicht unerheblichem Umfang Gegenstand von Rechtsprechung und Literatur. Ausgewählte Funde sollen daher herangezogen werden, um alternative Lösungsansätze oder Argumentationsstränge aufzuzeigen. Diese können die weniger umfangreich geführte Diskussion in Deutschland unterstützen. Ferner möge der Leser auf die teilweise gegenläufige Argumentation aufmerk-

6 *Coester*, FPR 2009, 549, 511.
7 So zum Beispiel *Weber*, NZFam 2018, 510, 513.

sam werden. Scheinen die Argumente der deutschen Literatur schlüssig und überzeugend, ist es interessant zu sehen, dass in der amerikanischen Rechtsprechung und Literatur dieselben Tatsachen und Besonderheiten zur Begründung des gegenteiligen Ergebnisses herangezogen werden. Auch hieraus lassen sich gewisse Rückschlüsse ziehen. Insbesondere der in der deutschen Literatur oftmals selbstverständliche Vorzug der Rechte und Interessen der werdenden Mutter vor denen des Kindes kann aufgrund gegensätzlicher Stimmen der amerikanischen Literatur ernstlich hinterfragt werden. Schlussendlich dienen die Einschübe amerikanischer Gerichtsentscheidungen auch zur Veranschaulichung der Problematik an praktischen Fällen.

Gang der Untersuchung

Ansätze für einen Schutz finden sich zwar auch im Strafrecht oder im sonstigen öffentlichen Recht durch die Grundrechte, der Fokus dieser Arbeit soll jedoch auf den zivilrechtlichen Maßnahmen liegen. Das öffentliche Recht – insbesondere das Verfassungsrecht – und das Strafrecht nehmen gleichwohl Einfluss auf die zivilrechtliche Ausgestaltung, indem sie dem zivilrechtlichen Schutz Grenzen setzen, Anforderungen an ihn stellen oder jedenfalls wertend herangezogen werden können. Von Bedeutung ist vor allem, ob dem ungeborenen Kind schon Grundrechte zustehen, die eine Pflicht des Zivilrechts bzw. der Zivilgerichte zum Schutz des ungeborenen Kindes erforderlich machen können. Bestehen Grundrechte des ungeborenen Kindes können sie denen der Mutter Schranken setzen und eine Interessenabwehr erforderlich machen. Hinsichtlich des Strafrechts sind insbesondere die Auswirkungen von zulässigen Schwangerschaftsabbrüchen zu berücksichtigen. Ob und welchen Einfluss dies auf die zivilrechtliche Ausgestaltung des Schutzes ungeborener Kinder nimmt, wird jedenfalls aus rechtspolitischen Gesichtspunkten von Bedeutung sein. Ausführungen zum Straf- und zum öffentlichen Recht erfolgen im Wesentlichen nur insoweit, als der zivilrechtliche Schutz darauf aufbaut und dienen im Übrigen der Einordnung des nasciturus in das Gesamtkonzept des deutschen Rechtssystems.

Da in der Literatur ein Schutz des ungeborenen Kindes durch das Zivilrecht vielfach pauschal versagt wird, soll zunächst unabhängig von den möglichen Eingriffs- oder Anspruchsgrundlagen auf diese Argumente eingegangen werden. Da diese, wie sich zeigen wird, ein Vorgehen gegen die Mutter nicht von vorneherein ausschließen, sollen daran anschließend die in Betracht kommenden Rechtsnormen auf deren Eignung zum Schutz des ungeborenen Kindes untersucht werden.

Zunächst soll auf die beschränkten Möglichkeiten der Familiengerichte nach § 1666 BGB eingegangen werden. Neben der Anwendbarkeit der Norm bereitet vor allem die Wahl der zulässigen Maßnahmen Probleme.

Anschließend wird aufgezeigt, warum weder das ungeborene Kind selbst noch dessen Vater im Namen des Kindes Unterlassungsansprüche gegen die Mutter geltend machen können. Weitestgehend außen vor bleiben sollen dabei Unterlassungsansprüche des Vaters aus eigenem Recht, da hierbei nicht die zu untersuchende Beziehung zwischen der werdenden Mutter und ihrem ungeborenen Kind im Fokus steht. Unumgänglich in diesem Zusammenhang ist eine Zusammenfassung des umfassenden Meinungsstandes in Bezug auf die Rechtsfähigkeit des nasciturus. Deren Anerkennung ist sowohl Bedingung für sämtliche Unterlassensansprüche als auch bedeutsam im Zusammenhang mit der Schadensersatzberechtigung pränatal geschädigter Personen.

Als effektivere, wenngleich ebenfalls beschränkte, Maßnahme zum Schutz des ungeborenen Kindes, wird schließlich auf die Möglichkeit von Schadensersatzansprüchen eingegangen. In diesem Rahmen werden zunächst die Zulässigkeit und der Nutzen von Schadensersatzansprüchen im Verhältnis des pränatal geschädigten Kindes zu seiner Mutter diskutiert. Sodann wird die Haftungsbeschränkung des § 1664 Abs. 1 BGB und deren Anwendung auf pränatale Verletzungen kritisch untersucht. Das abschließende Kapitel widmet sich dem Versuch, die Verkehrspflichten einer schwangeren Frau herauszuarbeiten.

Bei all dem soll ausschließlich die Verletzung des ungeborenen aber bereits gezeugten Kindes Untersuchungsgegenstand sein; nicht eingegangen werden soll auf mögliche Schädigungen, die bereits vor der Zeugung des Kindes angelegt sind.

1. Kapitel:
Der Schutz des ungeborenen Kindes durch Verfassungs- und Strafrecht

1. Die Bedeutung des Verfassungs- und Strafrechts für den zivilrechtlichen Schutz

Im BGB finden sich verschiedene Wege, um eine Person vor Verletzungen durch andere zu schützen. Im Verhältnis von Kindern zu ihren Eltern bietet das Familienrecht spezielle Instrumente. Nach § 1666 BGB kann das Familiengericht Maßnahmen zum Schutz eines Kindes erlassen, wenn dessen Wohl gefährdet wird. Angedacht werden kann auch, dem Vater die Befugnis zu erteilen, gegen die werdende Mutter Unterlassungsansprüche für sein Kind geltend machen zu können. In der Literatur findet sich regelmäßig auch die Überlegung, ob das Kind selber bereits vorgeburtlich mit dem allgemein zivilrechtlichen Unterlassungsanspruch nach § 1004 analog in Verbindung mit § 823 BGB gegen die Mutter vorgehen kann. Schließlich können auch deliktische Schadensersatzansprüche einen Beitrag zum Schutz vor Verletzungen leisten, da ihnen eine Abschreckungswirkung zukommt. Sie bieten zudem eine finanzielle Kompensation des Geschädigten.

Ob das ungeborene Kind mithilfe dieser Instrumente tatsächlich vor schädigenden Verhaltensweisen seiner Mutter geschützt werden kann, wird in den weiteren Kapiteln detailliert untersucht. Da in diesem Rahmen zumindest die Wertungen des Verfassungs- und Strafrechts in der Diskussion um den zivilrechtlichen Rechtsschutz des ungeborenen Kindes gegenüber seiner Mutter an verschiedenen Stellen herangezogen werden, möchte ich den Ausführungen zu den aussichtsreichen BGB-Normen an dieser Stelle kurz vorgreifen und die Schnittstelle der zivilrechtlichen Schutzmöglichkeiten mit dem Verfassungs- bzw. Strafrecht beleuchten.

Unabhängig von der Art des zivilrechtlichen Schutzes gilt, dass die Gewährung verfassungsrechtlichen Schutzes, die Pflicht des Staates nach sich zieht, diese Rechte wenn nötig auch mit Mitteln des Zivilrechts zu wahren.

Ob familiengerichtliche Maßnahmen nach § 1666 BGB überhaupt möglich sind, hängt zunächst davon ab, ob diese Norm auch Gefährdungen des ungeborenen Kindes erfasst. Dies ist davon abhängig, ob und in welchem Umfang elterliche Sorge schon vorgeburtlich geschuldet ist. Diese Frage kann wegen der Pflicht zur verfassungskonformen Auslegung von der Entscheidung geprägt sein, ob dem Kind schon vorgeburtlich die Grundrechte auf Leben und Gesundheit sowie ein Recht auf Pflege durch seine Eltern zuerkannt werden.

Auswirken werden sich die Grundrechte des Kindes auch bei einer Interessenabwägung, welche sowohl für die familiengerichtlichen Maßnahmen als auch hinsichtlich der Schadensersatzansprüche relevant ist. Da alle Maßnahmen zum Schutz des ungeborenen Kindes die Rechte der werdenden Mutter berühren, werden ihre Rechte den familiengerichtlichen Maßnahmen eine Grenze setzen. Die Grundrechte der Mutter können aber nicht alleinige Richtschnur sein, wenn auch dem ungeborenen Kind Grundrechte zugesprochen werden. Man wird damit den Kindesschutz nicht mit einem pauschalen Hinweis auf die entgegenstehenden Grundrechte der Mutter ablehnen können. Vielmehr bedarf es der Abwägung, ob und welche Eingriffe die Mutter in ihre Rechte zu erdulden hat, um Leben und Gesundheit ihres ungeborenen Kindes zu schützen.

Grundrechte des nasciturus sind auch bei der Diskussion um die Rechtsfähigkeit des Menschen vor seiner Geburt relevant. Diese wiederum ist zum einen bedeutsam für die Möglichkeit von Unterlassungsansprüchen des ungeborenen Kindes, zum anderen im Rahmen der Schadensersatzansprüche. Wird eine Person vorgeburtlich an der Gesundheit geschädigt, bestehen hinsichtlich der Schadensersatzberechtigung keine Bedenken, wenn der Mensch schon vorgeburtlich in Bezug auf die Gesundheit rechtsfähig ist. Anderenfalls muss erwogen werden, ob auf eine Verletzung des geschädigt zur Welt gekommenen Menschen abgestellt werden kann. Werden die Grundrechte auf Leben und Gesundheit durch die Verfassung schon vorgeburtlich geschützt, wäre es zweifelhaft, das ungeborene Kind zivilrechtlich in diesem Bereich vollkommen rechtlos zu stellen.

Auch die strafrechtlichen Regelungen können einen Einfluss auf das zivilrechtliche Verhältnis des ungeborenen Kindes zu seiner Mutter nehmen. Insbesondere die Auswirkung der strafrechtlichen Freistellung bestimmter Schwangerschaftsabbrüche wird in der zivilrechtlichen Literatur diskutiert. Problematisiert wird vor allem, ob ein Schwangerschaftsabbruch mit zivilrechtlichen Mitteln verhindert werden kann, auch wenn er nicht strafbar ist. Ist die Mutter in einem bestimmten Umfang befugt, über das Leben ihres Kindes zu entscheiden, lässt sich fragen, ob die strafrechtliche Möglichkeit, das Leben des Kindes zu beenden auch dazu führt oder führen sollte, reine Gesundheitsgefährdungen zivilrechtlich sanktionslos zu behandeln. Oder ist es vielmehr so, dass die Mutter ihr Kind zwar töten, nicht aber schädigen darf? Freilich handelt es sich hierbei überwiegend um rechtspolitische Fragen. Da das BVerfG – worauf an entsprechender Stelle noch näher eingegangen wird – die strafrechtlichen Regelungen des Schwangerschaftsabbruchs für verfassungskonform hält und das Verbot aufgestellt hat, die Entscheidung des Strafrechtsgesetzgebers zum Schutz des Kindes durch ein Beratungskonzept und der Stärkung der Entscheidungsbefugnis der werdenden Mutter nicht mit anderen Mitteln zu unterlaufen, können die strafrechtlichen Regelungen bei der zivilrechtlichen Begutachtung nicht außen vor bleiben.

a) Der Einfluss des Verfassungsrechts

Auf Grund der Bedeutung des Verfassungsrechts für die zivilrechtlichen Schutzmöglichkeiten soll zunächst gezeigt werden, dass dem Menschen schon vorgeburtlich Menschenwürde und die Grundrechte auf Leben, körperliche Unversehrtheit sowie das Recht auf Pflege zukommen. Besonderes Augenmerk liegt dabei auf der Frage, ob die Grundrechte dem Menschen vorgeburtlich schon im vollen Umfang zukommen oder ob insoweit von einer beschränkten Sonderstellung auszugehen ist.

(1) Die Grundrechte

(a) Recht auf Leben, Art. 2 Abs. 2 S. 1 Alt. 1 GG

Art. 2 Abs. 2 S. 1 Alt. 1 GG bestimmt, dass jeder das Recht auf Leben hat. Ob und gegebenenfalls ab welchem Zeitpunkt dem sich im Mutterleib entwickelnden Kind der Schutz des Grundgesetzes auf Leben zuteil wird, wurde in der Vergangenheit insbesondere vor dem Hintergrund der Abtreibung sowie der Präimplantationsdiagnostik diskutiert.

Als Beginn des menschlichen Lebens ist der Zeitpunkt der Nidation (Einnistung des befruchteten Eis in die Gebärmutter) weitestgehend anerkannt.[8] Überzeugend ist es jedoch, schon auf den Zeitpunkt der Fertilisation abzustellen.[9] Der Embryo beginnt bereits ab diesem Zeitpunkt sich in einem keine

8 *Dederer*, AöR 127 [2002], 1, 17; *Epping*, Grundrechte S. 56; *Di Fabio*, in: Maunz/Dürig Art. 2 Abs. 2 Rn. 24; *Hufen*, MedR 2001, 440, 447; *Klopfer*, Verfassungsrechtliche Probleme der Forschung an humanen pluripotenten embryonalen Stammzellen und ihre Würdigung im Stammzellgesetz S. 57ff.; *Belling*, in: FS Bub S. 455, 463; BVerfG, NJW 1975, 573, 574.

9 *Sodan/Ziekow*, Grundkurs öffentliches Recht § 28 Rn. 2; *Lang*, in: BeckOK-GG Art. 2 Abs. 2 Rn. 59; *Classen*, DVBl. 2002, 141, 143; *Lorenz*, in: BK-GG Art. 2 Abs. 2 Rn. 431; *Schulze-Fielitz*, in: Dreier GG Art. 2 Abs. 2 Rn. 29; *Müller-Terpitz*, in: Isensee/Kirchhoff Handbuch des Staatsrechts § 147 Rn. 15ff.; *Herdegen*; in: Maunz/Düring Art. 1 Abs. 1 Rn. 65; *Müller-Terpitz*, in: Spickhoff Medizinrecht Art. 2 GG Rn. 19f.; *Wiedemann*, in: Umbach/Clemens Band I Art. 2 II

scharfen Zäsuren erfordernden Prozess zu einem erwachsenen Lebewesen zu entwickeln.[10] Weitere Entwicklungsschritte – wie die Nidation – tragen nach heutigem Wissensstand nichts zur Vervollständigung seiner Entwicklung bei, sondern dienen lediglich deren Realisierung.[11] Der mit der Fertilisation begonnene Entwicklungsprozess ist ein kontinuierlicher Vorgang, welcher eine genaue Abgrenzung der verschiedenen Entwicklungsstufen des menschlichen Lebens nicht zulässt und auch nicht mit der Geburt beendet ist. Deshalb kann der Schutz des Art. 2 Abs. 2 S. 1 Alt. 1 GG weder auf den »fertigen« Menschen nach der Geburt noch auf den selbständig lebensfähigen nasciturus beschränkt werden. Das Recht auf Leben wird vielmehr jedem gewährleistet, der »lebt«. Zwischen einzelnen Abschnitten des sich entwickelnden Lebens vor der Geburt oder zwischen ungeborenem Leben kann daher kein Unterschied gemacht werden.[12] Nach der prägnanten Formulierung des Bundesverfassungsgerichts im Urteil über die Fristenlösung nach § 218a StGB ist »Jeder« im Sinne von Art. 2 Abs. 2 S. 1 GG »jeder Lebende« oder anders ausgedrückt: jedes Leben besitzende menschliche Individuum; »Jeder ist daher auch das noch ungeborene menschliche Wesen«.[13]

Dass das Leben eines Menschen schon vor dessen Geburt beginnt, ist durch den Gesetzgeber in verschiedenen unterverfassungsrechtlichen Rechtsnormen zum Ausdruck gebracht worden. Das Verbot eines Schwangerschaftsabbruchs (§ 218 StGB) ist beispielsweise im sechzehnten Abschnitt des StGB geregelt, welcher mit »Straftaten gegen das Leben« überschrieben ist. § 90 StPO ordnet an, dass die Leiche eines neugeborenen Kindes daraufhin zu überprüfen ist, ob es »fähig gewesen ist, das Leben außerhalb des Mutterleibes fortzusetzen«. Das Leben fortsetzen kann nur, wer bereits im Mutterleib gelebt hat.[14] Das Lebensrecht als »vitale Basis der Menschenwürde«[15] steht dem nasciturus damit grundsätzlich zu.

Eine Aussage über den Umfang des Schutzes ist damit noch nicht getroffen. Ungeklärt ist, ob das Lebensrecht vorgeburtlich schon vollständig, also in demselben Umfang wie bei einem geborenen Menschen besteht, oder ob einem Menschen nur ein gestufter Lebensschutz zugestanden wird, welcher parallel zu seinem körperlichen Wachstum stärker wird und erst mit der Geburt vollständig entsteht.

Rn. 294a; *Hoerster*, NJW 1997, 773, 773; ders, ZRP 2003, 218, 218; *Tröndle*, NJW 1991, 2542, 2542.

10 *Müller-Terpitz*, in: Spickhoff Medizinrecht Art. 2 GG Rn. 20.

11 *Müller-Terpitz*, in: Spickhoff Medizinrecht Art. 2 GG Rn. 20.

12 BVerfG, NJW 1975, 573, 574.

13 BVerfG, NJW 1975, 573, 574.

14 *Wiebe*, ZfL 2000, 12, 14.

15 BVerfG, NJW 1975, 573, 575; BVerfG, NJW 2006, 751, 757.

Die Gleichstellung des geborenen und des ungeborenen menschlichen Lebens scheint mit geltenden Gesetzesnormen, wie den Regelungen zum Schwangerschaftsabbruch in einem eklatanten, unaufhebbaren Widerspruch[16] zu stehen. Würde das ungeborene wie das geborene Leben behandelt werden, wäre ein Schwangerschaftsabbruch per se unzulässig.

Die Annahme eines gestuften Schutzes[17] würde den Widerspruch zwischen der Anerkennung des vorgeburtlichen Lebensrechts und der geltenden Gesetzeslage aufheben. Von der überwiegenden Meinung wird ein gestufter Schutz aber abgelehnt.[18]

aa) Einheitlicher Lebensschutz

In der Literatur wird überwiegend vertreten, dass dem Menschen kein geteilter, sondern ein einheitlicher Schutz zukommt. Einem individuellen Lebewesen stehe entweder ein uneingeschränktes oder gar kein Recht auf Leben zu.[19] Es gäbe, abgesehen von dem Versuch die geltenden Abtreibungsregeln abzusegnen, keinen Grund, den nasciturus zwar als Menschen anzusehen, ihm dann aber nur ein verringertes Lebensrecht zuzusprechen.[20] Zwar schweige das Grundgesetz in Bezug auf den Umfang des Schutzes ungeborenen Lebens, es schweige aber auch zu Fragen wie der »informationellen Selbstbestimmung« und anderen »modernen« Rechtsproblemen.[21] Erforderlich sei eine Interpretation der Verfassung, welche die Würde des Menschen als unantastbar bezeichne und regle, dass jeder Mensch ein Recht auf Leben habe. Das Lebensrecht kann nach dieser Wertung nur dann versagt werden, wenn der Fötus nicht als Mensch anerkannt wird. Erkenne man den neugeborenen Säugling als Menschen an, lasse sich fragen, mit welcher Begründung anzunehmen sei, dass er vor einer Stunde oder einer Minute noch kein Mensch gewesen sei. Handele es sich wenige Minuten vor der Geburt aber um einen Menschen, so sei unklar, an welchem Punkt ein Schnitt zum Menschsein zu ziehen sei.[22]

Ein gestufter Lebensschutz des nasciturus lasse sich nicht aus Vorschriften des BGB oder des StGB herleiten. Aus den einfachgesetzlichen Regelungen könne nicht auf ein gültiges Lebensschutzkonzept geschlossen werden.[23] Ob die geltenden (unterverfassungsrechtlichen) Gesetze den Schutz ausreichend verwirk-

---

16 *Hoerster*, NJW 1997, 773, 773.
17 So *Dreier*, ZRP 2002, 377ff.; *Frommel*, ZRP 2002, 530, 531; *Hilgendorf*, NJW 1996, 758, 761.
18 So wohl *Heuermann*, NJW 1996, 3063, 3063.
19 *Hoerster*, NJW 1997, 773, 774.
20 *Hoerster*, NJW 1997, 773, 774.
21 *Beckmann*, ZRP 2003, 97, 101.
22 *Beckmann*, ZRP 2003, 97, 101.
23 *Beckmann*, ZRP 2003, 97, 99.

lichen, müsse zunächst geprüft werden.[24] Das Embryonenschutzgesetz sei ein Beweis dafür, dass es nicht auf das Wachstum des Embryos ankomme und sei damit mit einem Konzept des gestuften Lebensschutzes nicht in Einklang zu bringen.[25]

bb) Gestufter Lebensschutz

Dass es sich bei der Forderung nach einem einheitlichen Lebensschutz zwar um eine ehrenwerte, letztlich aber nur begriffliche Besserstellung des ungeborenen Lebens handelt, macht Dreier deutlich.[26] Unter Bezugnahme auf die geltende Rechtslage zeigt er auf, dass das ungeborene Kind zwar ein Mensch im Sinne des Art. 1 Abs. 1 und 2 Abs. 2 Alt. 1 GG ist, zwischen dem Lebensschutz geborener und ungeborener Personen aber ein kategorialer Unterschied besteht, aufgrund dessen der nasciturus nicht wie ein geborener Mensch geschützt wird. Die Annahme eines einheitlichen Lebensrechts stimme nicht mit der geltenden Rechtslage überein. Dem Zivilrecht lasse sich entnehmen, dass die Rechtsfähigkeit erst mit der Geburt beginne, aus dem Strafrecht ergebe sich, dass der Embryo nicht als Mensch im Sinne der Tötungsdelikte anerkannt, seine »Tötung« nicht als Totschlag mit mindestens fünf Jahren Haft, sondern lediglich als Schwangerschaftsabbruch mit einer Haftstrafe bis zu drei Jahren sanktioniert werde. Dies sei mit der Gleichsetzung des vor- und nachgeburtlichen Lebens nicht in Einklang zu bringen. Abstufungen des Lebensschutzes seien unserer Rechtsordnung ebenso wie den Rechtsordnungen anderer demokratischer Verfassungsstaaten inhärent.[27] Eingriffe während der pränidativen Phase würden weder als Tötung angesehen, noch lösten sie vergleichbare Rechtsfolgen aus. Dies widerspreche der These, dem werdenden Leben komme schon in dieser Phase ein uneingeschränktes Lebensrecht zu.[28] Zwischen dem Zeitpunkt der Nidation und der 12. Schwangerschaftswoche besitze der Embryo einen stärkeren, aber doch keinen starken strafrechtlichen Schutz; einer Abtreibung stehe lediglich ein Beratungsgespräch entgegen. Dass das BVerfG eine Abtreibung grundsätzlich als rechtswidrig bezeichne, sei bloßer »Etikettenschwindel«, da es eine Abtreibung im Ergebnis straflos stelle.[29] Die Rechte des nasciturus würden, zumindest bei einem Konflikt zwischen seinem Leben und den Rechten der Schwangeren, zurückgestellt. Käme dem nasciturus derselbe Lebensschutz wie einem geborenen

24 Kritisch: *Beckmann*, ZRP 2003, 97, 99f.
25 *Beckmann*, ZRP 2003, 97, 100.
26 *Dreier*, ZRP 2002, 377, 378.
27 *Dreier*, ZRP 2002, 377, 378.
28 *Dreier*, ZRP 2002, 377, 379.
29 *Dreier*, ZRP 2002, 377, 380.

Menschen zu, wäre keinesfalls eindeutig, dass die Waagschale immer zu Gunsten der Mutter ausfiele.[30]

Berechtigter Kritik, mit dieser Vorgehensweise »das Pferd von hinten aufzuzäumen« und von der einfachgesetzlichen Ausgestaltung auf das Verfassungsrecht zu schließen[31], entgegnet Dreier, dass die Verfassung in Bezug auf das ungeborene Leben schweige.[32] Verlasse man den festen Kern einer Regelung, müsse eine indirekte Auslegung bemüht, die Prärogative des Gesetzgebers beachtet und bedacht werden, welche Entscheidungen der Gesetzgeber in einem bestimmten Bereich getroffen habe. Zur Interpretation des Verfassungsrechts werde ein Normgefüge (hier die §§ 218ff. StGB) herangezogen, welches das BVerfG für rechtmäßig erklärt habe. Aus der Billigung des BVerfG zu den §§ 218ff StGB könnten Rückschlüsse auf die verfassungsrechtliche Stellung des menschlichen Lebens vor der Geburt gezogen werden.

Der verfassungsgerichtlichen Rechtsprechung zu den strafrechtlichen Regelungen des Rechts zum Schwangerschaftsabbruch lässt sich eine eindeutige Antwort hinsichtlich der Frage, ob der Lebensschutz vorgeburtlich schon vollständig oder nur gestuft besteht, nicht entnehmen: Zwar sei das verfassungsrechtlich gebotene Maß des Schutzes unabhängig von der Dauer der Schwangerschaft und das Grundgesetz enthalte für das ungeborene Leben keine vom Ablauf bestimmter Fristen abhängige, dem Entwicklungsprozess der Schwangerschaft folgenden Abstufungen des Lebensrechts und seines Schutzes[33], jedoch sei der Gesetzgeber grundsätzlich auch nicht verpflichtet, die gleichen Maßnahmen zum Schutz des ungeborenen Lebens zu ergreifen, wie sie zur Sicherung des geborenen Lebens erforderlich seien[34]. Auch die Tatsache, dass das BVerfG die Regelungen zum Schwangerschaftsabbruch letztlich für verfassungsgemäß hält, deutet auf eine Differenzierung zwischen den Rechten ungeborener und geborener Menschen hin.

Die oben genannten Argumente können die Problematik nicht zufriedenstellend lösen, sondern lediglich die Schwächen der jeweils anderen Auffassung aufzeichnen. Die Kritik an der Argumentation Dreiers ist zunächst berechtigt. Die angeführten Normen (zum Beispiel § 1 BGB oder die §§ 211ff. StGB) sprechen zwar gegen eine Gleichstellung des ungeborenen mit dem geborenen Menschen. Aus der Existenz dieser Normen selbst kann jedoch nicht auf eine verfassungsrechtlich gültige Entscheidung geschlossen werden. Die Anerkennung eines einheitlichen Lebensschutzes würde bedeuten, dass die Rechte des Embryos denen seiner Mutter entgegenstehen. Ist dies der Fall, so ist mit Dreier

30 *Dreier*, ZRP 2002, 377, 381.
31 *Beckmann*, ZRP 2003, 97, 99.
32 *Dreier*, ZRP 2002, 377, 382.
33 BVerfG, NJW 1993, 1751, 1754.
34 BVerfG, NJW 1975, 573, 576.

festzustellen, dass Vorschriften, die die Zulässigkeit einer Abtreibung rechtfertigen, unzulässig sein müssten.[35] Mag eine Abtreibung auch als rechtswidrig bezeichnet werden, so ist die Straflosigkeit derselben dennoch nicht mit dem Prinzip eines einheitlichen Lebensschutzes zu vereinen.

Die Zulässigkeit der Abtreibung begründet keine Einschränkung des vorgeburtlichen Lebensschutzes, lässt jedoch auf die geltenden moralisch-rechtlichen Wertevorstellungen unseres Kulturkreises schließen, welche zur Interpretation einer Verfassungsnorm herangezogen werden können. Dass die Rechte eines ungeborenen Kindes denen seiner Mutter nicht völlig gleichgestellt sind, wird wohl überwiegend anerkannt. Es ist beispielsweise ein weitestgehend gültiger Grundsatz, dass das Leben der Mutter dem des Kindes (auch während der Geburt) vorgeht, der Tod der Mutter nicht verlangt werden könne, um das Kind zu retten oder die Mutter nicht verpflichtet werden dürfe, eine ernste Lebensgefahr hinzunehmen, um die Lebenschancen ihres Kindes zu erhöhen.[36] Wird die Argumentation Dreiers in dem Sinne verstanden, dass durch die Existenz der Normen nicht direkt auf eine Beschränkung der verfassungsrechtlich garantierten Rechte des Ungeborenen geschlossen werden, sondern vielmehr aus der überwiegenden Anerkennung dieser Normen auf die Wertevorstellungen in Deutschland geschlossen werden und diese letztlich zur Interpretation der Verfassungsnormen herangezogen werden sollen, so ist der Argumentation beizupflichten. Die Verfassung selbst schweigt zu der Frage, ob und in welchem Umfang auch das ungeborene Leben durch sie geschützt ist und macht so eine Auslegung erforderlich, die dann im Sinne Dreiers eine Unterscheidung zwischen dem ungeborenem und dem geborenen Leben zulässt.

(b) Menschenwürde, Art. 1 Abs. 1 S. 1 GG

Menschenwürde kommt einer Person nach der Auffassung des BVerfG schon vorgeburtlich und nicht erst nach der Geburt oder bei ausgebildeter Persönlichkeit zu,[37] unabhängig davon, ob sie sich ihrer Würde bewusst ist und sie selbst wahren kann.[38]. Für die Anerkennung pränataler Menschenwürde wird oftmals auf § 10 Abs. 1 S. 1 ALR verwiesen, wonach die allgemeinen Rechte der Menschheit auch den noch ungeborenen Kindern schon von der Zeit ihrer Empfängnis an gebühren. Wo menschliches Leben existiert, kommt ihm nach dem BVerfG Menschenwürde zu.[39] Dies gilt zumindest ab dem Zeitpunkt der Nidation, da in diesem Moment individuelles, nicht mehr teilbares Leben ent-

35 Siehe auch *Hilgendorf*, NJW 1996, 758, 761.
36 Vgl. § 218a Abs. 2 StGB.
37 BVerfG, NJW 1993, 1751, 1753; siehe auch *Laufs*, in: Laufs/Kern Handbuch des Arztrechts § 129 Rn. 5.
38 BVerfG, NJW 1975, 573, 575.
39 BVerfG, NJW 1993, 1751, 1753; NJW 1975, 573, 575.

steht, welches sich im Prozess des Wachsens und Sich-Entfaltens nicht erst zum Menschen, sondern als Mensch entwickelt.[40] Ausdrücklich offen gelassen wurde, ob der Beginn der Menschenwürde bereits im Zeitpunkt der Verschmelzung von Ei und Samenzelle angenommen werden kann, wie dies teilweise[41] gefordert wird.

Im Ergebnis ist auch hinsichtlich der Menschenwürde von einem gestuften Schutz auszugehen. Grundsätzlich ist zwar zwischen dem vorgeburtlichen Lebensschutz und der pränatalen Menschenwürde zu unterscheiden.[42] Da das Problem letztlich aber deckungsgleich[43] ist, kann auf die obige Argumentation zurückgegriffen werden. Die strafrechtliche »Freigabe« der Abtreibung durch das BVerfG lässt sich nur auf der Grundlage eines entwicklungsabhängigen Würdeschutzes erklären.[44] Zwar ließe sich argumentieren, dass die Menschenwürde unantastbar sei und daher nicht gegenüber anderen Verfassungsgütern abgewogen werden könne.[45] Der gestufte pränatale Menschenwürdeschutz ist aber nicht durch die besondere Einschränkbarkeit und seine Abwägungsoffenheit im Konflikt mit anderen Verfassungsgütern gekennzeichnet, sondern zielt allein auf einen Achtungs- und Schutzanspruch, welcher der Entwicklungsstufe pränatalen Lebens angemessen ist.[46]

Dem nasciturus ist damit neben dem Recht auf Leben auch Menschenwürde zuzusprechen, welche jedoch nur einen dem Entwicklungsstand angemessenen Schutz garantiert.

(c) Körperliche Unversehrtheit, Art. 2 Abs. 2 S. 1 Alt. 2 GG

Auch das Recht auf körperliche Unversehrtheit wird bereits dem nasciturus zugesprochen.[47] Anders als die Menschenwürde und das Lebensrecht führte die körperliche Unversehrtheit des nasciturus bisher nicht zu rechtswissenschaftlichen Disputen. Das Grundrecht auf körperliche Unversehrtheit steht systematisch[48] und logisch in einem engen Zusammenhang mit dem Recht auf Leben. Konsequenterweise beginnt der körperliche Integritätsschutz daher mit Beendigung der Fertilisation, da der Embryo bereits in diesem Stadium über die

---

40 BVerfG, NJW 1993, 1751, 1753; ähnlich *Rhonheimer,* Abtreibung und Lebensschutz S. 59.
41 *Herdegen,* in: Maunz/Düring Art. 1 Abs. 1 Rn. 65.
42 *Herdegen,* in: Maunz/Düring Art. 1 Abs. 1 Rn. 60; *ders* JZ 2001, 773, 775.
43 *Höfling,* in: Sachs Art. 1 Rn. 60.
44 *Herdegen,* in: Maunz/Düring Art. 1 Abs. 1 Rn. 70.
45 *Dreier,* ZRP 2002, 377, 377.
46 *Herdegen* in: Maunz/Düring Art. 1 Abs. 1 Rn. 71.
47 *Kunig,* in: v. Münch/Kunig Art. 2 Rn. 61; *Schulze-Fielitz,* in: Dreier Art. 2 Abs. 2 Rn. 40; *Di Fabio,* in Maunz/Düring Art. 2 Abs. 2 Rn. 58; *Murswiek,* in: Sachs Art. 2 Rn. 147; *Starck,* in: v. Mangoldt/Klein/Starck Art. 2 Abs. 2 Rn. 195.
48 *Di Fabio, in:* Maunz/Düring Art. 2 Abs. 2 Rn. 53.

erforderliche »Körperlichkeit« verfügt.[49] Wie das Recht auf Leben, wird das Recht auf körperliche Unversehrtheit aber bis zur Geburt nicht vollumfänglich gewährt.

(d) Recht auf Pflege, Art. 6 Abs. 2 S. 1 GG

Nach Art. 6 Abs. 2 GG sind Pflege und Erziehung der Kinder das natürliche Recht der Eltern und die zuvörderst ihnen obliegende Pflicht. Dem Kind wird durch diese Verfassungsnorm zwar kein eigenes Grundrecht zugewiesen,[50] mit der Pflichtbindung des Elternrechts korrespondiert jedoch das Recht des Kindes auf Pflege und Erziehung durch die Eltern.[51] Ob der Schutzbereich auch ungeborene Kinder umfasst,[52] lässt der Wortlaut der Norm nicht eindeutig erkennen. Gegen die Einbeziehung ungeborener Kinder vom Anwendungsbereich der Norm kann argumentiert werden, dass der Begriff des »Kindes« enger ist als »Jeder« (Art. 2 GG) oder »Mensch« (Art. 1 GG) und dass das ungeborene Kind üblicherweise nicht als Kind, sondern als »Embryo« oder »Fötus« bezeichnet wird. Wird der Begriff des »Kindes« jedoch nur als Zuordnung des Verwandtschaftsverhältnisses verstanden, so lässt sich nicht leugnen, dass auch das ungeborene Kind ein Kind, also ein Abkömmling, seiner Eltern ist und damit dem Wortlaut des Art. 6 Abs. 2 GG unterfällt.

Art. 6 Abs. 2 GG spricht von Erziehung und Pflege des Kindes. Anders als bezüglich der Erziehung, kann von der Pflege des Kindes, welche als Sorge für das körperliche Wohl und die seelische Entwicklung verstanden wird,[53] schon vor dessen Geburt gesprochen werden, da jedenfalls die Mutter auf das körperliche Wohl bereits vorher Einfluss nehmen kann[54].

Art. 6 Abs. 2 GG schützt als wertentscheidende Grundsatznorm die Elternautonomie und das Kindeswohl.[55] Es ist kein gewichtiger Grund ersichtlich, warum die Autonomie der Mutter erst nach der Geburt beginnen soll, vielmehr sollte sie schon während der Schwangerschaft weitestgehend autonom entscheiden können. Neben dem Schutzzweck des Art. 6 Abs. 2 GG spricht auch der Gedanke der Einheit der Verfassung für eine Einbeziehung des ungeborenen Kindes in den Schutzbereich des Art. 6 GG. Da der nasciturus in die Schutzbereiche der Art. 1 und 2 GG einbezogen wird und ihm damit unter anderem ein Recht auf körperliche Unversehrtheit eingeräumt wird, erscheint es schlüssig,

---

49 *Müller-Terpitz*, in: Spickhoff Medizinrecht Art. 2 II 1 Rn. 26.

50 BVerfG, NJW 1970, 1176, 1176.

51 *Badura*, in: Maunz/Düring Art. 6 Rn. 94; *v. Coelln*, in: Sachs Art. 6 Rn. 54; *Coester-Waltjen*, in: v. Münch/Kunig Art. 6 Rn. 78.

52 Für eine vorgeburtliche Sorge und Verantwortung für die Entwicklung des Kindes: *Uhle*, in: BeckOK-GG Art. 6 Rn. 51.

53 *Umbach*, in: Umbach/Clemens Band I Rn. 74.

54 *Raschen*, Zivilrechtliche Verhaltens- oder Schutzpflichten S. 37.

55 *v. Coelln*, in: Sachs Art. 6 Rn. 59.

dies fortzusetzen und zu regeln, wer für den Schutz der Gesundheit primär zuständig ist.[56] Der nasciturus unterfällt damit dem besonderen Schutz des Art. 6 Abs. 2 GG.[57]

(2) Grundrechtsträgerschaft

Ob das ungeborene Kind selbst Träger dieser Grundrechte ist oder aber wegen mangelnder Rechts- und Grundrechtsfähigkeit »nur« von den objektiven Normen geschützt wird ist ebenfalls ungeklärt.

Als Grundrechtsträgerschaft wird die Fähigkeit natürlicher oder juristischer Personen verstanden, Träger der Grundrechte zu sein.[58] Vom BVerfG ausdrücklich offen gelassen[59], wird die Frage der Grundrechtsträgerschaft des ungeborenen Kindes in der Literatur überwiegend bejaht.[60] Da der nasciturus vom objektiven Schutz der Art. 1 Abs. 1 S. 1, Art. 2 Abs. 2 S. 1 und Art. 6 Abs. 2 GG erfasst wird, spricht der Gesichtspunkt effektiven Grundrechtsschutzes für eine diesbezügliche Grundrechtssubjektivität.[61] Ein Recht auf Leben ohne einen subjektiv Berechtigten erscheint widersprüchlich[62] und steht zudem im Gegensatz zur sonstigen Judikatur des BVerfG, welche die individuelle Grundrechtsgarantie als Kern der grundrechtlichen Gewährleistungsfunktion bezeichnet.[63] Ferner muss der nasciturus, sofern ihm Menschenwürde zugesprochen wird, als Subjekt anerkannt werden.[64]

Andere Autoren wollen dem nasciturus keine derartige Rechtsstellung einräumen, sondern gehen davon aus, dass sich der Schutz lediglich aus der objektiven Werteordnung des Grundgesetzes ergibt. Es läge somit eine Schutzpflicht des Staates vor, ohne dass subjektive Ansprüche des nasciturus bestünden.[65] Gegen die Anerkennung der Grundrechtsträgerschaft wird die »Andersartigkeit der Existenz des Nasciturus im Verhältnis zum geborenen Menschen«

56 *Raschen*, Zivilrechtliche Verhaltens- oder Schutzpflichten S. 37.
57 *Coester*, in: Staudinger § 1666 Rn. 23.
58 *Hohm*, NJW 1986, 3107.
59 BVerfG, NJW 1975, 573, 575.
60 Für eine Grundrechtsträgerschaft zum Beispiel *Lang*, in: BeckOK-GG Art. 2 Abs. 2 Rn. 64; *Hohm*, NJW 1986, 3107, der sich dazu jedoch auf das BVerfG beruft; *Hilgendorf*, NJW 1996, 758, 759; *Sodan/Ziekow*, Grundkurs öffentliches Recht § 28 Rn. 6; *Wiedemann*, in: Umbach/Clemens Art. 2 II Rn. 357; *Höfling*, in: Sachs Art. 1 Rn. 60, Art. 2 Rn. 146 f.; *Schulze-Fielitz*, in: Dreier Art. 2 Abs. 2 Rn. 40; *Jarass*, in: Jarass/Pieroth Art. 2 Rn. 85; dagegen zum Beispiel: *Mittenzwei*, AcP, 187 (1987), 247, 257, 276; *Kunig*, in: Münch/Kunig Art. 1 Rn. 47.
61 *Höfling*, in: Sachs Art. 2 Rn. 146.
62 *Merkel*, FS Müller-Dietz S. 493, 497 f.
63 *Müller-Terpitz*, in: Isensee/Kirchhoff Handbuch des Staatsrechts § 147 Rn. 31.
64 *Müller-Terpitz*, in: Isensee/Kirchhoff Handbuch des Staatsrechts § 147 Rn. 31.
65 *Raschen*, Zivilrechtliche Verhaltens- oder Schutzpflichten S. 38.

angeführt.[66] Ferner seien keine Vorteile der Grundrechtssubjektivität gegenüber der bloßen Berücksichtigung im Rahmen der objektiven Werteordnung erkennbar.[67] In dieser Absolutheit zweifelhaft, erscheint letzteres Argument zumindest für die hier in Rede stehenden Probleme zutreffend. Zur Debatte steht nicht der Schutz des ungeborenen Lebens vor dem Staat, sondern vor der Mutter und gegebenenfalls den sie unterstützenden Ärzten.[68] Die Grundrechtsträgerschaft ist für die prozessuale Durchsetzung von Bedeutung, materiell-rechtlich kommt es nicht darauf an, ob der nasciturus selbst Grundrechtsträger ist oder durch die Drittwirkung von Grundrechten in die Auslegung einbezogen werde.[69]

Die Menschenwürde sowie die Grundrechte auf Leben, körperliche Unversehrtheit und Pflege stehen damit bereits dem ungeborenen Kind zu. Diese müssen damit auch bei der Auslegung von Zivilrechtsnormen Beachtung finden. Die genaue Auswirkung auf die eingangs skizzierten zivilrechtlichen Schutzmöglichkeiten muss an dieser Stelle zunächst offenbleiben. Ich komme darauf an entsprechender Stelle zurück.

b) Der Einfluss des Strafrechts

Im eingangs skizzierten Umfang ist auch der Einfluss der strafrechtlichen Regeln auf den zivilrechtlichen Umgang mit ungeborenem Leben nicht zu vernachlässigen.

(1) Strafrechtsschutz in Deutschland

(a) Beschränkung des Schutzes auf §§ 218ff. StGB

Da weder die Körperverletzungs- noch die Tötungsdelikte den Menschen vor Beginn des Geburtsvorgangs erfassen, beschränkt sich der strafrechtliche Schutz des nasciturus auf die Vorschriften über den Schwangerschaftsabbruch (§§ 218ff. StGB).[70] Erwähnenswert ist an dieser Stelle jedoch die sogenannte Contergan-Entscheidung des LG Aachen,[71] welche die Verursachung von Missbildungen vor der Geburt des Menschen als Körperverletzung ansah.[72] Das LG Aachen stellt auf die Verletzung des geborenen Menschen ab. Die Missbildungen

66 *Raschen,* Zivilrechtliche Verhaltens- oder Schutzpflichten S. 43.
67 *Raschen,* Zivilrechtliche Verhaltens- oder Schutzpflichten S. 43.
68 *Faßbender,* NJW 2001, 2745, 2750.
69 Vgl. *Raschen;* Zivilrechtliche Verhaltens- oder Schutzpflichten S. 39; *v. Mutius,* Jura 1983, 30f.
70 BGH, NJW 1083, 2097, 2098; BGH, NStZ 2008, 393, 394; *Hirsch,* FS Eser S. 309, 322; *Küper,* GA 2001, 515ff.; *Sowada,* GA 2011, 389, 407; *Schneider,* in: MüKo-StGB Vor § 211 Rn. 6.
71 LG Aachen, JZ 1971, 507ff.
72 LG Aachen, JZ 1971, 507, 509.

seien zwar schon im Körper des nasciturus angelegt, jedoch nicht abschließend verursacht und treffen endgültig erst das von § 230 StGB a. F. (heute § 229 StGB) vorausgesetzte Objekt »Mensch«. Die Störung des Körpers könne erst in dem Moment beginnen, in dem eine zu störende körperliche Funktion bestehe. Die Fähigkeit, die Körperteile gezielt zu nutzen, habe der Mensch erst mit der Geburt. Erst mit dem Einsetzen dieser Funktion könne von einer Störung ausgegangen werden, sodass eine Verletzung erst zum Zeitpunkt der Geburt anzunehmen und damit dem Entstehen eines strafrechtlichen Verletzungsobjektes nicht vorgelagert sei.[73] Die Einbeziehung pränataler Schädigung wurde in der strafrechtlichen Literatur kritisch gesehen und wurde auch von der Rechtsprechung nicht weiter verfolgt. Den Erwägungen des LG Aachen wurde insbesondere entgegengehalten, dass das Konstrukt der »übergreifenden« Verletzungsfolge, dessen Richtigkeit unterstellt, konsequent auch für die Tötungsfälle gelten müsste.[74] Es ist jedoch anerkannt, dass eine vorgeburtliche Handlung, welche den Tod des Kindes kurz nach dessen Geburt zur Folge hat, einen Schwangerschaftsabbruch nach § 218 StGB und keine Tötung nach §§ 211, 212 StGB darstellt.[75] Nicht zu erklären ist, dass eine fahrlässige Verletzung mit »übergreifenden Dauerfolgen« strafrechtlich geahndet werden soll, wenn nach dem Willen des Gesetzes sogar die »verspätet« wirkende fahrlässige Abtötung der Leibesfrucht straflos bleiben soll. Kaufmann[76] bezog in seine Kritik schon die Auswirkungen auf Verhaltenspflichten für schwangere Frauen ein: Die Sperrwirkung der Straflosigkeit fahrlässiger Schwangerschaftsabbrüche wirke sich auf die Begründung von Verhaltenspflichten aus. Weder der Schwangeren, noch Dritten obliege eine strafrechtliche Sorgfaltspflicht gegenüber dem werdenden Leben. Dies sei Ergebnis der Entscheidung des Gesetzgebers, fahrlässige Abtötungen der Leibesfrucht nicht unter Strafe zu stellen. Dehne man die fahrlässige Körperverletzung auf pränatal verursachte Schädigungen aus, würde derselbe Ordnungseffekt geschaffen, wie bei Bestrafung des fahrlässigen Schwangerschaftsabbruchs.[77] Dies ist aber ausdrücklich nicht gewünscht.

Strafrechtlich wird das Kind damit nur durch die §§ 218ff. StGB geschützt.

(b) Zeitliche Phasen des strafrechtlichen Schutzes

Neben dem Schutz des ungeborenen Lebens dienen die Vorschriften über den Schwangerschaftsabbruch auch der Entscheidungsfreiheit der schwangeren Frau. Dem geschuldet wird in den §§ 218, 218a StGB zwischen verschiedenen Stufen des strafrechtlichen Schutzes unterschieden, wodurch die Interessen der

73 LG Aachen, JZ 1971, 507, 509f.
74 *Lüttger*, JR 1971, 133, 140.
75 *Lüttger*, JR 1971, 133, 140.
76 *Kaufmann*, JZ 1971, 569.
77 *Kaufmann*, JZ 1971, 569, 571.

Schwangeren und des ungeborenen Kindes ausgeglichen werden sollen. Der Strafrechtsgesetzgeber bedient sich hierzu verschiedener Regelungsmechanismen; nämlich eines zeitlichen Aufschubs des Strafrechtsschutzes (§ 218 Abs. 1 S. 2 StGB), eines Tatbestandsausschlusses (§ 218a Abs. 1 StGB), Rechtfertigungsgründen (§ 218a Abs. 2, 3 StGB) und eines persönlichen Strafausschließungsgrundes (§ 218a Abs. 4 StGB).

In der sogenannten Früh- oder Pränidationsphase,[78] das heißt der Phase zwischen Befruchtung und der Einnistung in die Gebärmutterschleimhaut, besteht kein strafrechtlicher Schutz (§ 218 Abs. 1 S. 2 StGB).

Mit Abschluss der Nidation ist der Schwangerschaftsabbruch grundsätzlich strafbar. Dem ungeborenen Kind steht ab diesem Zeitpunkt das Recht auf Leben nach Art. 2 Abs. 2 GG zu.[79] Auch wenn das Verfassungsgericht einen Schwangerschaftsabbruch als Unrecht ansieht,[80] wird eine Abbruchshandlung bis zum Ende der zwölften Woche nach der Empfängnis jedoch nicht vom Tatbestand des § 218 StGB erfasst, wenn die Schwangere nach vorheriger nachgewiesener Beratung durch einen Arzt gemäß § 219 Abs. 2 S. 2 StGB den Schwangerschaftsabbruch verlangt und dieser von einem Arzt durchgeführt wird (§ 218a Abs. 1 StGB). Die Befristung der straffreien Schwangerschaftsabbrüche nach Beratung dient der Verringerung der Eingriffsrisiken für die Schwangere sowie dem Bestreben, dem ungeborenen Kind Leiden zu ersparen, die mit der Tötung in einem späteren Stadium verbunden sind.[81] In diesem Bereich soll der Schutz des ungeborenen Kindes nicht durch direkte staatliche Verbote, sondern durch die Beratungspflicht gewährleistet werden. Die Gewährleistung des Lebensschutzes durch ein Beratungssystem ist nach Auffassung des BVerfG zulässig.[82] Das Beratungskonzept ist auf eine Stärkung des Verantwortungsbewusstseins der Schwangeren angelegt, welche letztlich über den Abbruch der Schwangerschaft bestimmen und diesen verantworten muss (Letztverantwortung).[83] Das sich entwickelnde Leben ist von Natur aus in erster Linie dem Schutz der werdenden Mutter anvertraut.[84] Ihren Schutzwillen gegebenenfalls wieder zu erwecken oder zu stärken, sollte nach dem BVerfG das vorderste Ziel staatlicher Bemühungen zum Lebensschutz sein.[85] Eine begrenzt strafrechtliche Gestattung des Schwangerschaftsabbruchs führt auch dazu, dass der Eingriff unter akzeptablen medi-

78 *Gropp*, in: MüKo-StGB § 218 Rn. 21.
79 BVerfG, NJW 1975, 573, 574.
80 BVerfG, NJW 1975, 573, 575.
81 *Gropp*, in: MüKo-StGB § 218a Rn. 17; BT-Drucks. VI/3434 S. 21; *Eser/Weißer*, in: Schönke/Schröder § 218a Rn. 11.
82 BVerfG, NJW 1993, 1751, 1756ff; NJW 1975, 573, 576.
83 BVerfG, NJW 1993, 1751, 1757.
84 BVerfG, NJW 1975, 573, 576.
85 BVerfG, NJW 1975, 573, 576.

zinischen Verhältnissen erfolgt, während in der strafrechtlichen Illegalität die Risiken für Schwangere erheblich größer wären.[86] In Ländern, in denen Schwangerschaftsabbrüche illegal sind, werden diese oft von unqualifizierten Personen oder der Schwangeren selbst mit unsachgemäßen Methoden unter unhygienischen Bedingungen durchgeführt.[87]

Von dem Tatbestandsausschluss in § 218 Abs. 1 StGB abgesehen, tritt der Schutz des ungeborenen Kindes auch in den Fällen einer Indikation hinter die Interessen der Schwangeren zurück. Es handelt sich hierbei um Rechtfertigungsgründe, die eine medizinisch-soziale (Abs. 2) oder kriminologische (Abs. 3) Indikation erfordern. Erstere liegt vor, wenn »der Abbruch der Schwangerschaft [...] nach ärztlicher Erkenntnis angezeigt ist, um eine Gefahr für das Leben oder die Gefahr einer schwerwiegenden Beeinträchtigung des körperlichen oder seelischen Gesundheitszustandes der Schwangeren abzuwenden, und die Gefahr nicht auf eine andere für sie zumutbare Weise abgewendet werden kann«. In der medizinisch-sozialen Indikation wirkt die »embryopathische Indikation« fort, welche seit 1995 keinen eigenen Rechtfertigungsgrund mehr darstellt.[88] Die embryopathische Indikation war gegeben, wenn »dringende Gründe für die Annahme sprechen, daß [sic!] das Kind infolge einer Erbanlage oder schädlicher Einflüsse vor der Geburt an einer nicht behebbaren Schädigung seines Gesundheitszustandes leiden würde, die so schwer wiegt, daß [sic!] von der Schwangeren die Fortsetzung der Schwangerschaft nicht verlangt werden kann«. Mit Nachweis einer Beratung konnte ein gerechtfertigter Schwangerschaftsabbruch innerhalb einer zweiundzwanzig-Wochen-Frist erfolgen. Bei Vorliegen der Voraussetzungen der alten embryopathischen Indikation kann die Tat auch nach geltendem Strafrecht nach Abs. 2 gerechtfertigt sein, wenn die schwerwiegende Schädigung des Kindes zu einer Gefährdung der psychischen Gesundheit der Schwangeren führt. Damit ist nicht mehr die zu erwartende Behinderung des Kindes, sondern die daraus resultierende psychische Belastung der Schwangeren der Grund für die Rechtfertigung des Schwangerschaftsabbruchs.[89] Die Anforderungen an die Indikation sind gestiegen. Während nach altem Recht auf die bloße »Unzumutbarkeit« für die Mutter abgestellt wurde, ist nach geltendem Recht eine konkret drohende Gesundheitsgefährdung, an welche die Gerichte strenge Maßstäbe stellen, erforderlich.[90]

86 *Eschelbach*, in: BeckOK-StGB § 218a Rn. 1.

87 *Eschelbach*, in: BeckOK-StGB § 218a Rn. 1.

88 BGH, NJW 2003, 3411, 3411; NJW 2002, 2636; *Deutsch*, NJW 2003, 26, 28; *Gropp*, in: MüKo-StGB § 218a Rn. 32; *Eser/Weißler*, in: Schönke/Schröder § 218a Rn. 20; *Knauer/Brose*, in: Spickhoff Medizinrecht § 219 Rn. 25.

89 *Gropp*, in: MüKo-StGB § 218a Rn. 61; *Hillenkamp*, FS Amelung S. 425, 430.

90 *Müller*, NJW 2003, 697, 702ff.; vgl auch BGH, NJW 2003, 3411ff., NJW 2002, 2636ff. (Anerkennung der Voraussetzungen im Rahmen eines Schadensersatzanspruchs); OLG Hamm

Folge der praktischen Übernahme der embryopathischen Indikation in den Anwendungsbereich der medizinisch-sozialen Indikation ist jedoch die Aufhebung der zweiundzwanzig-Wochen-Frist.[91] Nicht unberechtigt sind damit Hinweise auf die zeitliche Nähe der Spätphase der embryopathischen Indikation zur sogenannten Früheuthanasie.[92]

Die kriminologische Indikation (Abs. 3) ist gegeben, wenn dringende Gründe für die Annahme bestehen, dass die Schwangerschaft auf einer rechtswidrigen Tat nach den §§ 176–179 StGB beruht. Die medizinisch-soziale und die kriminologische Indikation werden aufgrund des Wortlauts des Absatzes 3 (»gelten«) nicht als eigenständige Indikationen verstanden. Vielmehr handelt es sich bei der kriminologischen Indikation um eine Variante der medizinisch-sozialen Indikation.[93] Dass, anders als bei der medizinisch-sozialen Indikation, hier eine zwölf-Wochen-Frist zu wahren ist, beruht darauf, dass der Grund für den Schwangerschaftsabbruch aus kriminologischer Indikation von vornherein feststeht.

Die letzte Stufe beginnt mit dem Ende der zweiundzwanzigsten Woche seit der Empfängnis. Bis dahin gewährt Abs. 4 der Schwangeren einen persönlichen Strafausschließungsgrund, wenn der Schwangerschaftsabbruch nach Beratung von einem Arzt vorgenommen worden ist und seit der Empfängnis nicht mehr als zweiundzwanzig Wochen verstrichen sind. Der den Abbruch vornehmende Arzt bleibt strafbar und auch der werdende Vater kann sich als Garant wegen Unterlassens oder Beihilfe durch Unterlassen strafbar machen.[94] Der straffreie Schwangerschaftsabbruch nach Abs. 4 steht daher unter der Prämisse, dass die Schwangere einen Arzt auffindet, der den Abbruch trotz eigener Strafbarkeit vornimmt. Bedeutung hat Abs. 4 daher in der Regel nur bei Schwangerschaftsabbrüchen, die nach der 12. Woche in einem Land vorgenommen werden, in dem der Abbruch zu diesem Zeitpunkt nicht strafbar ist. Mit Abschluss der zweiundzwanzigsten Woche ist der ungeborene Mensch, mit Ausnahme der medizinisch-sozialen Indikation und dem fakultativen Absehen von Strafe nach § 218a Abs. 4 S. 2 StGB, uneingeschränkt strafrechtlich geschützt.[95]

NJW 2002, 2649ff. (keine Anerkennung der Voraussetzungen im Rahmen eines Schadensersatzanspruchs).

91 Näheres dazu und Vorschläge für eine Wiedereinführung der embryopathischen Indikation: *Czerner*, ZRP 2009, 233ff.

92 *Czerner*, ZRP 2009, 233, 234; *Schlink*, Aktuelle Fragen des pränatalen Lebensschutzes S. 15.

93 *Gropp*, in: MüKo-StGB § 218a Rn. 32: *Eser/Weißer*, in: Schönke/Schröder § 218a Rn. 23.

94 *Knauer/Brose*, in: Spickhoff Medizinrecht § 219 Rn. 29; *Rogall*, in SK § 218 Rn. 23 m.w.N.

95 *Gropp*, in: MüKo-StGB Vor. § 218 Rn. 59.

(2) Differenzierter Strafrechtsschutz in den USA

Ein kurzer vergleichender Seitenblick auf die Rechtslage in den USA zeigt, dass sich der strafrechtliche Schutz ungeborener Kindes in den USA erheblich von den deutschen Regelungen unterscheidet. Deutlich strenger stellt sich die Rechtslage in Bezug auf das allgemeine Strafrecht dar. Das amerikanische Abtreibungsrecht ist im Vergleich zu Deutschland hingegen erheblich liberaler und lässt Schwangerschaftsabbrüche im Interesse der schwangeren Frau zu einem deutlich späteren Zeitpunkt zu.

(a) Allgemeines Strafrecht

Insbesondere bezüglich der Tötungsdelikte wird der Schutz des nasciturus dem des geborenen Menschen in fast allen Bundesstaaten weitestgehend[96] gleichgestellt. Nur in wenigen Bundesstaaten erfassen die Tötungsdelikte das ungeborene Leben nicht.[97] Zum Teil wird für das Maß des Schutzes nach Entwicklungsstufen differenziert. Die Tötungsdelikte erfassen beispielsweise in Kalifornien nur den Fötus, nicht aber den Embryo. Andere Staaten wie Indiana und Maryland stellen auf die Lebensfähigkeit des nasciturus ab.[98] Vor Erreichen der Lebensfähigkeit führt die Tötung des Embryos lediglich zu einer Strafbarkeit wegen eines Schwangerschaftsabbruchs[99] oder gilt als Strafschärfungsgrund im Falle einer Körperverletzung zu Lasten der Mutter.[100] Andere Staaten differenzieren hingegen nicht, sondern erfassen das ungeborene Leben unabhängig von seinem Entwicklungsstand.[101]

Erwähnenswert sind auch die verschiedenen Regelungstechniken, durch die das ungeborene Kind in den Anwendungsbereich der Tötungsdelikte einbezogen wird. Oftmals wird die Tötung ungeborener und geborener Menschen von demselben Delikt erfasst. Dazu bestimmt das Gesetz,[102] das ungeborene Kind dem geborenen Menschen in Bezug auf die Tötungsdelikte gleichzustellen.

96 Eine Ausnahme besteht für die Vornahme einer Abtreibung mit Einverständnis der Schwangeren, zum Teil werden auch Ausnahmen gemacht, wenn es sich bei dem Täter um die werdende Mutter handelt (s. u.).

97 Zum Beispiel: New York, Hawaii, National Conference of State Legislature, http://www.ncsl.org/research/health/fetal-homicide-state-laws.aspx (abgerufen am 03.01.2017).

98 Ind. Code Ann. § 35–42–1–1; § 35–42–1–3, Md. Criminal Law Code Ann. § 2–103. Einige Bundesstaaten wie zum Beispiel Florida und Michigan stellen darauf ab, ob das Ungeborene bereits als »quick child« bezeichnet werden kann. Dies wird nach *Rodos v. Michaelson*, 396 F. Supp. 768 (D.R.I. 1975) bei Bewegung des Kindes im Mutterleib, eigener Herztätigkeit und der Fähigkeit von der Mutter unabhängig zu überleben angenommen.

99 Zum Beispiel: Indiana Code § 35–42–1–6.

100 Zum Beispiel: Indiana Code § 35–42–2–1.5.

101 Zum Beispiel: Alabama, Ala. Code § 13 A-6–1, Arizona, Ariz. Rev. Stat. Ann. § 13–1102, Illinois, Ill. Rev. Stat. ch. 720 § 5/9–1.2 und Kansas, Kan. Stat. Ann. § 21–5419.

102 Zum Beispiel: Mississippi Code § 97–3–37.

Möglich ist auch, dass der Tatbestand neben dem geborenen Menschen als taugliches Tatobjekt auch das ungeborene Kind nennt. So ist ein Mord nach California Penal Code § 187 die vorsätzliche, rechtswidrige Tötung eines Menschen oder eines Fötus.[103] Anderswo wird die Tötung eines nasciturus und eines geborenen Menschen zwar nicht durch dasselbe Delikt geschützt, die Tötung des Ungeborenen aber mit einem Strafmaß versehen, welches der Tötung eines geborenen Menschen entspricht. So wird etwa in Georgia[104] der »Fötusmord« mit einer lebenslangen Freiheitsstrafe bedroht.

Gravierende Unterschiede zwischen der amerikanischen und der deutschen Rechtsordnung zeigen sich, wenn die Mutter des Kindes Täterin ist. Dieser Umstand kann sich zum einen strafmildernd oder strafausschließend, zum anderen aber auch strafschärfend auswirken. Neben der Möglichkeit eines legalen Schwangerschaftsabbruchs, bestehen für die werdende Mutter weitere Privilegierungen. Utah beispielsweise nimmt die Tötung eines ungeborenen Kindes vom Tatbestand aus, wenn die Tötung durch eine fahrlässige Handlung der Schwangeren erfolgt.[105] Idaho verzichtet auf den »Fahrlässigkeitsaspekt« und lässt eine Bestrafung generell nicht in Betracht kommen, wenn die fragliche Handlung von der Schwangeren selbst vorgenommen wird.[106] Auch in Illinois ist die werdende Mutter keine taugliche Täterin für die Tötung des Ungeborenen.[107] Derartige Regelungen zum Schutz der Mutter sind jedoch nicht in allen Bundesstaaten zu finden. Vielmehr kann der Umstand einer Schwangerschaft sogar Grund für eine Strafbarkeit sein. So droht beispielsweise in Alabama einer Frau, die während der Schwangerschaft Drogen zu sich nimmt und auch das ungeborene Kind mit der Substanz in Berührung kommt, eine Verurteilung nach dem »chemical endangerment law«, Code of Ala. § 26–15–3.2. Bis 2016 stellte das Tennessee's Fetal Assault Law T.C.A. § 39–13–107 den Konsum von Drogen während der Schwangerschaft besonders unter Strafe.

(b) Schwangerschaftsabbrüche

Demgegenüber gilt bezüglich der Schwangerschaftsabbrüche ein geringerer Schutz des ungeborenen Kindes als in Deutschland. Die Interessenabwägung fällt hier grundsätzlich zu Gunsten der schwangeren Frau aus, während das deutsche Recht tendenziell das Lebensrecht des Kindes den Interessen der Mutter vorzieht. Hier spiegelt sich der Unterschied der deutschen Rechtslehre, welche die

103 Zu beachten ist jedoch, dass lediglich der Fötus, nicht aber der Embryo unter dem Schutz der Tötungsdelikte steht. Weitere Beispiele: Ariz. Rev. Stat. Ann. § 13–1102ff., Idaho Code § 18–4001, § 18–4006, Ind. Code Ann. § 35–42–1–4.

104 Ga. Code § 16–5–80.

105 zum Beispiel: Utah Code 76–5–201.

106 Idaho State Code 18–4016.

107 ILCS 720 5/9–1.2.

Grundrechte als Werteordnung ansehen, die auch den Schutz durch den Staat erfordern[108], während dem amerikanischen Abtreibungsrecht der Gedanke des Schutzes vor dem Staat zugrunde liegt.[109] Erst mit der geschätzten Lebensfähigkeit des Kindes (ca. 23. Woche) überwiegt auch in den USA das staatliche Interesse am Schutz des Lebens gegenüber den Rechten der Mutter. Diese Wertung ist bemerkenswert, wird sich doch im Rahmen der zivilrechtlichen Untersuchung des Verhältnisses zwischen den Rechten von Mutter und Kind eine gegenläufige Beurteilung herausstellen. Diesbezüglich sieht die deutsche Literatur die Persönlichkeitsrechte der Mutter gegenüber den Lebens- und Gesundheitsinteressen des Kindes im Regelfall als vorrangig an. In den USA wurde zumindest in der jüngeren Vergangenheit den Rechten des Kindes eine höhere Schutzbedürftigkeit eingeräumt.

Seit dem Grundsatzurteil Roe v. Wade im Jahr 1973 ist ein rechtmäßiger Schwangerschaftsabbruch zu einem deutlich späteren Zeitpunkt möglich als in Deutschland. Der Entscheidung zugrunde lag eine Klage von Norma McCorvey, die unter dem Pseudonym »Jane Roe« für eine Legalisierung von Schwangerschaftsabbrüchen geklagt hatte. Der Abbruch einer Schwangerschaft war zuvor lediglich zum Lebens- und Gesundheitsschutz der Schwangeren straffrei möglich. Der Supreme Court entschied mit einer Mehrheit von sieben zu zwei Stimmen, dass ein generelles Verbot, welches Schwangerschaftsabbrüche lediglich zum Lebensschutz der Mutter zulasse, unwirksam sei.[110] Auf Seiten der Frau erkannte das Gericht ein Recht zum Schwangerschaftsabbruch als Ausfluss des Rechts auf Privatsphäre zu.[111] Das Persönlichkeitsrecht wird aber nicht absolut gewährt, sondern kann, nicht anders als in Deutschland, im Interesse anderer schützenswerter Güter unter bestimmten Umständen beschränkt werden. Schwangerschaftsabbrüche können daher in bestimmtem Maße reguliert werden, um die staatlichen Interessen an Gesundheitsvorsorge, medizinischen Standards und dem Schutz des werdenden Lebens berücksichtigen zu können.[112]

Anders als das BVerfG und die (überwiegende) deutsche Literatur erkannte der Supreme Court ein generelles vorgeburtliches Recht auf Leben aber nicht an.[113] Zugrundeliegende Frage war, ob das ungeborene Kind »Person« im Sinne des 14. Verfassungszusatzes[114] sein könnte und damit ein verfassungsrechtlich

---

108 *Epping*, Grundrechte S. 5ff.; *Hufen*, Staatsrecht II S. 54; *Manssen*, Staatsrecht II § 3 Rn. 50; *Rhonheimer*, Abtreibung und Lebensschutz S. 55.

109 Vgl. *Rhonheimer*, Abtreibung und Lebensschutz S. 55.

110 Roe v. Wade, 410 U.S. 113, 164f.

111 Roe v. Wade, 410 U.S. 113, 152ff.

112 Roe v. Wade, 410 U.S. 113, 153f.

113 Roe v. Wade, 410 U.S. 113, 157f.

114 Amendment XIV, Section 1: All persons born or naturalized in the United States, and subject to the jurisdiction thereof, are citizens of the United States and of the State wherein they reside. No State shall make or enforce any law which shall abridge the privileges or im-

garantiertes Recht auf Leben habe. Diese These lehnte der Supreme Court jedoch unter Verweis auf eine Vielzahl anderer Vorschriften, die als Person lediglich den geborenen Menschen erfassen, ab. Im Vergleich dazu hatte das BVerfG keine Bedenken, auch das ungeborene Kind unter den Begriff »jeder« im Sinne von Art. 2 GG zu fassen. Damit verneint der Supreme Court jedoch nicht jeglichen Schutz des ungeborenen Lebens, sondern setzt den Schutz nur zu einem späteren Zeitpunkt an. Für den Beginn des Schutzes sei nicht die Frage, wann das Leben beginne, entscheidend,[115] vielmehr käme es alleine auf die Lebensfähigkeit des Kindes an. Schutzwürdig sei alleine das Leben des Kindes, welches bereits fähig sei, unabhängig von der Mutter zu überleben.[116]

Der Supreme Court zieht daraus den Schluss, dass für den Zeitraum des ersten Schwangerschaftstrimesters ein Abbruch nicht gesetzlich untersagt werden dürfe.[117] Für das zweite und dritte Trimester könne der Staat das Verfahren regulieren, soweit dies zum Schutz der Gesundheit der Mutter erforderlich sei. Erst ab dem Zeitpunkt der geschätzten Lebensfähigkeit des Kindes könne der Gesetzgeber Schwangerschaftsabbrüche untersagen, um den staatlichen Schutzauftrag zugunsten des werdenden Lebens zu verwirklichen. Stets zulässig sein müsse ein Abbruch aber zum Schutz von Leben und Gesundheit der Schwangeren. Diese Entscheidung wurde 1992 durch Planned Parenthood v. Casey[118] insoweit abgeändert, als dass Regulierungen auch während des ersten Trimesters zulässig sind.

Die Möglichkeiten einen straffreien Schwangerschaftsabbruch vorzunehmen, sind damit in den USA deutlich weiter als in Deutschland. Beiden Ländern gemeinsam ist, dass ein Handeln bis zur Nidation nicht tatbestandsmäßig, aber ein Abbruch nach Beginn der Lebensfähigkeit strafbar ist. Ferner ist ein Schwangerschaftsabbruch in beiden Ländern zu jedem Zeitpunkt zulässig, um eine Gefahr für das Leben oder die Gefahr einer schwerwiegenden Beeinträchtigung der Gesundheit der Schwangeren abzuwenden. Unterschiedlich bewertet wird der Zeitraum zwischen Nidation und dem Abschluss der 22. Schwangerschaftswoche. Während ein Abbruch in diesem Zeitraum in den USA straflos bleibt und höchstens das Verfahren beschränkt werden darf, ist er in Deutschland grundsätzlich strafbar und nur unter bestimmten Voraussetzungen tatbestandslos (§ 218a Abs. 1 StGB), gerechtfertigt (§ 218a Abs. 2, 3 StGB) beziehungsweise straffrei (§ 218a Abs. 4 StGB).

---

munities of citizens of the United States; nor shall any State deprive any person of life, liberty, or property, without due process of law; nor deny to any person within its jurisdiction the equal protection of the laws.

115 Roe v. Wade, 410 U.S. 113, 159; kritisch: *Rhonheimer,* Abtreibung und Lebensschutz S. 54ff.

116 Roe v. Wade, 410 U.S. 113, 163.

117 Roe v. Wade, 410 U.S. 113, 164f.

118 Planned Parenthood of Southeastern Pa. v. Casey, 505 U.S. 833ff.

Auch wenn sie in späteren Jahren die »Seiten wechselte« und sich gegen Schwangerschaftsabbrüche einsetzte, wurde McCorvey durch ihre Klage zum amerikanischen Symbol der Frauenrechtsbewegung und Roe v. Wade ist bis heute eine der polarisierenden Entscheidungen der amerikanischen Rechtsprechungsgeschichte. So wird die Entscheidung aktuell unter dem Gesichtspunkt diskutiert, ob das liberale Abtreibungsrecht in der Ära Trump durch überwiegend konservative Richter deutliche Einschränkungen zu befürchten hat. Diese Befürchtungen sind nicht von der Hand zu weisen, wird doch vielfach versucht, die liberalen Vorgaben aus Roe v. Wade durch strenge administrative Regelungen zu unterlaufen. So werden beispielsweise durch den Partial-Birth Abortion Ban Act Schwangerschaftsabbrüche durch das Verbot bestimmter Methoden erschwert. Ein anderes Beispiel ist das im August 2017 erlassene texanische Gesetz, welches es Versicherungen erlaubt, Zahlungen für Schwangerschaftsabbrüche zu verweigern.[119]

Schon bei einer oberflächlichen Beschäftigung mit der Berücksichtigung des nasciturus durch die Verfassung und dessen Schutz durch das Strafrecht deutet sich der unauflösbare Konflikt zwischen den Rechten und Interessen des ungeborenen Kindes und denen seiner Mutter an. Deutlich wird, dass ein Schutz des Kindes durch die deutsche Rechtsordnung gewünscht wird, dieser im Verhältnis zu der werdenden Mutter aber nur in einem begrenzten Umfang gewährt werden kann. Dem Kind im Mutterleib wird ein Recht auf Leben zugesprochen, Schwangerschaftsabbrüche bleiben, wie das BVerfG betont, rechtswidrig, auch wenn sie straffrei sind. Den Rechten der werdenden Mutter wird jedoch eine solche Bedeutung zugemessen, dass ihr in einem gewissen Umfang die Disposition über das Lebensrecht des Kindes überlassen wird.

Ob und wie sich die strafrechtlichen Regelungen auf die zivilrechtliche Ausgestaltung des Schutzes auswirken und ob die unterschiedliche strafrechtliche Behandlung des amerikanischen Rechts zu unterschiedlichen Ergebnissen führt, wird sich in den folgenden Kapiteln zeigen. Insbesondere der Straffreiheit der Schwangeren und der Wertung zugunsten der Entscheidungsfreiheit der werdenden Mutter wird dabei eine erhebliche Bedeutung zu kommen.

119 Texas House Bill 214.

Auch wenn sie [illegible] wechselte und sich gegen Schwangerschaftsabbrüche einsetzte, wurde McCorvey durch ihre Klage zum amerikanischen Symbol der Frauenrechtsbewegung und Roe v. Wade bis heute eine der polarisierendsten Entscheidungen der amerikanischen Rechtsprechungsgeschichte. So wird die Entscheidung ebenso unter dem Gesichtspunkt diskutiert, ob das liberale Abtreibungsrecht in den USA [illegible] [illegible]

[illegible]

2. Kapitel: Argumente gegen den Schutz des nasciturus vor seiner Mutter

Nach den Wertungen des Verfassungsrechts hat der Staat die Aufgabe, das ungeborene Kind im notwendigen Umfang zu schützen. Geht die Gefahr von der werdenden Mutter aus, steht sowohl der Gesetzgeber als auch der Rechtsanwender vor der Frage, ob die widerstreitenden Interessen in Einklang gebracht werden können und welchen bei unauflösbaren Interessenskonflikten die höhere Schutzbedürftigkeit zugesprochen wird.

Teilweise stößt die Möglichkeit, zivilrechtliche Maßnahmen gegen die Mutter zu verhängen, sei es durch direkte Untersagungen oder durch die Inaussichtstellung von Schadensersatzansprüchen, daher sowohl in der deutschen Literatur als auch im Ausland auf Bedenken. Gegen eine rechtliche Verantwortlichkeit der schwangeren Frau vorgebracht werden ihre entgegenstehende Persönlichkeitsrechte sowie ihr Recht auf körperliche Unversehrtheit (1.), die Gefahr der Diskriminierung von Frauen (2.), die besondere Beziehung zwischen werdender Mutter und ihrem Kind (3.), die Schwierigkeit einen Sorgfaltsmaßstab zu bestimmen (4.), die Befürchtung von Abtreibungen zur Verhinderung von Schadensersatzansprüchen (5.) und die Sorge vor einem Vertrauensverlust zwischen Patientin und Arzt (6.).

Vor einer Auseinandersetzung mit den einzelnen Anspruchs- oder Eingriffsgrundlagen, möchte ich zunächst auf diese Bedenken, als übergreifende Fragestellung eingehen und aufzeigen, warum die genannten Argumente nicht das »Wie« einer Maßnahme, sondern das »Ob« betreffen und nicht geeignet sind, zivilrechtliche Maßnahmen vollständig auszuschließen. Gleichwohl deutet sich schon im Rahmen der nachfolgenden Auseinandersetzung mit den Argumenten an, dass die Möglichkeiten des Schutzes ungeborener Kinder vor kindeswohlgefährdendem Verhalten ihrer Mütter begrenzt sind. Offenbar wird der Zwiespalt zwischen dem Mutter- und Kindesschutz ebenso wie die Gefahr, einseitige moralische oder rechtspolitische Programmsätze als feststehende Rechtsargumente hochzuhalten. Auffällig ist, dass der Schutz des ungeborenen Kindes häufig »inflationär-gebetsmühlenartig« betont wird, wenn es tatsächlich darauf ankommt, jedoch, ohne viele Worte hinter die vermeintlich vorrangigen Rechte der Schwangeren zurückgestellt wird.[120]

1. Persönlichkeitsrechte und Recht auf körperliche Unversehrtheit

Das wohl meistgenannte Argument gegen den präventiven oder deliktischen Schutz des ungeborenen Kindes sind die entgegenstehenden Grundrechte der werdenden Mutter, vor allem ihre Persönlichkeitsrechte. Sowohl in der Literatur[121] als auch in der amerikanischen Rechtsprechung wird der Schutz des Kindes gegenüber der Mutter häufig mit einem entsprechenden Hinweis kategorisch und ohne Beachtung der Rechte des nasciturus abgelehnt. Dem kann in dieser Absolutheit nicht zugestimmt werden.[122]

Freilich kommt dem allgemeinen Persönlichkeitsrecht, der allgemeinen Handlungsfreiheit und auch dem Recht der Mutter auf körperliche Unversehrtheit in der Diskussion um den Schutz des ungeborenen Kindes durch präventive Maßnahmen oder eine deliktische Haftung ein hoher Stellenwert zu.

Das allgemeine Persönlichkeitsrecht schützt die engere persönliche Lebenssphäre, die Erhaltung ihrer Grundbedingungen[123] und sichert einen autonomen Bereich privater Lebensgestaltung,[124] in dem der Einzelne seine Individualität entwickeln und wahren kann. Das allgemeine Persönlichkeitsrecht zielt vor allem auf Wahrung der Integrität[125] sowie den Schutz der Privatsphäre und sichert ein Recht auf Respektierung eines abgrenzbaren geschützten Raumes.[126] Die Schwangerschaft wird dem inneren, für staatliche Gewalt unantastbaren Bereich der privaten Lebensgestaltung (Intimsphäre) zugeordnet.[127] Auch während einer Schwangerschaft soll die Frau grundsätzlich selbst bestimmen können, wann und wieweit persönliche Lebenssachverhalte offenbart werden.[128]

---

120 *Czerner*, ZKJ 220, 225.

121 *King*, 13 Nova L.Rev. 1988–1989, 393, 401 f.; *Rolfs*, JR 2001, S. 140, 145; *Stoll*, FS Nipperdey I S. 739, 758; *Hager*, in: Staudinger § 823 BGB Rn. B 49 will der Haftungsfrage vorgelagert aufgrund der Persönlichkeitsrechte der Mutter deren Pflichten beschränken.

122 Ebenso: *Coester*, FS Coester-Waltjen S. 29, 39; *Mannsdorfer*, Pränatale Schädigung S. 254; *Raschen*, Zivilrechtliche Verhaltens- oder Schutzpflichten S. 46 f. *Selb*, AcP (166) 1966, S. 76, 118.

123 BVerfG, NJW 1980, 2070.

124 BVerfG, NJW 1989, 891.

125 *Lang*, in: BeckOK-GG Art. 2 Rn. 31.

126 BVerfG, NJW 1980, 2070.

127 *Raschen*, Zivilrechtliche Verhaltens- oder Schutzpflichten S. 46; BVerfG, NJW 1975, 573, 576.

128 *Raschen*, Zivilrechtliche Verhaltens- oder Schutzpflichten S. 46.

Subsidiär[129] ist auch die allgemeine Handlungsfreiheit von Bedeutung. Anders als das »passive« Recht des Persönlichkeitsrechts »in Ruhe gelassen zu werden«[130], kommt dem »aktiven« Recht der allgemeinen Handlungsfreiheit die Aufgabe zu, das auf Veränderung ausgerichtete Verhalten des Grundrechtsträgers grundrechtlich zu umfangen.[131] Dem zugeordnet werden kann auch eine Schwangerschaft als Ausdruck der Entscheidungsfreiheit sowohl in Bezug auf die Familienplanung, als auch auf den eigenen Körper.[132] Zu berücksichtigen ist weiterhin das sich aus Art. 2 Abs. 2 GG ergebende Recht der Mutter auf körperliche Unversehrtheit.

Ein Eingriff in diese Rechte ist im Falle präventiver Maßnahmen, der Gewährung von Unterlassungs- oder Schadensersatzklagen offensichtlich. Haftet die Mutter für alle von ihr pränatal herbeigeführten Schäden ihres Kindes oder kann Unterlassung gefordert werden, so wären all ihre Entscheidungen staatlicher Kontrolle unterworfen, wodurch ihre Rechte auf Privatsphäre und Selbstbestimmung über den eigenen Körper erheblich beeinträchtigt wären.[133]

In Folge dieser Überlegungen schließen einige Autoren die Haftung der Mutter gegenüber ihrem ungeborenen Kind aus und meinen, der nasciturus müsse die von der Mutter getroffenen Lebensentscheidungen gegen sich gelten lassen.[134] Diese Schlussfolgerung trifft im Ergebnis vielfach zu, ihr kann in dieser Allgemeinheit jedoch nicht zugestimmt werden.[135] Weder Persönlichkeitsrechte noch das Recht auf körperliche Unversehrtheit gelten absolut.

Die Unantastbarkeit des Intimbereichs wird aufgehoben sobald der Betroffene, wenn auch unfreiwillig[136] in Kontakt zu anderen Personen tritt.[137] Da der nasciturus verfassungsrechtliche Rechte zugesprochen bekommt,[138] ist der Bereich der Intimsphäre verlassen[139] und die miteinander kollidierenden Rechts-

129 *Manssen*, Staatsrecht II § 10 Rn. 246.

130 BVerfG, NJW 1969, 1707; *Raschen*, Zivilrechtliche Verhaltens- oder Schutzpflichten S. 45f.

131 *Lang*, in: BeckOK-GG Art. 2 Rn. 31; BVerfG, NJW 1969, 1707.

132 *Raschen*, Zivilrechtliche Verhaltens- oder Schutzpflichten S. 44.

133 Stallman v. Youngquist 531 N.E.2d 355ff.; vgl. auch *Johnsen*, 1986 Yale L.J. 599, 618f.; *Stoll*, FS Nipperdey I S. 739, 758f.

134 So zum Beispiel *Stoll*, FS Nipperdey I S. 739, 758f.

135 Ebenfalls kritisch: *Mannsdorfer*, Pränatale Schädigung S. 254.

136 Die Unfreiwilligkeit bezieht sich nicht auf die Schwangerschaft als solche, sondern auf den dauernden unbewussten Kontakt, der zumindest insoweit unfreiwillig ist, als dass die Schwangere sich nicht entscheiden kann, nicht in Kontakt zu ihrem ungeborenen Kind zu treten.

137 *Raschen*, Zivilrechtliche Verhaltens- oder Schutzpflichten S. 47.

138 *Schmidt*, in: Erfurter Kommentar zum Arbeitsrecht Art. 2 Rn. 103; *Di Fabio*, in: Maunz/Düring Art. 2 Abs. 2 Rn. 24, 58; BVerfG, NJW 1993, 1751, 1753 (zur Frage des Lebensschutzes).

139 BVerfG, NJW 1975, 573, 575 (zur Frage des Schwangerschaftsabbruchs).

güter müssen in Ausgleich gebracht werden.[140] Das Recht auf freie Entfaltung der Persönlichkeit und damit auch die Selbstverantwortung der Frau wird nicht uneingeschränkt gewährt, sondern ist insbesondere durch die Rechte anderer und die verfassungsmäßige Ordnung begrenzt.[141] Jede Person hat grundsätzlich das Recht auf Selbstbestimmung über das eigene Leben; wenn diese Entscheidung jedoch (fahrlässig) die Verletzung einer anderen Person hervorruft, finden die Regelungen des Deliktsrechts Anwendung.[142] Die Rechtsordnung darf nicht die Persönlichkeitsrechte der Mutter zur alleinigen Richtschnur ihrer Regelungen machen.[143] Da auch dem ungeborenen Kind Grundrechte zustehen, dürfen diese denen der Mutter nicht ohne eine Abwägung im Einzelfall hintenangestellt werden. Ein pauschaler »Freifahrtschein« für werdende Mütter besteht nicht. Bei der Wertung ist zu beachten, dass die werdende Mutter, von Ausnahmen abgesehen, für den Eintritt der Schwangerschaft mitverantwortlich ist.[144] Die Beschränkung ihre Rechte zu Gunsten derer des ungeborenen Kindes in einem gewissen noch näher zu bestimmenden Umfang ist daher hinzunehmen.

Auch das Recht auf körperliche Unversehrtheit gilt nicht uneingeschränkt und kann Maßnahmen gegen die Mutter nicht prinzipiell ausschließen. Die werdende Mutter kann sich nur im Einzelfall auf ihr Recht auf körperliche Unversehrtheit berufen. Nur wenn ihre eigene Gesundheit betroffen ist, kann sie ihre Handlung damit rechtfertigen.[145] In diesem Fall ist aber von einem speziellen Ausschlussgrund auszugehen, es handelt sich nicht um ein Argument zur generellen Verneinung des Kindesschutzes gegenüber der Mutter.

Schließlich bleibt zu erwähnen, dass der aus der amerikanischen Literatur[146] stammende Gedanke, aus der Zulässigkeit der Abtreibung eines Kindes aufgrund der überragenden Rechte der Mutter auf die Zulässigkeit der Schädigung als geringeres Übel zu schließen, für das deutsche Recht nicht übernommen werden kann. Nach der Rechtsprechung des BVerfG können die Rechte der Mutter zwar in Ausnahmefällen die Pflicht zum Austragen des Kindes ausschließen,[147] grundsätzlich können die Grundrechte der Mutter aber gegenüber denen des Kindes nicht so stark überwiegen, dass die Rechtspflicht zur Austragung des Kindes auch nur für eine bestimmte Zeit generell ausgeschlossen wird.[148] Wird der Schwangerschaftsabbruch damit für die gesamte Dauer der Schwangerschaft

140 *Raschen*, Zivilrechtliche Verhaltens- oder Schutzpflichten S. 47.

141 *v. Hippel*, Rechtspolitik S. 284; BVerfG, NJW 1975, 573, 575, AG Celle, NJW 1987, 2307ff (jeweils zur Frage des Schwangerschaftsabbruchs).

142 *Wellington*, Tort Law Review Australia Vol. 18, 89, 94.

143 BVerfG, NJW 1975, 573, 576 in Bezug auf Schwangerschaftsabbrüche.

144 *v. Hippel*, Rechtspolitik S. 285.

145 *Mannsdorfer*, Pränatale Schädigung S. 255.

146 Johnsen, Yale Law Journal 1985–1986, 599, 618; *Koropp*, 1989 U. Ill. L. R., 493, 507.

147 BVerfG, NJW 1993, 1751, 1754.

148 BVerfG, NJW 1993, 1751, 1754; NJW 1975, 573, 576.

als Unrecht angesehen, kann daraus nicht auf die Zulässigkeit der »bloßen« Schädigung geschlossen werden. Auf die Auswirkung der strafrechtlichen Freistellung bestimmter Schwangerschaftsabbrüche wird noch an anderer Stelle einzugehen sein.

2. Verstoß gegen Gleichheitsrechte

Vor allem in Bezug auf das Deliktsrecht findet sich in der Literatur ein auf den ersten Blick plausibler, aber im Ergebnis nicht zutreffender Gedanke: Eine unterschiedslose Haftung für pränatale Schäden sei ein geschlechtsspezifisches und damit nach Art. 3 GG unzulässiges Delikt, da nur Frauen schwanger werden könnten.[149] Die Anerkennung des Kindesschutzes gegenüber der Mutter führe zu einer Diskriminierung von Frauen an sich, welche »weiter stigmatisiert und benachteiligt« würden.[150]

Diesem Argument kann nicht zugestimmt werden. Die Anerkennung von Maßnahmen zum Schutz vor pränatalen Schäden ist weder eine direkt noch mittelbar an das Geschlecht anknüpfenden Ungleichbehandlung.

Eine direkte Anknüpfung an das Geschlecht wird grundsätzlich angenommen bei Unterscheidungen nach einem »Begleitmerkmal«, welches nicht stets, aber immer nur bei einem Geschlecht vorliegt.[151] Unterscheidungen, die an eine Schwangerschaft anknüpfen, stehen stets »im Visier des Diskriminierungsverbotes«.[152] Eine Verletzung des Art. 3 GG kann jedoch gerechtfertigt sein. Sie kommt in Betracht, wenn die Unterscheidung – wie hier – zwingend zur Lösung von Problemen erforderlich ist, die von Natur aus nur bei Männern oder Frauen auftreten können.[153] Die Einwirkungsmöglichkeiten der Mutter auf das ungeborene Kind sind erheblich höher als die von Dritten.

Knüpft man nicht direkt an die Schwangerschaft an, sondern geht von einer unterschiedslosen Haftung aus, welche schwangere Frauen lediglich nicht privilegiert, bleibt die Frage, ob darin eine mittelbare oder faktische Diskriminierung zu sehen ist, da durch eine allgemeine Haftung für pränatale Schäden die werdenden Mütter praktisch weitaus mehr beeinträchtigt werden. Von einer mittelbaren Diskriminierung kann bei geschlechtsneutral formulierten Vor-

149 *Johnsen*, Yale Law Journal 1985–1986, 599, 620; *Badger*, 11 N. Ill. U. L. Rev. 1990–1991, 409, 442; diese Befürchtung eines »gender-based-tort« wird auch in *Dobson v. Dobson* 2 S.C.R. 753 Rn. 22 erwogen, eine Entscheidung bleibt allerdings aus, da die Haftung aus anderen Gründen abgelehnt wird.

150 *Johnsen*, Yale Law Journal 1985–1986, 599, 620.

151 *Langenfeld*, in: Maunz/Düring Art. 3 Abs. 2 Rn. 25.

152 *Langenfeld*, in: Maunz/Düring Art. 3 Abs. 2 Rn. 25.

153 BVerfG, NJW 1995, 1733, 1734; *Kischel*, in: BeckOK-GG Art. 3 Rn. 191.

schriften, welche aufgrund natürlicher Unterschiede oder gesellschaftlicher Bedingungen überwiegend ein Geschlecht betreffen, gesprochen werden.[154]

Das BVerfG[155] erstreckt den Anwendungsbereich der Diskriminierung auf Fälle, in denen Umstände benachteiligen, die »aufs Engste mit den rechtlichen und biologischen Folgen der Mutterschaft verbunden« sind und daher einer »unmittelbaren Benachteiligung wegen des Geschlechts besonders nahe kommen«. Grundlage dieser Entscheidung waren die Regelungen § 1 Abs. 6 Nr. 3 Buchstabe b BErzGG (Bundeserziehungsgeldgesetz, gültig bis 31.12.2008) und § 1 Abs. 7 Nr. 3 Buchstabe b BEEG (Bundeselterngeld- und Elternzeitgesetz), welche das BVerfG für nichtig erklärte. Eine Diskriminierung wurde darin gesehen, dass diese Vorschriften Mütter während der Zeit des Mutterschutzes von der Inanspruchnahme von Erziehungs- oder Elterngeld ausschlossen. Voraussetzung für den Bezug von Erziehungs- und Elterngeld war die Erwerbstätigkeit, der Bezug laufender Geldleistungen aus dem dritten Buch des SGB oder die Inanspruchnahme von Elternzeit. Diese Voraussetzungen können beziehungsweise dürfen von Müttern während des achtwöchigen Mutterschutzes nicht erfüllt werden.

Die Wertung dieser Entscheidung ist auf die vorliegende Frage, ob eine Verantwortlichkeit der Mutter für pränatale Verletzungen oder Gefährdungen ihres Kindes einen Verstoß gegen das Gleichheitsgebot darstellt, nicht zu übertragen. Ihr liegt eine andere Situation zu Grunde. Die Anforderungen an den Bezug von Elterngeld stellen Frauen jedenfalls während der Zeit des Mutterschutzes rechtlich tatsächlich schlechter, da es ihnen zeitweilig unmöglich war, die Voraussetzungen für die Bewilligung von Eltern- oder Erziehungsgeld zu erfüllen. Eine allgemeine Haftung für pränatale Schäden stellt Frauen rechtlich jedoch nicht schlechter als Männer. Dass praktisch Frauen stärker betroffen sind als Männer, macht keinen Unterschied. Anderenfalls wäre jede Regelung diskriminierend, die entweder Männer oder Frauen stärker belastet.

Jedenfalls kommt eine Rechtfertigung in Betracht. Eine mittelbare Diskriminierung kann durch einen hinreichenden, sachlichen Grund[156] gerechtfertigt werden. Ist die Regel sachlich notwendig, so ist sie nicht allein aus dem Grund unzulässig, weil sie Frauen schwerer trifft als Männer.[157] Wird eine unterschiedslose Haftung für pränatale Schäden für notwendig erachtet, kann dieser Entscheidung nicht entgegengehalten werden, dass sie das weibliche Geschlecht diskriminiere. Ähnliche Erwägungen finden sich auch in der amerikanischen Rechtsprechung. Hier wird argumentiert, die unterschiedliche

154 *Kischel*, in: BeckOK-GG Art. 3 Rn. 191.
155 BVerfG, NVwZ RR 2012, 825, 830.
156 *Kischel*, in: BeckOK-GG Art. 3 Rn. 191.
157 *Kischel*, in: BeckOK-GG Art. 3 Rn. 190.

Behandlung aufgrund einer Schwangerschaft stelle Frauen gegenüber Männern nicht schlechter, sondern unterscheide lediglich zwischen schwangeren und nicht schwangeren Frauen.[158]

Das Ergreifen von Maßnahmen gegenüber der werdenden Mutter bedeutet damit keinen unzulässigen Gleichheitsverstoß.

3. Verhältnis Mutter-Kind

Maßnahmen zum Schutz des ungeborenen Kindes wird weiterhin die besondere Nähe und die einzigartige Beziehung im Mutter-Kind-Verhältnis entgegen gehalten.[159] Die Behandlung des nasciturus als eigenständige Person mit Rechten gegen seine Mutter wird zum Teil als rechtliche Fiktion abgetan,[160] auch wenn das Kind heute nicht mehr allein als »Teil« seiner Mutter verstanden wird,[161] sondern von einer »Zweiheit in Einheit«[162] ausgegangen wird. Richtig ist, dass es sich bei Mutter und ungeborenem Kind nicht um ein »Gegenüber« im eigentlichen Sinn handelt.[163] Ihre Beziehung ist mit keiner anderen Kläger-Beklagten-Beziehung zu vergleichen. Kein anderer Kläger ist in einem solchen Maß von dem Beklagten abhängig, kein anderer Beklagter muss derartige (biologische) Veränderungen auf sich nehmen, möglicherweise seine eigene Sicherheit aufs Spiel setzen.[164] Anders als jeder andere Schädiger, kann die Mutter das Kind in jedem Moment, durch jede beliebige Handlung im positiven oder negativen Sinn beeinflussen.[165] Es macht einen erheblichen Unterschied, ob eine Sorgfaltspflicht einem Dritten auferlegt wird oder einer Person, die körperlich mit dem Verletzten verbunden ist.[166] Es darf jedoch nicht übersehen werden, dass es sich bei der Mutter-Kind-Beziehung nicht nur für die Mutter, sondern auch für das Kind um eine besonders enge Beziehung handelt. Der nasciturus ist in besonders starkem Maß von der Sorgfalt und dem Schutz seiner Mutter abhängig. Ein Kleinkind kann in den Grenzen des § 1664 BGB Schadenersatzansprüche gegen seine Mutter geltend machen und wird durch familiengerichtliche Maßnahmen geschützt. Dies dem nasciturus zu verwehren, stellt ihn in einem massiven, nicht erforderlichen Maß gegenüber dem (eventuell nur wenige Stunden älteren) geborenen Kind

158 Geduldig v. Aiello, 417 U.S. 484; General Electric v. Gilbert, 429 U.S. 125.
159 *Rolfs*, JR 2001, 140, 144.
160 Stallman v. Youngquist, 531 N.E.2d 355; Badger, 11 N. Ill. U. L. Rev. 1990–1991, 409, 438f.
161 Chenault v. Huie, 989 S.W.2d 474.
162 BVerfG, NJW 1993, 1751, 1753.
163 *Robben*, Pränatale Schädigungen S. 228.
164 Stallman v. Youngquist, 531 N.E.2d 355.
165 Stallman v. Youngquist, 531 N.E.2d 355.
166 Chenault v. Huie, 989 S.W.2d 474; Remy v. McDonald, 440 Mass. 675.

schlechter. Es ist jedoch dem Umstand Rechnung zu tragen, dass die körperliche Verbindung der Schwangeren mit dem werdenden Kind noch enger ist,[167] als die der Mutter zu dem geborenen Kind und sie die Sorge für ihr Kind nicht einmal kurzzeitig abgeben kann.

Die besonders enge, untrennbare körperliche Verbindung zwischen der werdenden Mutter und ihrem ungeborenen Kind vermag im Ergebnis die Maßnahmen gegen die Mutter nicht generell auszuschließen, ohne die Interessen des werdenden Kindes völlig außer Betracht zu lassen. Ein solcher Ausschluss ist hinsichtlich der besonderen Schutzbedürftigkeit des ungeborenen Kindes und der Tatsache, dass auch der nasciturus bereits (partiell) grundrechtsfähig[168] ist, nicht geboten. Dennoch werden diese Aspekte bei der Ausgestaltung des Schutzes eine erheblich beschränkende Rolle spielen. Die enge körperliche Verbindung wird vor allem beim Umgang mit unauflösbaren Interessenskonflikten zum Tragen kommen und sich zu Gunsten der Mutter auswirken. Auf die Bedeutung der untrennbaren Verbindung wird man auch bei der Bestimmung, welche Verhaltenspflichten der Mutter zumutbar sind und bei der Frage, ob und welche Maßnahmen das Familiengericht zum Schutz des ungeborenen Kindes erlassen kann, zurückkommen. Aus dem körperlichen Verhältnis von werdender Mutter und Kind ergeben sich in beiden Fällen Schwierigkeiten, da von der ansonsten üblichen objektiven Bestimmung der Verkehrspflichten bzw. der Kindeswohlgefährdung Abstand genommen und auch den Rechten und Interessen der Mutter Bedeutung zugemessen werden muss.

4. Schwierigkeiten eine Sorgfaltspflicht zu bestimmen

Der Court of Appeal Texas gibt in der Rechtssache Chenault v. Huie[169] zu bedenken, dass die Festlegung einer Sorgfaltspflicht, insbesondere deren Beginn und der Maßstab, an dem etwaige Pflichtverletzungen zu messen sein sollen, das Gericht vor erhebliche Probleme stellt und lehnt eine Mutterhaftung aus diesem Grund ab.[170]

Um deutlich zu machen, inwieweit bereits die Festlegung, wann etwaige Sorgfaltspflichten beginnen, problematisch sei und in welchem Maße eine Mutterhaftung in die Rechte der werdenden Mutter eingreife, nimmt der Court

167 Vgl. *Selb*, AcP 166 (1966), 77, 118.

168 *Schmidt*, in: Erfurter Kommentar zum Arbeitsrecht Art. 2 Rn. 103; *Starck*, in: v. Mangoldt/Klein/Starck Art. 1 Rn. 18 f.; *Di Fabio*, in: Maunz/Düring Art. 2 Abs. 2 Rn. 24, 58; *Herdegen*, in: Maunz/Dürig Art. 1 Rn. 65; *Schmitt*, in: MüKo § 1 Rn. 25; BVerfG, NJW 1993, 1751, 1753.

169 Chenault v. Huie, 989 S.W.2d 474.

170 Das Gericht beschränkt seine Entscheidung ausdrücklich auf die Festlegung einer Pflicht durch die Judikative, für die Legislative soll dies aber gegebenenfalls möglich sein.

of Appeal Bezug auf die Entscheidung Renslow v. Mennonite Hospital[171]. Nach Renslow v. Mennonite Hospital macht sich der Träger eines Krankenhauses schadensersatzpflichtig, wenn ein Kind durch eine Jahre zuvor erfolgte Versorgung der Mutter mit einer für sie unpassenden Blutgruppe pränatal geschädigt wird. Nach Auffassung der Richter sei es vorhersehbar gewesen, dass die Patientin später schwanger und das Kind durch die Folgen einer unpassenden Bluttransfusion geschädigt werden könne. Der Court of Appeal spitzt dies zu und schlussfolgert, dass die Anwendung dieser Grundsätze auf die Mutter des noch ungeborenen Kindes jede Frau verpflichten würde, ihren Körper im bestmöglichen Zustand zur Austragung eines Kindes zu erhalten, solange eine Schwangerschaft erkennbar möglich sei. Dies beträfe ihre Ernährung, körperliche Betätigung, die Wahl zu arbeiten, und vieles mehr.

Diese Schlussfolgerung ist für das deutsche Recht ebenfalls nicht fernliegend. Auch hierzulande steht dem Kind seit der sogenannten »zweiten Lues-Entscheidung«[172] des BGH ein Ersatzanspruch für Schäden, deren Ursache bereits vor der Zeugung gesetzt wurden, zu. Der Entscheidung lag folgender Sachverhalt zugrunde: Eine Frau wurde bei einer Bluttransfusion im Krankenhaus mit Lues infiziert und brachte vierzehn Monate später ein lueskrankes Kind zur Welt. Dem BGH zufolge sei es unerheblich, dass im Zeitpunkt der schädigenden Handlung ein unversehrter Zustand bei dem Kind nicht bestanden habe.[173]

Die Bedenken der amerikanischen Richter hinsichtlich der einer Schwangerschaft weit vorausgehenden Sorgfaltspflichten ist damit auch für das deutsche Recht nicht außer Acht zu lassen. Wendete man auf die Pflichten der werdenden Mutter die gleichen Grundsätze an wie auf Dritte, bestünde die Gefahr einer weit vorgelagerten Sorgfaltsplicht, die das Verhalten der späteren Schädigerin über Jahre hinweg beeinträchtigen würde.

Dies ist jedoch keine Frage der generellen Anerkennung oder Ablehnung der Mutterhaftung für pränatale Schäden, sondern vielmehr eine Frage der Ausgestaltung des Haftungsmaßstabs.

5. Folgenkostengünstiger Schwangerschaftsabbruch

In Bezug auf das Deliktsrecht wird in der amerikanischen Literatur[174] der Widerspruch zwischen straflosem Schwangerschaftsabbruch und sanktionsbewehrter Verletzung des ungeborenen Kindes unter dem Schlagwort »folgen-

171 Renslow v. Mennonite Hospital, 367 N.E.2d 1250.

172 BGH, NJW 1953, 417ff.

173 A.A. *Schmidt*, JZ 1952, 167, 168f.

174 *Badger*, 11 N. Ill. U. L. Rev. 1990–1991, 409, 441; *Beal*, San Diego L. Rev. 1984, 325, 369; *Koropp*, 1989 U. Ill. L. Rev. 493, 514; *Simon*, 14 Colum. J.L. & Soc. Probs. 1978–1979, 47, 83.

kostengünstigerer Schwangerschaftsabbruchs«[175] diskutiert. Ist ein Schwangerschaftsabbruch straffrei, könne die werdende Mutter für Gesundheitsschädigungen des Kindes aber verantwortlich gemacht werden, so werde eine Abtreibung des Kindes nicht nur gebilligt, sondern die Mutter in dieser Entscheidung bestärkt.[176] Die Anerkennung zivilrechtlichen Schutzes führe weiterhin zu dem widersprüchlichen Ergebnis, dass einer Frau die Abtreibung erlaubt werde und eine andere für die bloße Verletzung ihres Kindes sanktioniert werde.[177]

Dieser Gedanke ist auf die deutsche Rechtslage übertragbar. Dabei ist zu bedenken, dass der Schwangerschaftsabbruch grundsätzlich rechtswidrig,[178] aber für die Schwangere innerhalb von 22 Wochen nach der Empfängnis straffrei ist (§ 218a Abs. 4 S. 1 StGB). Drohen der Schwangeren (durch die Schädigung des Kindes[179]) schwerwiegende Beeinträchtigungen des seelischen Gesundheitszustandes, wird der Schwangerschaftsabbruch als gerechtfertigt angesehen und kann daher auch über den 22-Wochen-Zeitraum hinaus sanktionslos erfolgen.

Der Widerspruch zwischen sanktionsloser Abtreibung und sanktionsbehafteter Schädigung ist nicht von der Hand zu weisen, die Befürchtung einer Abtreibung zur Verhinderung der späteren Schadensersatzpflicht ist nicht unbegründet. Es handelt sich hierbei letztlich um die rechtspolitische Frage, in welchem Verhältnis sich die zu befürchtenden Risiken im Vergleich zu den Chancen der Schadensersatzklage wegen vorgeburtlicher Schäden auswirken.[180] Eine entsprechende Problematik besteht auch für den geborenen Menschen: Wird ein Mensch getötet, steht ihm kein Schadensersatzanspruch für die Verletzung seiner Rechte zu. Ersatzberechtigt können allenfalls dessen Angehörigen unter den speziellen Voraussetzungen der §§ 844 ff. BGB sein.[181]

Die Freistellung der Mutter von der strafrechtlichen Verantwortung und die Sorge um folgenkostengünstigere Schwangerschaftsabbrüche wird im Rahmen der Ausführungen zur Ausgestaltung der Haftung erneut aufgegriffen und gibt Anlass für die Frage, ob die Mutter parallel zu der strafrechtlichen Freistellung auch zivilrechtlich für einen bestimmten Zeitraum privilegiert werden sollte.

175 *Mannsdorfer*, Pränatale Schädigung S. 257.
176 *Fleming*, 78 ALR 4th; 1082, 1087; *Simon*, 14 Colum. J.L. & Soc. Probs. 1978–1979, 47, 83.
177 *Koropp*, 1989 U. Ill. L. Rev. 493, 514.
178 BVerfG, NJW 1993, 1751, 1754. BVerfG, NJW 1975, 573, 576.
179 *Merkel*, in: Kindhäuser/Neumann/Paeffgen § 218a Rn. 95 ff.
180 *Simon*, 14 Colum. J.L. & Soc. Probs. 1978–1979, 47, 84.
181 *Robben*, Pränatale Schädigungen S. 207.

6. Vertrauensverlust zwischen Patientin und Arzt

Als weitere Folge von gerichtlich betriebenem Kindesschutz wird befürchtet, dass sich schwangere Frauen aus Angst vor zivilrechtlichen Maßnahmen ihren Ärzten nicht offenbaren und keine Vertrauensbasis zwischen Arzt und Patientin entstehen könne.[182] Dies könne einige Schwangere ermutigen, auf eine angemessene, medizinische Schwangerschaftsvorsorge zu verzichten[183], was wiederum dem Schutz des Kindes widerspräche.

Diese Befürchtung kann für das deutsche Recht jedenfalls in Bezug auf Schadensersatzansprüche widerlegt werden. Die ärztliche Schweigepflicht schützt das Vertrauen zwischen Arzt und Patient als Grundvoraussetzung des ärztlichen Wirkens.[184] »Wer sich in ärztliche Behandlung begibt, muß [sic!] und darf erwarten, daß [sic!] alles, was der Arzt im Rahmen seiner Berufsausübung über seine gesundheitliche Verfassung erfährt, geheim bleibt und nicht zur Kenntnis Unberufener gelangt«.[185] Diese »heilige Pflicht«[186] eines Mediziners ist in § 9 der (Muster) Berufsordnung für die in Deutschland tätigen Ärztinnen und Ärzte niedergeschrieben und wird ergänzend auf eine – in den §§ 630a ff. nicht normierte – Nebenpflicht aus einem Behandlungsvertrag[187] und das strafrechtliche Verbot der Verletzung von Privatgeheimnissen (§ 203 I Nr. 1 StGB) gestützt.[188]

Nach einer Entscheidung des OLG Karlsruhe hat »angesichts der geradezu substantiellen Bedeutung, die der ärztlichen Schweigepflicht für das Verhältnis zwischen Arzt und Patient zukommt, die Verpflichtung zur Wahrung des Geheimbereichs des einen Patienten Vorrang gegenüber der nachvertraglichen Nebenpflicht des Arztes zur Hilfe bei der Geltendmachung gegen diesen Patienten gerichteter etwaiger Schadensersatzansprüche eines anderen Patienten«. Das Arzt-Patienten-Verhältnisses ist insoweit nicht ernstlich gefährdet und die Befürchtung, Vorsorgeuntersuchungen könnten unterlassen werden, weitestgehend unbegründet.

Der Arzt ist jedoch zur Offenlegung befugt, wenn dies für den Schutz eines höherwertigen Rechtsguts erforderlich ist.[189] Bei illegalen Schwangerschaftsab-

182 Chenault v. Huie, 989 S.W.2d 474 (1999).

183 *Badger*, 11 N. Ill. U. L. Rev. 1990–1991, 409, 440f.; *King*, 13 Nova L. Rev. 1988–1989, 393, 402f.

184 *Hülsemann*, ArbRAktuell 2015, 192, 192; BVerfG, NJW 1972, 1123, 1124.

185 BVerfG, NJW 1972, 1123, 1124.

186 *Schlund*, in: Laufs/Kern, Handbuch des Arztrechts § 65, Rn. 7.

187 *Katzenmeier*, in: Laufs/Katzenmeier/Lipp Arztrecht IX Rn. 6; *Spickhoff*, in: Spickhoff Medizinrecht § 630a Rn. 46.

188 *Scholz*, in: Spickhoff Medizinrecht MBO § 9 Rn. 1.

189 Vgl. § 9 Abs. 2 MBO; *Hülsemann*, ArbRAktuell 2015, 192, 194; *Katzenmeier*, in: Laufs/Katzenmeier/Lipp Arztrecht IX Rn. 27f.; OLG Karlsruhe, Urteil vom 11.08.2006; BecksRS 2006, 09937.

brüchen und Verhaltensweisen, die unverzüglich Maßnahmen nach § 1666 BGB erforderlich machen, ist die Befürchtung damit nicht von der Hand zu weisen.

3. Kapitel: Vorgeburtlicher Schutz des Familiengerichts durch § 1666 BGB

Da weder der präventive noch der deliktische Schutz des ungeborenen Kindes von vorneherein ausgeschlossen ist, sind im Folgenden die verschiedenen Instrumente, die das BGB bereithält, daraufhin zu überprüfen, ob mit ihnen ein effektiver Schutz des ungeborenen Kindes erreicht werden kann. Am aussichtsreichsten erscheint ein Schutz durch das Familiengericht. Nach § 1666 BGB können Maßnahmen zum Schutz des Kindeswohls erlassen werden.

Eine Gefährdung der Grundrechte des Kindes begründet nicht lediglich ein Eingriffsrecht des Staates, sondern sogar eine Eingriffspflicht.[190] Um einen effektiven Kindesschutz zu gewährleisten, wird das Verfahren von Amts wegen eingeleitet.[191] Bei Kindeswohlgefährdungen besteht nach § 8a Abs. 3 S. 1 HS. 1 SGB VIII eine Anzeigepflicht des Jugendamtes. Lediglich als Anregungen zum Einschreiten, aber nicht als formelle Sachanträge,[192] werden Anträge von dritter Seite, wie dem Vater des Kindes, anerkannt. Die Frage, ob das Kind selbst, vertreten durch einen Dritten, antrags- oder klagebefugt ist, stellt sich an dieser Stelle damit nicht.

Als Interessenvertreter des Kindes kann ein Verfahrensbeistand nach § 158 FamFG bestellt werden. Diese Möglichkeit erkennt auch das AG Bad Iburg[193] in einer neueren Entscheidung an. Dass im Rahmen des § 158 FamFG von einem »minderjährigen Kind« die Rede sei, stehe der Erstreckung auf das ungeborene Kind nicht entgegen, sondern schließe lediglich das volljährige Kind aus.[194] Zweifelhaft ist, ob allein diese Erwägung zur Erstreckung des § 158 FamFG auf das ungeborene Kind ausreichend ist. Dass das ungeborene Kind nicht bedenkenlos unter den Begriff des minderjährigen Kindes zu fassen ist, zeigen schon die nachstehenden Ausführungen zur Anwendbarkeit der elterlichen Sorge auf

190 *Coester*, in: Staudinger § 1666 Rn. 3; *ders*, Journal of the child law, 1993, 88, 90 (zumindest für Schwangerschaftsabbrüche); *Stürner*, JZ 1990,709, 721.

191 *Olzen*, in: MüKo 1666 Rn. 216.

192 *Olzen*, in: MüKo 1666 Rn. 216.

193 AG Bad Iburg, NJW 2017, 2630f.

194 AG Bad Iburg, NJW 2017, 2630, 2631.

den nasciturus. Ob das ungeborene Kind als »minderjähriges Kind« im Sinne des § 1626 BGB angesehen werden kann, wird kontrovers diskutiert. Dass dem ungeborenen Kind ein Verfahrensbeistand nach § 158 FamFG bestellt werden kann, ergibt sich aber aus dem Zweck des § 158 FamFG. Die Bestellung eines Verfahrensbeistandes soll zur Berücksichtigung des Willens und der Interessen des betroffenen Kindes beitragen und im Falle von Interessenskonflikten eine einseitige Vertretung des Kindes ermöglichen.[195] Das Verfahrensrecht sichert damit die Verfahrensrechte des Beteiligten, bringt dessen Interessen zu Gehör und gewährleistet letztlich die Durchsetzung der materiellen Rechtslage. Ein entsprechendes Bedürfnis kommt dem ungeborenen Kind zu, welches seine Interessen gegenüber seinen Eltern zumindest ebenso wenig durchzusetzen vermag, wie das geborene aber minderjährige Kind. Sofern im Folgenden die Möglichkeit der Durchführung eines familiengerichtlichen Verfahrens zugunsten des ungeborenen Kindes bejaht wird, ihm also Schutz vor den eigenen Eltern zugesprochen wird, kann dem Kind zur Sicherung dieser Rechte auch ein Verfahrensbeistand bestellt werden.

Die Erziehung der Kinder obliegt grundsätzlich den Eltern. Bei erheblichem Versagen der Eltern können die Gerichte jedoch zum Schutz des Kindes Maßnahmen nach § 1666 BGB ergreifen. Bei Gefährdungen des Kindeswohls können beispielsweise Gebote, die Schulpflicht einzuhalten, erteilt oder Kontaktverbote verhängt werden. In drastischen Fällen kann sogar das Sorgerecht entzogen werden. Denkbar ist aber nicht nur die Gefährdung geborener, sondern auch die ungeborener Kinder. Ob auch zu deren Schutz staatliche Maßnahmen ergriffen werden können, wenn ja, welche, und ob diese sogar mit staatlichem Zwang durchgesetzt werden können, ist problematisch. In der Literatur kontrovers diskutiert, ist diese Frage von moralischen Wertungsgesichtspunkten geprägt. Im Vordergrund steht dabei die Frage nach der Schutzwürdigkeit der Mutter. Die Angst, in ihre Privatsphäre und ihren Körper einzugreifen, sie zum bloßen »Fetalkontainer«[196] zu machen und ihr mit staatlichen Zwängen ein Verhalten aufdrängen zu können, leiten diese Überlegungen. Diese Erwägungen sind nicht von der Hand zu weisen, da Maßnahmen, die dem Kindesschutz gegenüber dessen Mutter dienen, immer auch Eingriffe in die (Grund-)Rechte der Mutter sind. Mit dieser Argumentation kann jedoch der Kindesschutz, wie oben aufgezeigt, nicht vollständig verneint werden. Vielmehr muss ein Ausgleich gefunden werden, der aber nicht notwendigerweise in der Schaffung einer neuen Norm liegen muss.[197] Die Schutzpflicht des Staates aus Art. 2 Abs. 2 S. 1, Art. 1 Abs. 1 S. 2 GG, die auch dem ungeborenen Leben gegenüber besteht, gebietet es, »jede

195 *Lorenz*, in: Zöller § 158 Rn. 1.

196 *Raschen*, Zivilrechtliche Verhaltens- oder Schutzpflichten S. 174.

197 Für eine neue Norm: *Czerner*, ZKJ 2010, 220, 226.

Möglichkeit zum Lebensschutz auszuschöpfen und Normen, mittels derer Leben geschützt werden kann, weit auszulegen«.[198]

Bei der Frage, ob und in welchem Umfang mithilfe der familiengerichtlichen Eingriffsbefugnis Maßnahmen zum Schutz des ungeborenen Kindes erlassen werden können, ist die Intention des § 1666 BGB stets im Hinterkopf zu behalten. Die Regelung dient der Wahrung der Kindesgrundrechte aus Art. 1 und Art. 2 GG, stellt eine staatliche Ermächtigung zum Eingriff in die Personen- und Vermögenssorge der Eltern dar und ist Ausdruck des in Art. 6 Abs. 2 S. 2 GG niedergelegten Grundsatzes des staatlichen Wächtertums.[199] Das Kindeswohl soll in erster Linie durch die Garantie der Elternautonomie gewährleistet werden. Diesem Grundsatz entspricht, dass die Regelung bei den Ursachen des elterlichen Versagens und nicht an den Symptomen ansetzt und eine die ganze Familie erfassende Hilfe statt Sanktion angestrebt wird.[200] Erst wenn Hilfe »über die Familie« erfolglos oder aussichtslos ist, richtet sich der gebotene Kindesschutz auch gegen die Eltern.[201] Um den elterlichen Erziehungsvorrang sicherzustellen, sollen staatliche Eingriffe gegen die Eltern nur ultima ratio sein.

1. Anwendbarkeit auf ungeborene Kinder

Ob der Schutz des § 1666 BGB auch auf den nasciturus erstreckt werden kann, hängt entscheidend davon ab, ob die Eltern ihm elterliche Sorge im Sinne des § 1626 BGB schulden, da nur dann die familiengerichtliche Eingriffsbefugnis gegeben sein kann. Ob elterliche Sorge dem ungeborenen Kind gegenüber besteht, ist durch das BGB nicht ausdrücklich festgelegt und auch in der rechtswissenschaftlichen Literatur nicht hinreichend geklärt. Als elterliche Sorge definiert das Gesetz in § 1626 Abs. 1 S. 1 BGB die Pflicht und das Recht der Eltern, für das minderjährige Kind zu sorgen. Der Wortlaut ließe sich durchaus dahingehend verstehen, dass auch dem ungeborenen Kind elterliche Sorge zukommt. Das BGB verwendet den Begriff »Kind« an anderer Stelle sowohl für das geborene als auch für das ungeborene Kind (vergleiche zum Beispiel: §§ 1774, 1777 Abs. 2, 1912 Abs. 2, 1963 BGB).[202] Auch der historische Gesetzgeber schien davon auszugehen, dass »in der elterlichen Gewalt die Schutzpflicht auch in Ansehung des nasciturus liegt«.[203]

198 *Seidel*, Zivilrechtliche Mittel gegen Schwangerschaftsabbrüche S. 63.
199 *Veit*, in BeckOK § 1666 Rn. 1.
200 Vgl. *Coester*, in: Staudinger § 1666 Rn. 209.
201 *Coester*, in: Staudinger § 1666 Rn. 209.
202 *Seidel*, Zivilrechtliche Mittel gegen Schwangerschaftsabbrüche S. 50; *Linke*, Einflußmöglichkeiten des werdenden Vaters S. 133.
203 Motive zum Entwurfe eines Bürgerlichen Gesetzbuchs, Band 4, S. 1264.

Die elterliche Sorge nach § 1626 Abs. 1 BGB beginnt jedoch – wie überwiegend angenommen –[204] erst mit der Geburt des Kindes. Dies ergibt sich aus einer Zusammenschau verschiedener BGB-Normen zur Ausgestaltung der elterlichen Sorge. Genannt werden in diesem Zusammenhang § 1626a Abs. 1 BGB (»bei der Geburt«)[205] oder § 1626 Abs. 2 und 3 BGB[206] sowie § 1631 BGB[207], welche nur in Bezug auf geborene Kinder Sinn ergeben: Ungeborene können weder gepflegt oder erzogen werden noch können mit ihnen Fragen der elterlichen Sorge besprochen werden und auch die Bestimmung des Aufenthaltsortes erscheint nur für geborene Kinder gedacht.[208]

Das BGB erkennt Vorwirkungen der elterlichen Sorge jedoch in § 1912 Abs. 2 BGB an.[209] Danach steht die Fürsorge für eine Leibesfrucht den Eltern insoweit zu, als ihnen die elterliche Sorge zustünde, wenn das Kind bereits geboren wäre.

Inwieweit der Begriff der Fürsorge mit dem der elterlichen Sorge kongruent ist, ist nicht geklärt. Teilweise wird die vorgeburtliche Fürsorge mit der elterlichen Sorge inhaltlich weitestgehend gleichgesetzt[210] und daher auch als personenrechtliche Fürsorge[211] verstanden. Den Eltern obliegt die Fürsorge grundsätzlich in gleichem Maße, wie gegenüber dem geborenen Kind. Bedenken gegen diese weite Auslegung ergeben sich aus dem Wortlaut des § 1912 Abs. 1 BGB, in dem von »künftigen Rechten« der Leibesfrucht die Rede ist.[212] Da Leben und körperliche Unversehrtheit zumindest auch gegenwärtige Rechte des nasciturus sind, wird die Vorschrift des § 1912 BGB mitunter bei diesen Rechte für nicht einschlägig angesehen[213] und von manchen Autoren die Möglichkeit, Leben und

204 *Veit*, in: BeckOK § 1626 Rn. 33; *Döll*, in: Erman § 1626 Rn. 5; *Budzikiewicz*, in: Jauernig § 1626 Rn. 6; *Huber*, in: MüKo § 1626 Rn. 19; *Götz*, in: Palandt § 1626 Rn. 4; *Raschen*, Zivilrechtliche Verhaltens- oder Schutzpflichten S. 94; *Preisner*, in: Soergel § 1626 Rn. 39; *Peschel-Gutzeit*, in: Staudinger § 1626 Rn. 35; Gutachten AG »Familiengerichtliche Maßnahmen bei Gefährdung des Kindeswohls – § 1666 BGB« S. 34; .a.A.: *Wolf*, in: Wolf/Naujoks, Anfang und Ende der Rechtsfähigkeit S. 195, nach dem die elterliche Sorge schon mit der Zeugung des Kindes beginnt.

205 *Huber*, in: MüKo § 1626 Rn. 19.

206 *Czerner*, ZKJ 2010, 220, 223.

207 *Czerner*, ZKJ 2010, 220, 223; *Raschen*, Zivilrechtliche Verhaltens- oder Schutzpflichten S. 94.

208 *Czerner*, ZKJ 2010, 220, 223; *Raschen*, Zivilrechtliche Verhaltens- oder Schutzpflichten S. 94; a. A.: *Seidel*, Zivilrechtliche Mittel gegen Schwangerschaftsabbrüche S. 51.

209 *Veit*, in: BeckOK § 1626 Rn. 33; *Döll*, in: Erman § 1626 Rn. 5; *Budzikiewicz*, in: Jauernig § 1626 Rn. 6; *Huber* in: MüKo § 1626 Rn. 19; *Götz*, in: Palandt § 1626 Rn. 4; *Raschen*, Zivilrechtliche Verhaltens- oder Schutzpflichten S. 95ff.; *Preisner*, in: Soergel § 1626 Rn. 40; *Peschel-Gutzeit*, in: Staudinger § 1626 Rn. 37; *Bienwald*, in: Staudinger § 1912 Rn. 5; *Weber*, NZFam 2018, 510, 513.

210 *Gernhuber/Coester-Waltjen*, FamR § 57 II Rn. 9.

211 *Raschen*, Zivilrechtliche Verhaltens- oder Schutzpflichten S. 98; *Peschel-Gutzeit*, in: Staudinger § 1626 Rn. 37; so wohl auch AG Celle, FamRZ 1987, 738, 739f.

212 *Vennemann*, FamRZ 1987, 1069.

213 *Vennemann*, FamRZ 1987, 1069; *Burghart*, in: BeckOGK § 1666 Rn. 54.1; zumindest bezüglich des Lebens: *Peschel-Gutzeit*, in: Staudinger § 1626 Rn. 37.

Gesundheit des Kindes vorgeburtlich im Wege des § 1912 BGB schützen zu können abgelehnt.[214]

Ein Ausschluss der elterlichen Fürsorge für die Rechte Leben und Gesundheit ist mit den Schutzbedürfnissen des ungeborenen Kindes jedoch nicht zu vereinbaren. Um den Widerspruch zu dem Wortlaut des § 1912 BGB zu übergehen, wird in der Literatur auf verschiedene Erklärungsansätze zurückgegriffen.

Zum einen wird argumentiert, dass sich die Unterscheidung zwischen künftigen und gegenwärtigen Rechten mit der Annahme erübrige, der Schutz des Ungeborenen diene dem zukünftigen Leben beziehungsweise der Gesundheit des geborenen Kindes.[215] Das menschliche Leben sei nicht statisch, sondern trägt unabhängig vom Entwicklungsstadium eines Menschen immer ein Zukunftselement in sich.[216] Insbesondere in Bezug auf das künftige Lebensrecht gelte, dass dieses nur durch den sofortigen Lebensschutz überhaupt entstehen könne.[217]

Andere Autoren begründen die Einbeziehung gegenwärtiger Rechte mit dem Erfordernis, dem Kind Schutz vor illegalen Schwangerschaftsabbrüchen zu gewähren.[218] Auch wenn rechtspraktische Probleme[219] bestünden und der Wortlaut das aktuelle Lebensrecht an sich ausschließe, erfordere der Zweck des § 1912 BGB eine Einbeziehung des schon gegenwärtigen Lebensrechts. Sei im Rahmen des § 1912 BGB schon das Vermögensinteresse einer treuhänderischen Interessenswahrung zugänglich, so müsse dies auch für die Lebensinteressen gelten.

Überwiegend wird eine Einbeziehung der gegenwärtigen Rechte auf Leben und Gesundheit damit begründet, dass § 1912 BGB verfassungskonform so auszulegen ist, dass auch die gegenwärtigen Rechte des nasciturus geschützt werden.[220] Von Bedeutung sind in diesem Zusammenhang insbesondere die Gewährleistungen aus Art. 2 Abs. 2 S. 1 Var. 2 und Art. 6 Abs. 2 GG. Überzeugend argumentieren Gernhuber/Coester-Waltjen, dass der Wortlaut des § 1912 BGB nur künftige Rechte umfasse, da der Gesetzgeber sich die Rechte des nasciturus nur als künftige habe vorstellen können; die Annahme auch gegenwärtiger Rechte (Leben und Gesundheit) aber zwanglos dazu führe, dass auch diese nach § 1912 BGB zu schützen seien.[221] Im Ergebnis solle eine Pflegerbestellung zur Sicherung der gegenwärtigen Rechte des nasciturus auf Leben und körperliche Unversehrtheit, insbesondere die Verhinderung eines illegalen Schwanger-

214 *Peschel-Gutzeit*, in: Staudinger § 1626 Rn. 37; Ohne weitere Begründung: *Bettin*, in: BeckOK § 1912 Rn. 3.

215 *Schöpflin*, in: BeckOGK § 1912 Rn. 11.

216 *Wiebe*, ZfL 2000, 12, 17.

217 *Schwab*, in: MüKo 1912 Rn. 11.

218 *Schwab*, in: MüKo § 1912 Rn. 11.

219 Vgl. *Bienwald*, FamRZ 1985, 1096, 1101.

220 *Coester*, in: Staudinger § 1666 Rn. 22ff.; *Geiger*, FamRZ 1987, 1177; ähnlich *Rauscher*, FamR, Rn. 964.

221 *Gernhuber/Coester-Waltjen*, FamR § 75 III Rn. 18.

schaftsabbruchs möglich sein.[222] Die Handlungsmöglichkeiten des Pflegers seien wegen der Verbundenheit der Schwangeren mit dem Kind aber eingeschränkt.

Welchen Begründungsansatz man hier auch für zutreffend erachten mag, eine Einbeziehung der gegenwärtigen Rechte auf Leben und Gesundheit ist jedenfalls aufgrund des Schutzauftrags des Staates für das ungeborene Leben geboten. Dem nasciturus in diesen elementaren, besonders schutzwürdigen Bereichen den Schutz zu versagen, widerspricht der Wertung des Grundgesetzes. Ferner führt eine strikte Trennung von künftigen und gegenwärtigen Rechten zu unerklärlichen Ergebnissen. Nicht nachvollziehbar ist, warum künftige Rechte geschützt werden sollen, nicht jedoch Interessen, die zwar gegenwärtig bestehen, aber auch Auswirkungen auf die künftigen Rechte haben. Letztlich handelt es sich bei den Rechten auf Leben und Gesundheit sowohl um gegenwärtige als auch künftige Rechte. Ein Ausschluss der Rechte auf Leben und körperliche Unversehrtheit ist damit nicht zu begründen. Die Eltern oder der Pfleger nehmen dementsprechend sowohl künftige als auch gegenwärtige Rechte der Leibesfrucht wahr.[223]

Wer den Eltern die Sorge bereits vorgeburtlich zuspricht, sieht § 1912 BGB lediglich als diesen Umstand klarstellende Norm.[224]

Dem ungeborenen Kind gegenüber besteht eine vorwirkende elterliche Sorge nach §§ 1626, 1912 BGB, es genießt damit grundsätzlich einen Schutz zumindest analog § 1666 BGB.[225]

2. Berücksichtigung der Interessen der Mutter

§ 1666 BGB gewährt dem Staat keine Möglichkeit zur grundsätzlichen Miterziehung des Kindes, sondern stellt eine Eingriffsbefugnis zur Gefahrenabwehr dar, erst wenn die Toleranzgrenze der elterlichen Erziehungs- und Betreuungsrechte erreicht ist.[226] Ebenso wie sich das geborene Kind in die Familie einfügen muss und keinen Anspruch auf »Idealeltern« hat,[227] muss sich auch der nasc-

222 *Gernhuber/Coester-Waltjen*, FamR IV§ 75 Rn. 21.

223 *Roth*, in: Erman § 1912 Rn. 1; *Gernhuber/Coester-Waltjen*, FamR § 75 III Rn. 18; *Schwab*, in: MüKo § 1912 Rn. 1.

224 So *Mittenzwei*, AcP 187 (1987), 247, 276; *Seidel*, Zivilrechtliche Mittel gegen Schwangerschaftsabbrüche S. 51.

225 So: *Rakete-Dombek*, in: NK § 1666 Rn. 4; *Gernhuber/Coester-Waltjen*, FamR § 57 IX Rn. 113; *Cirullies*, in: Heilmann, Praxiskommentar Kindschaftsrecht § 1666 Rn. 15; *Büte*, in: Johannsen/Henrich FamR § 1666 Rn. 6; AG Celle, NJW 1987, 2307, 2308; Weber, NZFam 2018, 510, 513; Zweifelnd: *Döll*, in: Erman § 1666 Rn. 5.

226 Vgl. *Coester*, FPR 2009, 549, 550.

227 *Ziegler*, in: Prütting/Wegen/Weinreich § 1666 Rn. 3: (»Idealeltern«); *Olzen*, in: MüKo § 1666 Rn. 46 (»besten Eltern«); BVerfG, NJW 2010, 2333, 2335; OLG Hamm, FamRZ 2010, 1742; OLG Brandenburg, FamRZ 2009, 994, 995.

iturus bestimmte Verhaltensweisen seiner Eltern anrechnen lassen. Den Eltern – speziell der Mutter – wird ein großer Ermessensspielraum in der eigenen Lebensführung eingeräumt.[228] § 1666 BGB soll dem Kind keine optimale Schwangerschaft gewähren, sondern lediglich Gefährdungen seiner Entwicklung abwenden.[229] Damit steht der Rechtsanwender vor der Schwierigkeit, in welchen Fällen der Staat Maßnahmen nach § 1666 BGB zum Schutz des ungeborenen Kindes ergreifen kann.

Dementsprechend besteht dringend gesetzgeberischer Handlungsbedarf.[230] Bereits 2009 hat sich die Arbeitsgruppe »Familiengerichtliche Maßnahmen bei Gefährdung des Kindeswohls- § 1666« mit dem Schutz des nasciturus durch pränatale Schutzmechanismen beschäftigt.[231] Die Arbeitsgruppe hält eine Erweiterung des Anwendungsbereichs des § 1666 BGB in Bezug auf die problematischen Fälle alkohol-oder drogenabhängiger Mütter für nicht erforderlich. Der Schutz des Ungeborenen solle vielmehr durch eine Ausweitung der Hilfsangebote für Jugendhilfe und Gesundheitsfürsorge nach dem SGB VIII erfolgen. Diese Maßnahmen können einen effektiven Schutz des nasciturus jedoch nicht gewährleisten. Freiwillige Angebote erreichen diejenigen, die dieser Hilfe am ehesten bedürfen, in vielen Fällen nicht oder nicht rechtzeitig.[232] Von einer Ausdehnung der Hilfsangebote profitieren daher überwiegend Mütter, die einem Kindesschutz aufgeschlossen gegenüber stehen. Effektiver ist der Vorschlag Czerners, der auf Grundlage eines neu einzuführenden § 1666b BGB Weisungen zum Beispiel zur Wahrnehmung von Früherkennungs- oder Vorsorgeuntersuchungen an alkohol- oder drogenkranke Schwangere ermöglichen will.[233] Relevant sei unter anderem die Frage, ob den Eltern auferlegt werden könne, sich einer Therapie zu unterziehen. Die vom BVerfG betonte Schutzpflicht zugunsten des nasciturus müsse zu einem effektiven Instrumentarium führen, welches auch durch Ge- und Verbote gesichert werden könne, um nicht bloß als programmatische Absichtserklärungen zu gelten. Eine enumerative Aufzählung der den nasciturus gefährdenden Handlungen ist auch nach Czerner nicht möglich. Evident schädigendes Verhalten wie Alkohol- oder Drogenmissbrauch müsse aber dennoch erfassbar sein. Unberücksichtigt bleiben müssen freilich bloße abstrakt-theoretische Risiken wie Autofahrten oder gewöhnliche Urlaubsreisen.

228 *Olzen*, in: MüKo § 1666 Rn. 43.

229 *Olzen*, in: MüKo § 1666 Rn. 43; Abschlussbericht der Arbeitsgruppe »Familiengerichtliche Maßnahmen bei Gefährdung des Kindeswohls – § 1666 BGB« 2009 S. 73; *Drygala/Kenzler*, FamRZ 2018, 156, 157.

230 *Coester*, in: Staudinger § 1666 Rn. 25a.

231 Abschlussbericht der Arbeitsgruppe »Familiengerichtliche Maßnahmen bei Gefährdung des Kindeswohls – § 1666 BGB« 2009 S. 32 ff.

232 *Czerner*, ZKJ 2010, 220, 226.

233 *Czerner*, ZKJ 2010, 220, 226.

Die Erwägungen Czerners sind durchaus zutreffend. Jedoch bedarf es eines Rückgriffs auf eine neu einzuführende Norm nur, wenn selbiges Ergebnis nicht durch eine bereits existierende Norm erreicht werden kann. Nach Auffassung Czerners, der die elterliche Sorge und die Maßnahmen nach § 1666 BGB erst nach der Geburt beginnen lässt, ist diese »Hilfserwägung« erforderlich. Die Vorschriften über die elterliche Sorge und die Maßnahmen nach § 1666 BGB sind jedoch bereits vorgeburtlich zumindest entsprechend anwendbar. Ein neuer § 1666b BGB ist daher nicht erforderlich, die Forderungen können allerdings auf den bestehenden § 1666 BGB übertragen werden.

3. Tatsächlicher Umfang des Schutzes

Auch wenn die familiengerichtlichen Schutzmaßnahmen des § 1666 BGB grundsätzlich auch zugunsten des ungeborenen Kindes erlassen werden können, bestehen erhebliche praktische Probleme, die in der besonderen untrennbaren körperlichen Verbindung und den Auswirkungen der Grundrechte der werdenden Mutter begründet sind. Wie oben herausgearbeitet, müssen vor allem die Persönlichkeits- und Selbstbestimmungsrechte der Mutter bei der Ausgestaltung von Maßnahmen berücksichtigt werden.[234] Angesichts dieser Einschränkungen wird die praktische Bedeutung des § 1666 BGB in Bezug auf das ungeborene Leben für gering erachtet.[235] Die entgegenstehenden Rechte der werdenden Mutter führen oft dazu, dass bei Gesundheitsgefährdungen des nasciturus gerichtliche Maßnahmen nach § 1666 BGB verneint werden. In diesem Sinne argumentiert beispielsweise die Arbeitsgruppe » Familiengerichtliche Maßnahmen bei Gefährdungen des Kindeswohls – § 1666 BGB«: An die Mutter gerichtete gerichtliche Anordnungen, ein gefährdendes Verhalten zu unterlassen, seien nur schwer durchsetzbar, intensivere staatliche Schutzmaßnahmen (wie die Einweisung in eine Entzugsklinik) kollidieren in der Regel mit den Grundrechten der Mutter.[236]

Diese Bedenken sind keinesfalls leichtfertig von der Hand zu weisen. An dieser Stelle sollte jedoch nicht resignierend und beharrlich auf die entgegenstehenden Rechte der Mutter verwiesen und damit jede weitere Erwägung bereits im Kern erstickt werden. Vielmehr sollte in eine intensive Diskussion der Problematik eingetreten werden.[237] Aufgrund der praktischen Schwierigkeiten und entgegenstehenden Mutterrechte gänzlich auf einen Kindesschutz zu verzichten,

234 *Gernhuber/Coester-Waltjen*, FamR § 57 IX Rn. 113.
235 *Olzen*, in: MüKo § 1666 Rn. 43.
236 Abschlussbericht der Arbeitsgruppe »Familiengerichtliche Maßnahmen bei Gefährdung des Kindeswohls – § 1666 BGB« 2009 S. 37f.
237 Vgl. auch *Coester* FPR 2009, 549, 551.

verstößt gegen die verfassungsrechtlichen Vorgaben zum Schutz des ungeborenen Kindes. Auch wenn es grundsätzlich dem allgemeinen Lebensrisiko des Kindes entspricht, in welche Familie es hineingeboren wird, lassen es die Grundrechte des Ungeborenen nicht zu, jedes auch grob fahrlässige und evident sorgfaltswidrige Verhalten der Mutter als »sozialadäquat« anzusehen.[238]

Geboten ist vielmehr eine genaue Analyse, in welchem Umfang der Schutz des ungeborenen Kindes auch gegen die werdende Mutter denkbar ist und wann Maßnahmen nicht in Betracht kommen. Dabei muss differenziert werden hinsichtlich der Überlegung, welche Verhaltensweisen der Mutter überhaupt familiengerichtliche Maßnahmen auslösen können und der Frage nach den zulässigen Maßnahmen, die gegen die Mutter verhängt werden dürfen.

Die Beantwortung der Frage, welche Verhaltensweisen einer schwangeren Frau überhaupt familiengerichtliche Maßnahmen auslösen können, erfordert eine genaue Betrachtung der Eingriffsvoraussetzungen des § 1666 BGB. Schon dabei werden zahlreiche Schwierigkeiten bei der Anwendung auf das Verhältnis des ungeborenen Kindes zur werdenden Mutter deutlich. Sofern diese Verhaltensweisen überhaupt familiengerichtliche Maßnahmen auslösen, ist im zweiten Schritt zu klären, welche Mittel gegen die werdende Mutter tatsächlich angewendet werden dürfen. Diese sollen beispielhaft anhand der typischerweise im Zusammenhang mit pränatalen Schädigungen durch die Mutter erwähnten Verhaltensweisen deutlich gemacht werden. Offensichtliches Gefährdungspotential besteht bei Schwangerschaftsabbrüchen, bei der Ausübung gefährlicher Sportarten oder einem erhöhten Alkoholkonsum. In Betracht kommt eine Schädigung aber auch durch jede Alltagstätigkeit, wie dem Heben schwerer Gegenstände, dem Konsum bestimmter Lebensmittel (zum Beispiel Kaffee) oder rezeptfreien Medikamenten (zum Beispiel Nasenspray). Hinsichtlich der möglichen Rechtsfolgen soll zwischen Handlungen, die Körper und Gesundheit schädigen und jenen Handlungen, die das Leben des Kindes gefährden, differenziert werden.

a) Kindeswohlgefährdung

Eingriffe in die elterliche Erziehungsautonomie sind aufgrund tatbestandlicher Beschränkungen des § 1666 BGB nur unter bestimmten Voraussetzungen möglich:

Erst wenn die Schwelle der Kindeswohlgefährdung überschritten ist und der Subsidiaritäts- sowie der Verhältnismäßigkeitsgrundsatz berücksichtigt wurde, können Maßnahmen nach § 1666 BGB erlassen werden. Bei der Prüfung dieser

238 *Czerner*, ZKJ 2010, 220, 227.

Merkmale ist stets im Hinterkopf zu behalten, dass das Wohl des Kindes dadurch verwirklicht werden soll, dass Fragen seiner Pflege und Erziehung den Eltern und nicht dem Staat obliegen. Dem Kindeswohl wird nicht entsprochen, wenn die Sanktionierung von Fehlverhalten beteiligter Erwachsener zum Leitgedanken von Entscheidungen wird.[239]

Vom Erfordernis eines »elterlichen Erziehungsversagens« nimmt die 2008 neu gefasste Regelung Abstand und stellt allein auf eine Gefährdung des Kindeswohls ab.[240] Das Erfordernis eines »elterlichen Erziehungsversagens« war bereits in der Vergangenheit streitig, wurde aber letztlich beibehalten.[241] Im Interesse der Rechtssicherheit bleibt eine Orientierung an der umfangreichen Rechtsprechung auch künftig nicht aus.[242] Die elterliche Pflichtwidrigkeit bleibt weiterhin relevant für das Merkmal »Unwilligkeit oder Unfähigkeit der Gefahrabwendung durch die Eltern«.[243] Jedenfalls auf der Rechtsfolgenseite ist das Verschulden nicht unerheblich.[244]

Der Begriff des Kindeswohls stellt einen unbestimmten Rechtsbegriff dar, der anhand von objektiven Entwicklungsstandards, zum Beispiel § 1 Abs. 1 SGB VIII, und bestimmten Kindeswohlkriterien auszulegen ist.[245] Orientierung bietet das Erziehungsziel des Art. 6 Abs. 2 GG, nach dem die Erziehung zu einem gesunden, zur Selbstbestimmung und -verantwortung fähigen Menschen führen soll.[246]

Gefährdet ist das Kindeswohl, wenn eine gegenwärtige oder zumindest unmittelbar bevorstehende Gefahr für die Kindesentwicklung abzusehen ist, die bei ihrer Fortdauer eine erhebliche Schädigung des körperlichen, geistigen oder seelischen Wohls des Kindes mit ziemlicher Sicherheit voraussehen lässt.[247]

---

239 *Coester*, in: Staudinger § 1666 Rn. 67.

240 *Olzen*, in: MüKo § 1666 Rn. 37.

241 *Olzen*, in: MüKo § 1666 Rn. 37; *Röchling*, FamRZ 2007, 431, 433 *Raschen*, Zivilrechtliche Verhaltens- oder Schutzpflichten S. 159ff. m. w. N.

242 *Olzen*, in: MüKo § 1666 Rn. 39, 59ff.; Gegen eine Streichung des Versagenserfordernisses aus Rechtssicherheitserwägungen: *Röchling*, FamRZ 2007, 431, 433.

243 BR-Dr 550/07, S. 17; *Cirullies*, in: Heilmann Praxiskommentar Kindschaftsrecht § 1666 Rn. 22; *Coester*, in: Lipp/Schumann/Veit S. 26; *Coester*, in: Staudinger § 1666 Rn. 64; *Veit*, FPR 2008, 598, 600; *Büte*, in: Johannsen/Henrich FamR § 1666 Rn. 21.

244 *Coester*, in: Staudinger § 1666 Rn. 64; *Veit*, FPR 2008, 598, 600; *Döll*, in: Erman § 1666 Rn. 12.

245 *Döll*, in: Erman § 1666 Rn. 6; *Poncelet/Onstein*, in: jurisPK § 1666 Rn. 15; *Oberloskamp*, FPR 2003, 285, 286.

246 *Döll*, in: Erman § 1666 Rn. 6a; *Poncelet/Onstein*, in: jurisPK § 1666 Rn. 15; *Oberloskamp*, FPR 2003, 285, 286; *Coester*, in: Staudinger § 1666 Rn. 71; BVerfG, FamRZ 2008, 1737, 1738; *Büte*, in: Johannsen/Henrich FamR § 1666 Rn. 22.

247 *Döll*, in: Erman § 1666 Rn. 6b; *Drygala/Kenzler*, FamRZ 2018, 156, 157; *Heiß*, in: Heiß FamR § 3 Rn. 121; *Cirullies*, in: Heilmann Praxiskommentar Kindschaftsrecht § 1666 Rn. 19; *Olzen*, in: MüKo § 1666 Rn. 50; *Coester*, in: Lipp/Schumann/Veit S. 24; OLG Karlsruhe, NJW 2009, 3521, 3522; *Onstein*, jM 2017, 95, 96; BVerfG, NJW 2010, 2333; 2334; FamRZ 2010, 720, 721; OLG Saarbrücken, FamRZ 2010, 1092, 1093; OLG Düsseldorf, FamRZ 2010, 308; OLG Hamm, FamRZ 2010, 1742.

b) Erhebliche Schädigung

Das Erfordernis einer erheblichen Schädigung des Kindes soll in erster Linie das natürliche, durch Art. 6 GG gefestigte, Erziehungs- und Sorgeprivileg der Eltern wahren, indem staatliche Maßnahmen erst bei Überschreitung der Vertretbarkeitsgrenze[248] zulässig sind. Kindesschützende Maßnahmen können nur bei nachhaltigen und schwerwiegenden Gefährdungen des Kindeswohls ergriffen werden.[249] Daraus folgt, dass dem Kind kein Schutz vor sämtlichen unter objektiven Gesichtspunkten zu missbilligenden Verhaltensweisen seiner Eltern zusteht,[250] es also keinen Anspruch auf »Idealeltern«[251] hat. Es besteht auch kein Optimierungsgebot.[252] Unterhalb dieser Schwelle sind Nachteile, die dem Kind durch das elterliche Verhalten entstehen, grundsätzlich hinzunehmen.[253] Ob eine Schädigung nachhaltig und schwerwiegend ist, muss im jeweiligen Einzelfall geklärt werden.

Wie sich aus einem Vergleich zu den Maßnahmen zum Schutz des geborenen Kindes zeigt, muss bei der Beurteilung der Erheblichkeit restriktiv vorgegangen werden. Hinzunehmen hat das geborene Kind beispielsweise[254] das Rauchen der Eltern (es sei denn das Passivrauchen stellt für das Kind ein besonderes Risiko dar), einen Wohnsitzwechsel oder eine ungesunde Ernährungsweise. Als erheblich gilt beispielsweise das Risiko einer Beschneidung bei Mädchen,[255] die Verweigerung notwendiger gesundheitlicher Fürsorge wie einer Blutübertragung[256] oder das Verabreichen von Betäubungsmitteln[257] wie Kokain und Methadon.

Auf das ungeborene Kind übertragen bedeutet dies, dass von vorneherein kein Anspruch besteht auf eine gesunde Ernährungsweise der Mutter und die Einnahme bestimmter Präparate, welche die Entwicklung des Kindes fördern sollen (beispielsweise Omega-3-Fettsäuren, die sich positiv auf Entwicklung von Gehirn und Auge auswirken sollen).

---

248 *Büte*, in: Johannsen/Henrich FamR § 1666 Rn. 24.

249 *Büte*, in: Johannsen/Henrich FamR § 1666 Rn. 24, *Drygala/Kenzler*, FamRZ 2018, 156, 157; *Olzen*, in: MüKo § 1666 Rn. 52; BVerfG, NJW 2010, 2333, 2334; BGH, MDR 2017, 339f.; OLG Stuttgart, FamRZ 2010, 1090, 1091; OLG Bremen, FamRZ 2010, 821; OLG Brandenburg, FamRZ 2009, 63.

250 *Olzen*, in: MüKo § 1666 Rn. 52; *Clausius*, jM 2015, 147, 147; OLG Köln, NJW-RR 2011, 729, 730.

251 *Lang*, in: Schnitzler Anwaltshandbuch FamRecht Teil C § 13 Rn. 110.

252 *Drygala/Kenzler*, FamRZ 2018, 156, 157.

253 *Büte*, in: Johannsen/Henrich FamR § 1666 Rn. 24.

254 Beispiele von: *Olzen*, in: MüKo § 1666 Rn. 53.

255 BGH, MDR 2005, 511f.

256 OLG Celle, NJW 1995, 792, 793.

257 OLG Bremen, FamRZ 2011, 1306f.

Nicht als erheblich anzusehen sein dürften – verglichen mit den Folgen des Passivrauchens bei geborenen Kindern – Verhaltensweisen, die das Risiko später zu erkranken, erhöhen.[258] Ob das BayOBLG tatsächlich der Auffassung war, dass typische Folgen des Passivrauchens, wie die Bildung von Allergien oder Asthma, nicht als nachhaltige und schwerwiegende Kindeswohlgefährdung angesehen werden können, ist zweifelhaft. Vorrangig wurde wohl der Umstand bedacht, dass über eine Frage der gemeinsamen familiären Lebensgestaltung zu entscheiden war, von der das Kind nicht als Objekt elterlicher Sorge, sondern als Mitglied einer Familiengemeinschaft betroffen war.[259]

Durch das Merkmal der Erheblichkeit können lediglich kleinere Risiken ausgeschlossen werden. Darüberhinausgehende physische oder psychische Schädigungen können erhebliche Kindeswohlverletzungen im Sinne des § 1666 BGB sein. Als schwerwiegende und nachhaltige Schädigungen können insbesondere geistige oder körperliche Beeinträchtigungen angesehen werden, die ein eigenständiges Leben nicht oder nur in begrenztem Umfang ermöglichen.

Ohne weiteres als erheblich anzusehen sind Verhaltensweisen, die einen Abbruch der Schwangerschaft zur Folge haben können oder das Risiko einer Frühgeburt beinhalten, bei der das sofortige Versterben oder schwere Beeinträchtigungen des Kindes möglich sind.

Von allen potentiell gefährlichen Handlungsweisen soll hier vor allem auf die Schädigungen durch Alkohol und Nikotin eingegangen werden. Folge des mütterlichen Alkoholkonsums während der Schwangerschaft kann das Fetal Alcohol Spectrum Disorder (FASD) sein. Dieses umfasst verschiedene durch den pränatalen Kontakt mit Alkohol ausgelöste Krankheitsbilder. Unterschieden werden vor allem das Vollbild Fetales Alkoholsyndrom (FAS) und die Fetalen Alkoholeffekte (FAE, in den USA auch bezeichnet als pFAS, Partial Fetal Alcohol Syndrome). FAS wird diagnostiziert, wenn (1.) sicher ist, dass die Mutter während der Schwangerschaft Alkohol getrunken hat, das Kind (2.) Wachstumsstörungen, (3.) Dysfunktionen des Zentralen Nervensystems, wie Intelligenzmängel oder Entwicklungsverzögerungen und (4.) charakteristische Auffälligkeiten an Kopf und Gesicht aufweist. Charakteristisch für das sogenannte FAS-Gesicht sind etwa ein schmales Lippenrot, kurze Lidspalten und ein flaches Mittelgesicht. Begleitet wird das Krankheitsbild oftmals von Funktionsstörungen wie Kamptodaktylie (Fehlbildung des kleinen Fingers, 55 %) Strabismus (»Schielen«, 38 %), Kurz- oder Weitsichtigkeit (40 %), Zahnfehlstellungen (43 %), Nieren- oder Harnwegaffektionen (22 %), Herzfehlern (18 %) oder Hörstörungen (16 %).[260] Die

258 *Weber*, NZFam 2018, 510, 513.
259 BayObLG, NJW-RR 1993, 1224, 1225.
260 *Autti-Rämö/Fagerlund u. a.*, American Journal of Medical Genetics 2006, S. 137ff.; vgl. auch *Popova/Lange u. a.*, The Lancet 2017, 290f.

Diagnose von FAE erfordert nicht alle der genannten Merkmale, oftmals sind Betroffene normal intelligent und weisen keine äußerlichen Auffälligkeiten auf, sodass die Alkoholeffekte nur schwer zu erkennen sind.

Die embryoschädigende (teratogene) Wirkung des Nikotins liegt insbesondere in der Verringerung der Sauerstoff- und Nährstoffversorgung des Embryos. Daraus resultiert vor allem ein um 150–250 Gramm verringertes Geburtsgewicht.[261] Weitere Risiken des Nikotinkonsums während der Schwangerschaft sind eine gesteigerte Abortrate und ein erhöhtes Risiko des Kindes eines plötzlichen Kindstods zu sterben. Nikotinkonsum führt zu einem erhöhten Risiko (21–24,7 % im Vergleich zu 13 % bei nichtrauchenden Müttern) des Kindes später an einer Psychose zu erkranken.[262] Ferner belegt eine Studie, dass das Risiko von ADHS (Aufmerksamkeitsdefizit-/Hyperaktivitätsstörung) betroffen zu sein, bei Kindern deren Mütter 10 und mehr Zigaretten täglich konsumiert haben bei 36,4 % liegt, waren es 1–9 Zigaretten, lag das Risiko bei 25 %, bei einem vollständigen Verzicht auf Zigaretten beträgt die Wahrscheinlichkeit 17,8 %.[263]

c) Hinreichende Wahrscheinlichkeit der Schädigung

Auch wenn die Erheblichkeitsschwelle überschritten ist sind kindesschützende Maßnahmen nur möglich, wenn der Schadenseintritt hinreichend konkret ist, das heißt, dass die Schädigung des Kindes mit ziemlicher Sicherheit vorausgesagt werden kann. Es muss zu erwarten sein, dass ohne ein gerichtliches Eingreifen in absehbarer Zeit nach dem Anstellen dieser Prognose ein weiterer Verlauf des Geschehens nicht mehr aufgehalten werden kann, der zu einer erheblichen Beeinträchtigung des Kindeswohls führen wird.[264] Zwar sind an den Grad der Wahrscheinlichkeit dieser Gefährdung umso geringere Anforderungen zu stellen, je größer und gewichtiger der drohende Schaden ist,[265] eine abstrakte Gefährdung[266] oder ein bloßer Verdacht[267] genügen allerdings nicht. Die Annahme

261 *Spohr*, Das Fetale Alkoholsyndrom S. 127f.; *Chiriboga*, The Neurologist 2003; Vol. 9 S. 267, 270.

262 *Spohr*, Das Fetale Alkoholsyndrom S. 127.

263 *Piper/Corbett*, Nicotine & Tobacco Research 2012, Vol. 14 (2) 191ff.

264 *Burghart*, in: BeckOGK § 1666 Rn. 87.

265 BGH, NJW 2017, 1032, 1033; OLG Karlsruhe, NJW 2009, 3521, 3522; OLG Brandenburg, NZFam 2018, 211, 218; *Burghart*, in: BeckOGK, § 1666 Rn. 92.; *Döll*, in: Erman, § 1666 Rn. 6 c; *Ziegler*, in: Prütting/Wegen/Weinreich § 1666 Rn. 2; *Coester*, in: Staudinger, § 1666 Rn. 91f.; nach OLG Brandenburg, NJW-RR 2010, 872, 874 genügt sogar die Gefahr einer Kindeswohlgefährdung.

266 *Olzen*, in: MüKo § 1666 Rn. 50; *Heiß*, in: Heiß FamR § 3 Rn. 121; OLG Karlsruhe, NJW 2009, 3521, 3522.

267 *Döll*, in: Erman § 1666 Rn. 6c; LG Köln, FamRZ 1992, 712.

einer hinreichenden Wahrscheinlichkeit muss auf konkreten Verdachtsmomenten beruhen.[268]

Zur Bestimmung einer hinreichenden Schädigungswahrscheinlichkeit muss auf den medizinischen Kenntnisstand zurückgegriffen werden. Sofern das Familiengericht überhaupt Maßnahmen ergreifen kann müssen sich diese auf Verhalten beziehen, bei dem eine Schädigung des Kindes aus medizinischer Sicht mit hinreichender Sicherheit zu erwarten ist. Da diese Problematik für die meisten potentiell schädlichen Verhaltensweisen besteht, ist das Erfordernis der hinreichend konkreten Schädigungswahrscheinlichkeit einer der Hauptgründe aus denen ein effektiver Kindesschutz praktisch kaum möglich ist. Der andere Grund sind die aufgrund der entgegenstehenden Grundrechte der werdenden Mutter nur sehr beschränkt zulässigen Rechtsfolgen. Die Anforderungen, die an die Wahrscheinlichkeit zu stellen sind, können in gewissem Umfang eingegrenzt werden. Verhaltensweisen, bei denen eine Schädigung zwar theoretisch denkbar, praktisch aber nicht nachweisbar ist, können keine Maßnahmen gegen die werdende Mutter auslösen.

In den Beipackzetteln zahlreicher Medikamente wird beispielsweise darauf hingewiesen, dass noch keine ausreichenden Untersuchungen darüber vorliegen, ob das Medikament dem ungeborenen Kind Schaden zufügen kann. Daher solle während der Schwangerschaft auf die Einnahme des Medikamentes verzichtet werden.[269] Neben Medikamenten heißt es auch für zahlreiche weitere Produkte oder Verhaltensweisen, dass eine Schädigung nicht auszuschließen und die Handlung oder das Produkt daher für Schwangere sicherheitshalber nicht empfohlen sei. Dass einer Schwangeren zum Beispiel der Gebrauch eines Kosmetikprodukts oder Medikaments nicht gerichtlich, gegebenenfalls zwangsmittelbewehrt, untersagt werden kann, allein aufgrund einer hypothetischen Schädigungsmöglichkeit, die der Hersteller lediglich nicht sicher ausschließen kann, liegt auf der Hand. Hier würde sie tatsächlich zu einem bloßen Objekt staatlichen Kindesschutzes und müsste als Garant für das bestmögliche Kindeswohl auf sämtliche eigene Rechte verzichten.

Anders wäre die Situation, wenn aus medizinischer Sicht die Schädigungseignung nachweisbar ist. Eingängiges Beispiel für einen solchen Wirkstoff wäre der in den 50ern und 60ern vielfach verwendete Arzneistoff Thalidomid (Contergan). Bei einem derartigen Stoff wäre die Schädigungswahrscheinlichkeit so hoch, dass kindesschützende Maßnahmen erforderlich wären. Noch eindeutiger liegt der Fall, wenn die Mutter am nächsten Tag einen Schwangerschaftsabbruch beabsichtigt. In beiden Fällen erscheinen Maßnahmen zum Schutz des Kindes

268 BGH, MDR 2017, 339; OLG Bamberg, FamRZ 2017, 294; 295; *Döll*, in: Erman § 1666 Rn. 6b.
269 So zum Beispiel für das Medikament Clopidogrel.

– von weiteren Beschränkungen abgesehen – erforderlich und eine Beeinträchtigung der Grundrechte der Mutter nachrangig.

Problematisch ist der Umgang mit all jenen Fällen, in denen die Schädigung zwar möglich aber nicht sicher feststellbar ist. Nicht selten zu lesen ist beispielsweise, dass ein Glas Alkohol dem Embryo nicht schade. Anderswo wird zur vollständigen Abstinenz geraten, um Risiken auszuschließen. In derartigen Grenzbereichen ist die Möglichkeit staatlicher Eingriffsbefugnisse äußerst fraglich. Bei der Bestimmung, welche Anforderungen an den Grad der Wahrscheinlichkeit zu stellen sind, muss die Betroffenheit der werdenden Mutter mit berücksichtigt werden. Unsicherheiten über die Schädigungswahrscheinlichkeit eines bestimmten Verhaltens müssen zu Gunsten der werdenden Mutter berücksichtigt werden, da ihr anderenfalls unvertretbare Verhaltenspflichten auferlegt wären. Der Umfang der Verhaltenspflichten einer Mutter gegenüber ihrem ungeborenen Kind wird im Rahmen der Erörterungen zum nachgeburtlichen Schadenersatzanspruchs näher bestimmt werden. Es soll hier nur insoweit vorgegriffen werden, als dass die persönlichen Grundrechte der Mutter Verhaltenspflichten gegenüber dem ungeborenen Kind umso eher beschränken, je höher die Unsicherheit über die Schädlichkeit eines Verhaltens ist. Es kann von ihr erwartet werden, ein Verhalten zu unterlassen, welches ihr Kind mit hoher Wahrscheinlichkeit schädigt. Angesichts der Fülle potentiell schädlicher Verhaltensweisen, kann jedoch nicht verlangt werden, jedes möglicherweise schädliche Verhalten zu unterlassen.

Dass die Grundrechte der werdenden Mutter schon in die Bestimmung der Kindeswohlgefährdung einfließen, stellt eine Besonderheit gegenüber dem Regelanwendungsfall des § 1666 BGB, dem Schutz des geborenen Kindes, dar, wobei die die persönlichen Grundrechte der Mutter nur im Rahmen der Rechtsfolge beachtet werden. Für den Schutz ungeborener Kinder kann wegen der untrennbaren körperlichen Verbindung jedoch nicht strikt zwischen Eingriffstatbestand und Rechtsfolgenseite differenziert werden. Vielmehr fließen die persönlichen Grundrechte der werdenden Mutter schon in die Bestimmung des Merkmals »Wahrscheinlichkeit einer Schädigung« ein und werden durch eine enge Auslegung dieses Merkmals schon auf Ebene des Tatbestandes gewahrt. Die Bestimmung der Anforderungen an den Grad der Wahrscheinlichkeit kann nicht ohne Berücksichtigung der Bedeutung für die Grundrechte der werdenden Mutter vorgenommen werden. Wer die Grundrechte der Mutter nicht in die Auslegung des Merkmals der hinreichenden Schädigungswahrscheinlichkeit einfließen lassen will, muss die Unsicherheit im Rahmen der Rechtsfolge unter Verhältnismäßigkeitsgesichtspunkten berücksichtigen und die persönlichen Grundrechte der werdenden Mutter umso höher gewichten, umso unwahrscheinlicher die Schädigung ist.

Unter Berücksichtigung dieses Maßstabs erfüllen im vorgeburtlichen Bereich viele schädigungsgeeignete Verhaltensweisen die Voraussetzung einer hinreichenden Schädigungswahrscheinlichkeit nicht, was anhand einiger Zufallsfunde aus der medizinischen Forschung verdeutlicht werden soll.

(1) Alltagshandlungen

Das vielfach erwähnte Heben schwerer Gegenstände vermag dem Kind theoretisch einen Schaden zufügen, es besteht aber, von möglichen Ausnahmen abgesehen, keine ziemliche Sicherheit, dass es zu einer Schädigung des Kindes kommt. Gleiches gilt zum Beispiel für das Radfahren oder den Kontakt mit Katzen. Letzteres beinhaltet zwar das Risiko an einer Toxoplasmose zu erkranken, von einer hohen Wahrscheinlichkeit ist jedoch nicht auszugehen. Im Gegenteil beträgt das Risiko einer Erstinfektion während der Schwangerschaft in Mitteleuropa lediglich circa 0,5–0,6 Prozent.[270] Auch der kosmischen Strahlung, die bei Flügen intensiver ist, als auf Meereshöhe, wird nachgesagt, Schädigungen des Kindes hervorrufen zu können. Während sich für »Normalflieger« daraus keine über den empfohlenen Grenzwerten liegenden Strahlenbelastungen ergeben, können schwangere »Vielfliegerinnen«, Pilotinnen und Flugbegleiterinnen die gesundheitlich unbedenklichen Grenzwerte überschreiten.[271] Aus diesem Grund nehmen zumindest die deutschen Airlines ihre schwangeren Angestellten vom Flugdienst aus.[272]

(2) Sport

Auch die Ausübung riskanter Sportarten kann mangels hinreichender Schädigungs-Wahrscheinlichkeit in der Regel nicht mit Maßnahmen des § 1666 BGB verhindert werden. Abgeraten wird schwangeren Frauen insbesondere von Sportarten, die sich durch ein erhöhtes Sturzrisiko auszeichnen (zum Beispiel Ski- oder Reitsport), jede Form von Kontaktsport (zum Beispiel Kampf- oder Ballsport) sowie Sportarten mit erheblicher Stoßbelastung (zum Beispiel Joggen). Eine hinreichend sichere Gefährdung des Kindeswohls ist in der Regel allerdings zu verneinen. So kommt beispielsweise eine Studie[273] zu den Auswirkungen des Reitsports auf die Entwicklung des ungeborenen Kindes zu dem Ergebnis, dass das Reiten während der Schwangerschaft keinen Einfluss auf die

270 *Gros/Roos/Friese*, Deutsches Ärzteblatt 2001, 3293, 3296.

271 *von Schwerin*, Schwangerschaft und Fliegen – Patho-Physiologische Überlegungen und Richtlinien der Airlines S. 57.

272 *von Schwerin*, Schwangerschaft und Fliegen – Patho-Physiologische Überlegungen und Richtlinien der Airlines S. 42.

273 *Kramarz*, Reiten in der Schwangerschaft.

Abortrate, die durchschnittliche Schwangerschaftsdauer oder das kindliche »Outcome« habe.[274] Zu berücksichtigen ist jedoch das erhöhte Sturzrisiko, gerade bei ungeübten Reiterinnen. Die repräsentative Befragung von 1858 schwangeren Reiterinnen kam zu dem Ergebnis, dass es – bei einer Unfallrate von 9,6 % – nur in einem Fall zu einer Fehlgeburt und in einem Fall zu einer Frühgeburt, die jedoch ohne Folgen für das Kind geblieben ist, gekommen ist.[275] Allein die Ausübung des Reitsports – entsprechendes gilt bezüglich anderer »sturzgeneigter Sportarten« – führt damit nicht mit ziemlicher Sicherheit zu einer Kindeswohlgefährdung. Auch bezüglich des Joggens besteht keine Klarheit über die Schädlichkeit, wird es teilweise sogar – zumindest im ersten Schwangerschaftstrimester – empfohlen.[276]

Nichts anderes gilt für Sportarten, deren Ausübung unmittelbar auf den Körper des Kindes wirkt. So sollen Schwangere beispielsweise auf das Tauchen mit Pressluft verzichten, da die dabei entstehenden Gasblasen im Blut des Fötus, anders als bei geborenen Menschen, nicht über die Lungen ausgeschieden werden können. Bereits durchgeführte Tierversuche weisen, zumindest bei einigen Tierarten, auf ein erhöhtes Missbildungs- beziehungsweise Frühgeburtsrisiko hin. Studien zur Schädigung menschlicher Embryonen liegen jedoch nicht vor. Es kann auch hier aus medizinischer Sicht nicht mit ziemlicher Sicherheit eine Kindeswohlgefährdung prognostiziert werden. Maßnahmen nach § 1666 BGB gegen die werdende Mutter scheiden daher aus, solange keine gesicherten medizinischen Erkenntnisse zur Schädigungseignung vorliegen. Auch für andere Sportarten, bei denen eine Schädigung naheliegend erscheint, wie dem Höhen-Klettern, Fallschirmspringen oder Bungeejumping fehlen medizinische Erkenntnisse zur Auswirkung auf das ungeborene Kind. Anhand eines bloßen Verdachts, dass bestimmte Tätigkeiten oder Verhaltensweisen Schädigungen des Kindes hervorrufen könnten, können keine Maßnahmen nach § 1666 BGB erlassen werden.

(3) Alkohol, Nikotin und illegale Drogen

Überraschenderweise fehlen sichere Kenntnisse bezüglich der Schädigungseignung auch für rauscherzeugende Substanzen wie Alkohol, Nikotin, Cannabis oder Kokain. Schwierigkeiten bei der Bestimmung der Schädigungseignung liegen vor allem darin, dass Forschungen mit Schwangeren sowie Versuchsreihen mit illegalen Substanzen die erforderliche Genehmigung durch eine Ethik-

274 *Kramarz*, Reiten in der Schwangerschaft S. 75.

275 *Kramarz*, Reiten in der Schwangerschaft S. 75f.

276 Vgl. http://www.sportscheck.com/is-bin/intershop.static/WFS/SportScheck-Site/SportScheck/de_DE/Grafiken/Content-Marketing/sport_schwangerschaft_final_web.pdf.

Kommission nicht erhalten.[277] Der Wissensstand basiert damit überwiegend auf empirischen Forschungen. Es ist davon auszugehen, dass die Anzahl und Menge der konsumierten Getränke tatsächlich höher zu veranschlagen ist. Problematisch ist weiterhin, dass die Schädigungseignung nicht nur von der Menge des konsumierten Stoffes, sondern auch von der generellen Konstitution des Konsumenten abhängt[278] und die von der Mutter eingenommenen Substanzen in den verschiedenen Reifungsphasen des Embryos oder Fetus unterschiedliche Störungen verursachen können.[279] Ferner werden die Ergebnisse dadurch unsicher, dass sich der Konsum selten auf eine Substanz beschränkt, sondern ein Mischkonsum üblich ist. Die tatsächliche Datenlage und die wissenschaftliche Erkenntnis sind daher an vielen Stellen lückenhaft. Ungenauigkeiten ergeben sich weiterhin aus der variablen Maßeinheit »Drink«, der Menge an reinem Alkohol, die pro Drink veranschlagt wird[280] sowie der Bestimmung, wie viele Drinks für einen bestimmten Zeitraum als moderater Alkoholkonsum zu bezeichnen sind. Länderspezifische Abweichungen sind üblich.

Es kann davon ausgegangen werden, dass alleine in Deutschland jährlich 3000–4000 Kinder mit FASD zur Welt kommen.[281]

Eine 2002 durchgeführte Studie ergab, dass 58 % der Frauen während der Schwangerschaft Alkohol konsumiert haben. Dabei hatten 78 % seltener als einmal im Monat getrunken, 18 % gaben an, zwei- bis viermal im Monat getrunken zu haben und 1,4 % der Befragten hatten mehr als vier Drinks die Woche zu sich genommen.[282] Interessant an dieser Studie war auch, dass die Wahrscheinlichkeit während der Schwangerschaft zu trinken, bildungsabhängig war: 30 % der Frauen ohne Schulabschluss und doppelt so viele mit Hochschulreife tranken.

Dass ein drastischer Alkoholmissbrauch (Sucht) Schädigungen des Kindes auslöst, gilt als gesichert.[283] Gesicherte Forschungsergebnisse über die Schädi-

277 In Bezug auf illegale Substanzen: *Stachowske*, Drogen, Schwangerschaft und Lebensentwicklung der Kinder S. 73.

278 *Sobot*, in: Stachowske, Drogen, Schwangerschaft und Lebensentwicklung der Kinder S. 180; *Popova/Lange u. a.*, The Lancet 2017, 290, 291.

279 *Sobot*, in: Stachowske, Drogen, Schwangerschaft und Lebensentwicklung der Kinder S. 181.

280 Drink ist das international übliches Maß für den Alkoholkonsum, die Menge an reinem Alkohol pro Drink wird in Großbritannien auf 8 g, im restlichen Europa auf 10–12 g Alkohol, in den USA auf 14 g Alkohol festgelegt, vgl. *Brönstrup*, Stellungnahme der Deutschen Gesellschaft für Ernährung e. V. »Auswirkungen eines moderaten Alkoholkonsums in der Schwangerschaft«, S. 4.

281 *Spohr*, Das Fetale Alkoholsyndrom S. 9.

282 *Spohr*, Das Fetale Alkoholsyndrom S. 113.

283 Bewusst verzichten: Alkoholfrei in der Schwangerschaft, Praxismodule für die Beratung Schwangerer, ein Leitfaden der Bundeszentrale für gesundheitliche Aufklärung mit fachlicher Unterstützung des Berufsverbandes der Frauenärzte e.V., der deutschen Gesellschaft für psychosomatische Frauenheilkunde und Geburtshilfe e.V. und des deutschen Hebam-

gungseignung von mäßigem Alkoholkonsum bestehen jedoch nicht. Schwangeren Frauen wird vielfach angeraten, vollständig auf alkoholhaltige Genussmittel zu verzichten.[284] Ein Schwellenwert, ab wann es zu Schäden des Kindes kommt, ist nicht bekannt. Bisherige Forschungsergebnisse sind widersprüchlich.[285] Eine verschiedene Untersuchungsergebnisse analysierende Studie aus dem Jahr 2011 weist ein erhöhtes Risiko von neurologischen Entwicklungsstörungen und Frühgeburten durch moderaten Alkoholkonsum (30–40 Gramm reiner Alkohol bei einer Gelegenheit oder bis zu 70 Gramm ein bis zwei Mal die Woche) nach.[286] Auch Forschungen an Rhesus-Affen ergaben, dass moderater Alkoholkonsum zu dauerhaften Verhaltensauffälligkeiten (zum Beispiel Hyperaktivität) führen kann.[287] Eine britische Studie[288] aus dem Jahr 2013 belegt hingegen, dass der moderate Alkoholkonsum keine Auswirkungen auf die neurologischen Fähigkeiten des Kindes hat. Mäßiger Alkoholkonsum (nach dieser Studie: bis zu sieben Gläser die Woche) führe in diesem Bereich nicht zu negativen Einflüssen des Kindes. Zu dieser Überzeugung kam das britische Forscherteam nach einem Vergleich von Kindern, deren Mütter während der Schwangerschaft moderate Mengen Alkohol konsumiert hatten, und Kindern deren Mütter alkoholabstinent gelebt hatten. Dabei stellte sich heraus, dass der mäßige Alkoholkonsum keine Auswirkungen auf Kinder im Alter von zehn Jahren hat. Ebenfalls keinen Einfluss von Alkohol auf die kognitiven Fähigkeiten von Kindern deren Mütter in der Schwangerschaft bis zu zwei »Drinks« pro Woche zu sich genommen haben, konnte eine Studie aus Oxford (2008) feststellen.[289] Eine deutsche Studie aus dem Jahr 2009, die als Auswertung verschiedener Studien zu werten ist, kommt zu dem Ergebnis, dass die Zufuhr niedriger bis moderater Alkoholmengen während der Schwangerschaft zumindest nicht konsistent mit nachteiligen Effekten für das Kind verbunden ist, daraus aber keine gesundheitlich verträgliche Alkoholzufuhrmenge für Schwangere abgeleitet werden könne.[290]

---

menverbandes. S. 60. Digitale Version abrufbar unter: http://www.bzga.de/botmed_32040000.html. Danach gilt als gesichert, dass ein Alkoholkonsum von 30 g Alkohol/Tag zu einem milden FAS und ein Konsum von 60 g/Tag zu schweren Formen des FAS führt.

284 So zum Beispiel durch die Deutsche Gesellschaft für Ernährung e.V.: https://www.dge.de/ernaehrungspraxis/bevoelkerungsgruppen/schwangere-stillende/handlungsempfehlungen-zur-ernaehrung-in-der-schwangerschaft/ oder *O'Leary/ Bower*, Drug and Alcohol Review 2012 170, 178.

285 Zu weiteren Forschungsberichten siehe *Spohr*, Das Fetale Alkoholsyndrom S. 117ff. m.w.N.

286 *O'Leary/Bower*, Drug and Alcohol Review 2012 170, 178.

287 *Schneider/Moore* u.a., Alcoholism: clinical and experimental research 2001, 1383ff.

288 *Humphriss/Hall u.a.*, Prenatal alcohol exposure and childhood balance ability: findings from a UK birth cohort study; MJ Open 2013; 3:e002718. doi:10.1136/bmjopen-2013-002718.

289 *Kelly/Sacker u.a.*, International Journal of Epidemiology 2009, 129ff.

290 *Brönstrup*, Stellungnahme der Deutschen Gesellschaft für Ernährung e. V zu den Auswirkungen eines moderaten Alkoholkonsums in der Schwangerschaft S. 16.

Anders als bei einer Alkoholabhängigkeit kann eine hinreichend sichere Schädigung des Embryos durch moderaten Alkoholkonsum mangels genauer medizinischer Erkenntnisse nicht angenommen werden. Maßnahmen nach § 1666 BGB kommen damit auch hier nicht in Betracht.

Praktisch nicht weniger bedeutsam ist der Konsum von Nikotin. Nach übereinstimmenden Studien in den USA und Deutschland rauchen circa 25 % der Schwangeren.[291] 14,5 % gaben in der deutschen Studie sogar einen täglichen Nikotinkonsum an. Die schädigenden Nikotineinflüsse sind jedoch nicht spezifisch und können nicht sicher von den Auffälligkeiten des Fetalen Alkoholsyndroms abgegrenzt werden.[292] Es können damit keine belastbaren Aussagen zur Schädigungseignung von Nikotin gemacht werden.

Der Konsum illegaler Drogen soll weitestgehend außer Acht bleiben. Zum einen sind die illegalen Drogen wie Kokain, Heroin, Cannabis (Tetrahydrocannabinol = THC) und Metamphetamine (»Crystal meth«) zahlenmäßig erheblich unbedeutender. Nach Angaben der Deutschen Hauptstelle für Suchtfragen liegt die Prävalenz für Kokain oder Crack in Deutschland bei 0,5 % für Frauen zwischen 18 und 64 Jahren.[293] Für Kokain liegt der Wert bei 0,3 %, bei Methamphetamin bei 0,2 %, etwas höher ist nach dieser Studie der Wert bei Cannabis, dieser liegt bei deutschen Frauen bei 4,9 %. Der Studie eines australischen Krankenhauses zufolge, lag der Anteil an Frauen, die während der Schwangerschaft Cannabis konsumierten bei 2,6 %, im Vergleich dazu lag der regelmäßige Gebrauch von Cannabis vor der Schwangerschaft bei 9,5 %.[294] Zum anderen haben Studien erstaunlicherweise belegt, dass zum Beispiel der Konsum von Kokain nicht als alleiniger Risikofaktor für Entwicklungsstörungen gelten kann.[295] Viele der einer vorgeburtlichen Kokainzufuhr zugeschriebenen Symptome waren beeinflusst durch Alkohol oder Nikotin. Ähnliche Ergebnisse wurden auch für Cannabis erzielt. Tierversuche ergaben, dass der vorgeburtliche ausschließliche Konsum von Cannabis im Gehirn der untersuchten Tiere nicht zu einem Nervenzelluntergang geführt hat, erst in Kombination mit Alkohol wurde eine dosisabhängige Apoptose (»Zellselbstmord«) ausgelöst.[296]

Eine umfassende Betrachtung und Analyse sämtlicher medizinischer Untersuchungen war zu Zwecken dieser Arbeit insbesondere im Bereich der illegalen Drogen nicht möglich. Die gefundenen Ergebnisse sollen auch nur der Veranschaulichung des Problems dienen. Kann eine hohe Schädigungswahrschein-

291 *Spohr*, Das Fetale Alkoholsyndrom S. 127; *Chiriboga*, The Neurologist 2003; Vol. 9 S. 267, 270, *Bergmann/Bergmann u. a.*, Geburtshilfe & Neonatologie 2008, 80ff.

292 *Spohr*, Das Fetale Alkoholsyndrom S. 134.

293 Deutsche Hauptstelle für Suchtfragen e.V. Jahrbuch Sucht 2017 S. 27.

294 *Hayatbakhsh/Flenady u. a.* Pediatric Research Vol. 71, 215.

295 *Bandstra/Vogel u. a.*, Substance Use Misuse. 2004, 25ff.

296 *Hansen/Krutz u. a.*, Ann Neurol 2008, S. 42ff.

lichkeit für eine bestimmte Art von Betäubungsmitteln nachgewiesen werden, wäre der Anwendungsbereich des § 1666 BGB selbstverständlich eröffnet.

(4) Medizinische Maßnahmen

An die Grenzen des Kenntnisstandes stößt auch der Umgang mit medizinischen Maßnahmen im weiteren Sinne. Darunter sollen nicht nur die Vornahme oder das Unterlassen bestimmter Behandlungen fallen, sondern ebenso die Einnahme oder Nichteinnahme bestimmter Medikamente oder spezielle Fragen der Ernährung. Da aus ethischen Gründen auf Medikamenten-Studien mit Schwangeren verzichtet wird, bestehen in diesem Bereich kaum wissenschaftlich fundierte Erkenntnisse, auf die hier aufgebaut werden könnte. Von einer weiteren Auseinandersetzung mit dieser Problematik soll daher abgesehen werden. Nicht weiter eingegangen werden soll auch auf die Ernährungsweise. Die Schwangere wird mit einer langen Liste von Lebensmitteln konfrontiert, die sie zu sich nehmen darf, kann oder sollte, eine Feststellung, welche dieser Lebensmittel zu einer wahrscheinlichen Schädigung des Ungeborenen führen, ist der Medizin jedoch nicht möglich.

Anders ist dies im Bereich der ärztlichen Heileingriffe. Als Beispiel soll hier das sog. Amnionband-Syndrom dienen, welches entsteht, wenn sich Amnionbänder entwickeln und sich um einzelne Körperteile des Kindes legen und damit den Blutfluss unterbrechen. Folge können abgetrennte Körperteile, Missbildungen, Lymphödeme oder ein offener Rücken sein. Ein einfacher Eingriff, bei dem unter lokaler Betäubung das Amnionband zertrennt wird, kann jedoch Abhilfe leisten, solange der Blutfluss nicht vollständig blockiert wurde. Im Falle eines Amnionband-Syndroms wird die hohe Wahrscheinlichkeit einer Schädigung wohl anzunehmen sein. Gleiches gilt zum Beispiel für Kehlkopf und Luftröhrenverschlüsse, die unbehandelt fast ausnahmslos tödlich sind.[297]

Zu bedenken sind auch Operationen, die am mütterlichen Körper vorgenommen und Auswirkungen auf das Kind haben. Nicht geburtshilfebezogene Operationen werden in etwa 0,4–2 % der Schwangerschaften durchgeführt.[298] Für das Ungeborene besonders riskant sind die Folgen einer Anästhesie. Auch hier kann jedoch nicht von einer wahrscheinlichen Schädigung, sondern lediglich von einem grundsätzlich bestehenden Risiko die Rede sein, welches durch ärztliche Fachkunde weitestgehend reduziert werden kann.[299]

297 http://www.ukgm.de/ugm_2/deu/ugm_dzf/16863.html.
298 *Bürkle*, Aktuelles Wissen für Anästhesisten 2015, 63.
299 Vgl dazu: *Bürkle*, Aktuelles Wissen für Anästhesisten 2015, 63.

(5) Berufliche Tätigkeiten

Nicht zu befürchten ist, dass eine Anwendung des § 1666 BGB auf ungeborene Kinder zu Beschränkungen der Ausübung beruflicher Tätigkeiten führt. Dem Staat steht durch die Vorschriften des Mutterschutzgesetzes ein wirkungsvolles Instrument zum Schutz des Ungeborenen vor berufsbedingten Schädigungen zu. Anders als bei Maßnahmen nach § 1666 BGB bedarf es keines Nachweises, dass die spezielle Tätigkeit mit hoher Wahrscheinlichkeit zu einer Schädigung des Ungeboren im individuellen Fall führt, vielmehr kommt es alleine darauf an, ob eine unter §§ 3, 4 MuSchG aufgeführte Tätigkeit ausgeübt wird. Ein Rückgriff auf § 1666 BGB ist nicht erforderlich.

d) Subsidiaritätsklausel

Eine weitere Beschränkung des Umfangs möglicher Kindesschutzmaßnahmen erfolgt durch die Subsidiaritätsklausel. Neben der Kindeswohlgefährdung ist Voraussetzung für familiengerichtliche Maßnahmen nach § 1666 BGB, dass die Eltern nicht gewillt oder nicht in der Lage sind, die Gefahr abzuwenden.

Die Schutzmaßnahmen des § 1666 BGB sind zukunftsorientiert ausgestaltet.[300] Besteht nicht die Gefahr einer Wiederholung, sollen Maßnahmen des Staates nach § 1666 BGB ausgeschlossen sein,[301] da ein Eingreifen des Staates zum Schutz des Kindes in dem Fall nicht erforderlich ist. Bereits eingetretene Schäden können Maßnahmen nach § 1666 BGB nicht rechtfertigen.[302] Die Befürchtung, dass jedes Alltagsversagen der Mutter Maßnahmen nach § 1666 BGB nach sich zieht, ist damit unbegründet. Eingriffe des Staates sind insbesondere bei einmaligen Versehen, bei denen von einer Wiederholungsgefahr nicht auszugehen ist, gar nicht zulässig.

Bei unabsichtlichen Schädigungen des Kindes nach Kenntnis der Schädigungseignung wird die Mutter in der Regel bereit sein, für die Zukunft die Gefahr von ihrem Kind abzuwenden. Selbst wenn es an einer uneingeschränkten Bereitschaft der Mutter fehlt, ist in der Regel zunächst zu versuchen, sie durch Aufklärung zu einem kindeswohlverträglichen Verhalten zu veranlassen.[303] Der insbesondere im Rahmen der Verhältnismäßigkeit relevant werdende Vorrang

300 *Kindler*, FPR 2012, 422, 426; *Münder*, FPR 2003, 280, 281.

301 *Olzen*, in: MüKo § 1666 Rn. 117; vgl. auch *Kindler*, FPR 2012, 422, 426; ebenso wohl: *Münder*, FPR 2003, 280, 28.

302 *Lang*, in: Schnitzler, Anwaltshandbuch FamR Teil C § 13 Rn. 92.

303 *Schwab*, FamR Rn. 893.

des Sozialrechts[304] vor gerichtlichen Interventionen wirkt sich damit in gewissem Maße auch an dieser Stelle aus.

4. Zulässige Maßnahmen

Liegen die Voraussetzungen für eine familiengerichtliche Maßnahme im konkreten Fall vor, stellt sich in einem zweiten Schritt die Frage, welche Maßnahmen überhaupt erlassen werden dürfen. Hinsichtlich dieser Frage ist zu differenzieren zwischen (a) Handlungen, die lediglich Körper und Gesundheit des Kindes gefährden und solchen, die (b) auf die Tötung des Kindes abzielen.

Das Familiengericht hat diejenigen Maßnahmen zu ergreifen, die zur Abwendung der Gefahr »erforderlich« sind. Es ist dabei an den Verhältnismäßigkeitsgrundsatz gebunden.[305] Für die Trennung des Kindes von den Eltern und den Entzug der gesamten Personensorge wird die Verhältnismäßigkeitsprüfung ausdrücklich in § 1666a BGB angeordnet, sie ist aber auch für die übrigen Maßnahmen nach § 1666 BGB anerkannt. Die zu treffende Maßnahme muss zur Abwehr der Kindeswohlgefährdung effektiv geeignet, erforderlich und im engeren Sinn verhältnismäßig sein.[306] Bei mehreren gleich geeigneten Mitteln muss das am wenigsten beeinträchtigende gewählt werden.[307] Dabei hat das Gericht vorrangig zu versuchen, dieses Ziel durch unterstützende und auf (Wieder-) Herstellung eines verantwortungsvollen Verhaltens der Eltern gerichtete Maßnahmen zu erreichen.[308] Ebenfalls zu beachten ist das Verhältnis zwischen der Schwere des Eingriffs in die elterliche Sorge und dem Grad der Wahrscheinlichkeit eines Schadenseintritts für das Kind.[309] Schließlich gebietet es das Prinzip der Verhältnismäßigkeit im engeren Sinne, die Auswirkungen einer in Frage stehenden Maßnahme mit den Folgen eines nicht erfolgten Eingriffs zu vergleichen und die so festgestellten Folgen von Eltern und Kind gegeneinander abzuwägen.[310]

---

304 *Münder*, FPR 2003, 280, 284.

305 *Veit*, in: BeckOK § 1666 Rn. 83; *Kindler*, FPR 2012, 422, 426; *Oberloskamp*, FPR 2003, 285, 287; BVerfG, FamRZ 2009, 1472, 1473; OLG Hamm, FamRZ 2010, 1742, 1743; OLG Saarbrücken, FamRZ 2010, 1746; OLG Brandenburg, NJOZ 2009, 1943, 1945;. *Lang*, in: Schnitzler Anwaltshandbuch FamR, § 13 Rn. 108.

306 *Veit*, in: BeckOK § 1666 Rn. 84; *Clausius*, jM 2015, 147, 148.

307 *Clausius*, jM 2015, 147, 148.

308 Zu denken ist zum Beispiel an Hilfen zur Erziehung nach den §§ 27 ff. SGB VIII; *Clausius*, jM 2015, 147, 148; BVerfG, FamRZ 2002, 1021, 1024.

309 BGH, MDR 2017, 339 ff.

310 *Coester*, in: Staudinger § 1666 Rn. 211, 217; BVerfG, FamRZ 2014, 1270, 1273; vgl. auch *Ernst*, FPR 2008, 602, 604.

Es ist bereits erkennbar, dass sich die Bedeutung der Grundrechte der Mutter an dieser Stelle in vollem Umfang niederschlagen wird.

a) Zulässige Maßnahmen bei Schädigungen

§ 1666 Abs. 3 BGB nennt beispielhaft in Betracht kommende Maßnahmen. Einige davon sind für den Schutz des ungeborenen Kindes von vorneherein unanwendbar. Hingegen können zum Beispiel Gebote, öffentliche Hilfen in Anspruch zu nehmen auch dem Schutz des ungeborenen Kindes dienen. Dabei ist insbesondere an Beratung oder eine Suchtentzugstherapie zu denken. Über die gesetzlich vorgeschlagenen Maßnahmen hinaus, können Gerichte weitere Maßnahmen, wie Hinweise, Ermahnungen, Gebote und Verbote oder die Vermittlung von Leistungen der Jugendhilfe ergreifen.[311]

Grundsätzlich unproblematisch ist auch im vorgeburtlichen Bereich der Erlass von Maßnahmen ohne Zwangscharakter. Zulässig wären beispielsweise Beratungsgespräche oder andere Hilfsangebote. Auch das Nahelegen bestimmter Maßnahmen, wie einer Therapie[312], gegebenenfalls sogar verbunden mit der Möglichkeit, das Sorgerecht bei Weigerung der Teilnahme zu entziehen,[313] kann zulässig sein.

Solche Maßnahmen sind jedoch kaum effektiv, wenn der werdenden Mutter nicht an der Gesundheit des Kindes gelegen ist. Anders als in Bezug auf das geborene Kind, fehlt dem Staat zum Schutz des ungeborenen Kindes das wirksame Druckmittel des Sorgerechtsentzugs. Die Maßnahmen nach § 1666 BGB sind grundsätzlich mildere Mittel gegenüber dem vollständigen Entzug der elterlichen Sorge.[314] Die den Maßnahmen immanente Inaussichtstellung eines Entzugs der gesamten Personensorge und Trennung des Kindes von den Eltern für den Fall einer Zuwiderhandlung, macht sie jedoch zu effektiven Instrumenten zum Schutz des Kindes. Diese Wirkung besteht im Fall eines ungeborenen Kindes nur eingeschränkt, da das Kind körperlich nicht von der Mutter getrennt werden kann und auch ein Sorgerechtsentzug kein wirksames Druckmittel ist.

Die Möglichkeit, den Eltern bereits vor der Geburt des Kindes das nachgeburtliche Sorgerecht entziehen zu können, wird in der Literatur mitunter befürwortet. Insbesondere bei suchtkranken Müttern sei dies sinnvoll. Vor allem der Alkoholmissbrauch während der Schwangerschaft weise häufig auf eine weit fortgeschrittene Abhängigkeit hin und mache frühzeitige Maßnahmen zum

311 *Oberloskamp*, FPR 2003, 285, 288.
312 Vgl. *Coester*, in: Staudinger § 1666 Rn. 229.
313 Saarländisches OLG Saarbrücken, NJW-RR 2010, 146, 148.
314 Vgl. *Döll*, in: Erman § 1666 Rn. 15; *Ernst*, FPR 2008, 602, 602; BGH, NJW 2017, 1032, 1033.

Schutze des Kindes nach seiner Geburt erforderlich.[315] Vor dem Hintergrund der sozialen Situation und der Persönlichkeit der Mutter sollen Fragen des Sorgerechts frühzeitig geklärt werden.[316]

Auch für die Zeit der Schwangerschaft halten einige Autoren einen Entzug der Personensorge für denkbar.[317] Gegen die Möglichkeit eines vorgeburtlichen Sorgerechtsentzugs spricht sich das OLG Frankfurt a.M.[318] in einer aktuellen Entscheidung aus und bezieht sich dabei sowohl auf das Sorgerecht vor der Geburt als auch auf einen vorgeburtlich ausgesprochenen nachgeburtlich wirkenden Sorgerechtsentzug. Zur Begründung führt das OLG an, dass die elterliche Sorge erst mit der Geburt entstehe und daher erst zu diesem Zeitpunkt entzogen werden könne. Ein vorgeburtlicher Sorgerechtsentzug, der nachgeburtlich wirke, sei unzulässig, da es sich um eine unstatthafte Vorratsentscheidung[319] handele.[320]

Ob das Sorgerecht bereits vorgeburtlich entzogen werden kann, ist für den Zweck als staatliches Druckmittel allerdings unerheblich, da eine Trennung des Kindes von der Mutter erst mit der Geburt des Kindes vollzogen werden kann. Keiner außer der werdenden Mutter kann vorgeburtlich tatsächlich für das Kind sorgen. Die Anordnung einer Trennung von Mutter und Kind für die Zeit nach der Geburt bewirkt gegenüber der Androhung eines späteren Sorgerechtsentzugs keine deutlicher lenkende Wirkung auf die schwangere Frau. Vielmehr steht durch einen Sorgerechtsentzug zu befürchten, dass dadurch das Gegenteil erreicht wird und die Mutter noch das verbliebene Interesse an dem Schutz des Kindes verliert. Denkbar ist ebenso, dass seitens der Mutter keinerlei Interesse an der Ausübung der elterlichen Sorge nach der Geburt besteht. Soll etwa im Wege des § 1666 BGB ein Schwangerschaftsabbruch verhindert werden, ist die Androhung eines nachgeburtlich wirkenden Sorgerechtsentzugs kein geeignetes Mittel zum Lebensschutz.

Ein vorgeburtlicher Sorgerechtsentzug trägt jedoch auf andere Weise zum Kindesschutz bei und ist damit zu befürworten.[321] Ein gerichtlich bestellter Pfleger könnte im Interesse des Kindes Hilfsmaßnahmen beantragen und die Durchsetzung späterer Schadenersatzansprüche – auch gegenüber der werdenden Mutter – zum Beispiel durch eine Beweissicherung gewährleisten. Weiterhin wird in der Literatur erwogen, ob ein Pfleger Unterlassungsansprüche analog

---

315 *Berzewski*, FRP 2003, 312, 314.

316 *Berzewski*, FRP 2003, 312, 314.

317 Befürwortend: *Gernhuber/Coester-Waltjen*, FamR § 75 IV Rn. 21; *Hilbig-Lugani*, in: Staudinger § 1617a Rn. 7 f.; *Stürner*, Jura 1987, 75, 80; wohl auch *Schwab*, in: MüKo § 1912 Rn. 11.

318 OLG Frankfurt a.M., FamRZ 2018, 190.

319 Vgl. BVerfG, FamRZ 2014, 1772, 1773 ff.

320 OLG Frankfurt a.M., FamRZ 2018, 190.

321 Einen vorgeburtlichen Sorgerechtsentzug befürwortend: *Gernhuber/Coester-Waltjen*, FamR § 75 IV Rn. 21; *Seidel*, Zivilrechtliche Mittel gegen Schwangerschaftsabbrüche S. 67; *Stürner*, Jura 1987, 75, 80; *Schwab*, in: MüKo § 1912 Rn. 11.

§ 1004 Abs. 1 S. 2 BGB gegen Mutter und Arzt geltend machen könne. Diskutiert wird auch, ob im Rahmen des § 1666 BGB ein Entzug der elterlichen Sorge und eine Übertragung auf den Vater möglich sei oder ob diesem gemäß § 1628 BGB die alleinige Entscheidung übertragen[322] werden könne. Auf diese Aspekte soll an entsprechender Stelle noch vertiefter eingegangen werden.

In Ermangelung eines wirksamen Druckmittels ist effektiver Schutz nur durch staatliche Zwangsmaßnahmen möglich.

Problematisch ist dabei, dass Maßnahmen, welche die Schwangere zu einem bestimmten Handeln oder Unterlassen zwingen, nicht nur in die elterliche Sorge, sondern in erheblichem Maße auch in die persönlichen Grundrechte der werdenden Mutter eingreifen. Ob § 1666 BGB als Eingriffsgrundlage für derartige Grundrechtseingriffe herhalten kann, ist äußerst zweifelhaft. § 1666 BGB ermöglicht Eingriffe in die Erziehungsautonomie der Eltern, ist jedoch keine taugliche Grundlage für Eingriffe in die persönlichen Grundrechte der Mutter. Da die Übergänge zwischen Sorgeverhalten und persönlicher Lebensführung der Eltern fließend sind und eine klare Trennung nicht zulassen,[323] sind gewisse Überschneidungen mit den Grundrechten der Eltern auf persönliche Lebensführung hinzunehmen. Um festlegen zu können, welche Maßnahmen gegen die schwangere Frau zum Schutz des Kindes verhängt werden können, ist entscheidend, bis zu welcher Grenze Eingriffe in die persönlichen Grundrechte noch von der Eingriffsbefugnis des § 1666 BGB gedeckt sind.

Eine Annäherung ermöglicht der Vergleich mit den Maßnahmen zum Schutz des geborenen Kindes. Diesbezüglich als unproblematisch eingestuft werden Anordnungen, die zwar die persönliche Lebensführung der Eltern betreffen, aber deren grundsätzliche Erziehungseignung oder -qualifikation sicherstellen (zum Beispiel der Besuch eines Säuglingspflegekurses).[324] Möglich ist zudem die Untersagung der Ausübung eines dinglichen Wohnrechts an der Familienwohnung[325], das Verbot von Auslandsreisen der Eltern mit dem Kind bei drohender Genitalverstümmelung[326], das Verbot, ein Kind gegen seinen Willen auf ein Internat oder zu Besuchen in Einrichtungen oder Schulungen der Organisation Scientology[327] zu schicken.

Für unzulässig erachtet die Rechtsprechung hingegen die Anordnung einer psychiatrisch/psychologischen Therapie oder Untersuchung.[328] Die Pflicht, sich

322 AG Köln, FamRZ 1985, 519.

323 *Coester*, in: Staudinger § 1666 Rn. 229.

324 *Ernst*, FPR 2008, 602, 604; *Coester*, in: Staudinger § 1666 Rn. 229.

325 OLG Frankfurt a. M., NJW-RR 2002, 649 f.

326 AG Bremen, ZKJ 2008, 338 ff.

327 AG Berlin-Tempelhof-Kreuzberg, FamRZ 2009, 987.

328 BVerfG, NJW 2011, 1661 f.; BGH, NJW 2010, 1351, 1352; OLG Brandenburg, NZFam 2018, 211, 218; OLG Saarbrücken, NJW-RR 2010, 146, 148; OLG Saarbrücken, NJOZ 2016, 883, 888;

einer psychotherapeutischen Behandlung zur Reflektion der eigenen persönlichen Entwicklungsgeschichte im Hinblick auf die Auswirkungen auf das Kind und dessen Entwicklung zu unterziehen, beeinträchtige das durch Art. 2 Abs. 1 in Verbindung mit Art. 1 Abs. 1 GG grundrechtlich verbriefte, allgemeine Persönlichkeitsrecht.[329] Das allgemeine Persönlichkeitsrecht sei nicht absolut geschützt, der Bürger müsse staatliche Maßnahmen hinnehmen, sofern diese im überwiegenden Interesse der Allgemeinheit, auf gesetzlicher Grundlage, unter Wahrung des Verhältnismäßigkeitsgebots getroffen werden und der unantastbare Bereich privater Lebensgestaltung nicht beeinträchtigt werde.[330] Gesetzliche Grundlage für die Anordnung einer psychologischen/psychiatrischen Untersuchung könne allerdings nicht § 1666 BGB sein.[331] Eingriffe in Grundrechte der Betroffenen erfordern eine gesetzliche Grundlage, aus der sich der Umfang der Grundrechtsbeschränkung erkennbar ergebe.[332] Zumindest bei erheblichen Eingriffen in Grundrechte der Eltern müsse es sich um eine der in § 1666 Abs. 3 BGB ausdrücklich benannten oder um eine mit diesen vergleichbare Maßnahme handeln.[333] Für den erheblichen Eingriff einer Psychotherapie zur Verbesserung der Erziehungsfähigkeit fehle eine solche unmissverständliche gesetzliche Grundlage.[334] Die Anordnung, dass sich ein Elternteil selbst einer Therapie zu unterziehen habe, lasse sich keiner der in Abs. 3 beispielhaft aufgeführten Maßnahmen zuordnen oder sei mit ihnen vergleichbar.[335] Darüber hinaus seien derartige therapeutische Maßnahmen keine milderen Mittel gegenüber dem Entzug der elterlichen Sorge.[336]

Übertragen auf den Schutz des werdenden Lebens ergibt sich aus dem Gesagten, dass der Mutter keine Maßnahmen ohne Bezug zum sorgerechtlichen Band auferlegt werden können und bei Eingriffen in die persönlichen Grundrechte äußerste Zurückhaltung geboten ist. Letzteres ist insbesondere deshalb problematisch, weil die vorgeburtliche Sorge für das Kind und die persönliche Lebensführung der Mutter untrennbar miteinander verbunden sind und ein Schutz des Kindes nur durch eine Beeinträchtigung der persönlichen Grund-

---

BGH, NJW 2010, 1351, 1352; ebenso *Ernst*, FPR 2008, 602, 604; a. A. wohl *Stößer*, FamRZ 2010, 720, 721.

329 BVerfG, FamRZ 2004, 523f.; BGH, NJW 2010, 1351, 1352.

330 BVerfG, NJW 2011, 1661, 1662 m.w.N.

331 *Döll*, in: Erman § 1666 Rn. 15a; *Büte*, in: Johannsen/Henrich FamR § 1666 Rn. 69f.

332 BGH, NJW 2017, 1032, 1033f; BVerfG, NJW 2011, 1661, 1662.

333 BGH, NJW 2017, 1032, 1033f; BVerfG, FamRZ 2011, 179, 180; *Burghart*, in: BeckOGK § 1666 Rn. 99; a. A.: nach OLG Bremen, FamRZ 2010, 821, 822 sind auch wesentliche Eingriffe in die persönlichen Rechte der Eltern möglich.

334 BVerfG, NJW 2011, 1661, 1662.

335 BVerfG, NJW 2011, 1661, 1662; anders BT-Drucks. 16/6815, S. 15 in Bezug auf einen vom Jugendamt angebotenen sozialen Trainingskurs.

336 BVerfG, NJW 2011, 1661, 1662; a. A. wohl *Stößer*, FamRZ 2010, 720, 721.

rechte der Mutter möglich ist. Dennoch dürfen die oben aufgestellten Grundsätze für die Mutter des ungeborenen Kindes nicht missachtet werden. Auch wenn ein effektiver Schutz des ungeborenen Kindes nur durch Eingriffe in die persönliche Lebensführung der Mutter möglich ist, kann § 1666 BGB nicht derart weit ausgedehnt werden.

Die Anwendbarkeit von Maßnahmen nach § 1666 BGB scheint damit kaum gewinnbringend: Offensichtlich unzulässig ist auch im vorgeburtlichen Bereich die Anordnung einer Psychotherapie. Selbiges gilt für Alkohol- oder Drogenentzugstherapien. Zwar ließe sich hier argumentieren, dass der Bezug zum sorgerechtlichen Band deutlicher betroffen ist, da das Kind durch die Therapie direkt geschützt werde. Die Anordnung einer solchen Therapie stellt jedoch einen massiven Eingriff in die persönlichen Grundrechte der werdenden Mutter dar, der nicht den in § 1666 Abs. 3 BGB aufgeführten Maßnahmen entspricht. Zwar ist zu berücksichtigen, dass bei der (entsprechenden) Anwendung des § 1666 BGB auf ungeborene Kinder eine sklavische Orientierung an den genannten Maßnahmen nicht möglich ist, dies kann aber nicht zu einer erheblichen Ausweitung der Befugnis zu Eingriffen in die Grundrechte einer Person führen. Zumindest wenn vordergründig das Recht der Mutter aus Art. 1 Abs. 1 GG betroffen ist, sind gerichtliche Maßnahmen ausgeschlossen. Nicht möglich ist damit die Vornahme medizinischer Maßnahmen gegen den Willen der Mutter. Sie darf beispielsweise nicht zu einer Operation zur Entfernung der Amnionbänder, zu einem von ihr ausdrücklich nicht gewünschten Kaiserschnitt[337] oder einer Bluttransfusion gezwungen werden. Hier sind neben ihrem Persönlichkeitsrecht und der allgemeinen Handlungsfreiheit auch ihre körperliche Unversehrtheit und gegebenenfalls die Menschenwürde beeinträchtigt. Eine Rechtsgrundlage findet sich in § 1666 BGB nicht.

Kein geeignetes Mittel zum Kindesschutz sind gerichtliche Untersagungen, zum Beispiel weiterhin Alkohol zu konsumieren. Auch hier steht ein Eingriff in die persönlichen Grundrechte der schwangeren Frau im Vordergrund, weshalb § 1666 BGB zu einer solchen Maßnahme nicht berechtigen kann. Darüber hinaus stellen sich bei derartigen Verboten weitere grundrechtsrelevante Probleme. Sofern die Betroffene nicht gewillt ist, im Interesse des Kindes ein bestimmtes Verhalten zu unterlassen, kann dies nur durch staatlichen Zwang durchgesetzt werden.

Eine Untersagung weiterhin Alkohol zu konsumieren, lässt sich beispielsweise nur durch eine vollständige Überwachung durchsetzen. Dies würde auf eine Haftsituation hinaus laufen, die der Menschenwürde und der verfassungs-

337 Vgl. hierzu *Raschen*, Zivilrechtliche Verhaltens- oder Schutzpflichten S. 174, der diese Möglichkeit im Ergebnis aber ebenfalls ablehnt.

rechtlichen Verhältnismäßigkeit nicht gerecht wird.[338] Die Vollstreckung von Untersagungen richtet sich nach §§ 95 FamFG und § 890 ZPO. Die verfassungsrechtlichen Gewährleistungen der Grundrechte und der Grundsatz der Verhältnismäßigkeit sind auch im Rahmen der Vorschriften zum Zwangsvollstreckungsrecht zu beachten. Nach entsprechender Anwendung des § 888 Abs. 3 ZPO kann die Vollstreckung ausgeschlossen sein, wenn die Durchsetzung des Titels mit den Zwangsmitteln des § 888 Abs. 1 ZPO zu einem Verstoß gegen Grundrechte des Schuldners führt.[339] Die familiengerichtliche Untersagung ist damit kein geeignetes Mittel zum Schutz des ungeborenen Kindes, jedenfalls ist die Vollstreckung der Untersagung unzulässig. Auch die Durchsetzung des Verbots durch Einweisung in eine Entzugsklinik kann nicht auf § 1666 BGB gestützt werden.

Der Maßnahmenkatalog beschränkt sich im Ergebnis vor allem auf Aufklärung, Ermahnungen und Gebote. Die Nichtbefolgung von Weisungen löst unter Umständen eine Schadensersatzpflicht aus.[340]

Ein entsprechendes Ergebnis erzielt auch Raschen, der im Anschluss an Coester vorschlägt, die Maßnahmen nach § 1666 BGB grundsätzlich unterschiedslos auf die vorgeburtlichen Fälle zu erstrecken, zum Schutz der Mutter aber die Vollstreckung auszuschließen.[341] Dies wird hergeleitet aus den Rechten auf Menschenwürde und Selbstbestimmung, welche zu einem Schutz des intimen Bereiches der Persönlichkeit vor zwangsweiser Willensbeugung führten. Weiteres Indiz sei die Bestimmung des § 888 Abs. 2 ZPO[342], (heute ist zusätzlich § 120 FamFG zu beachten), welcher den staatlichen Zwang zur Erbringung eines höchstpersönlichen Dauerverhaltens ausschließe. Als derartiges Dauerverhältnis zähle auch die Schwangerschaft.

Bei stoffgebundenen Abhängigkeiten kommt allenfalls eine Unterbringung nach dem PsychKG in Betracht, hierfür gelten jedoch sehr enge Grenzen. Am Rande ist auch an die Bestellung eines rechtlichen Betreuers für die psychisch kranke Mutter nach § 1896 BGB und eine Unterbringung nach §§ 1906, 1906a BGB zu denken.[343]

---

338 *Raschen*, Zivilrechtliche Verhaltens- oder Schutzpflichten S. 173f.

339 BGH, NJW 2008, 2919, 2920.

340 *Coester*, Journal of Child law 1993, 88, 92.

341 Raschen, Zivilrechtliche Verhaltens- oder Schutzpflichten S. 173ff.

342 § 888 Abs. 2 ZPO in der Fassung von 1974 lautete:
(2) Diese Vorschrift kommt im Falle der Verurteilung zur Eingehung einer Ehe, im Falle der Verurteilung zur Herstellung des ehelichen Lebens und im Falle der Verurteilung zur Leistung von Diensten aus einem Dienstvertrag nicht zur Anwendung.
Die Nachfolgeregelung, die auf den Dienstvertrag nicht mehr eingeht, findet sich heute in § 120 FamFG.

343 *Weber*, NZFam 2018, 510, 513.

b) Zulässige Maßnahmen bei Schwangerschaftsabbrüchen

Die Bedeutung der Grundrechte der Mutter und die damit einhergehende Absenkung des Schutzniveaus des ungeborenen Kindes im Verhältnis zu ihr zeigt sich im besonderen Maß bei der Überlegung, ob beabsichtigte Schwangerschaftsabbrüche durch das Zivilrecht und insbesondere durch das Familienrecht verhindert werden können. Die Tötung, als denkbar intensivste Form der Kindeswohlgefährdung, würde im Fall des geborenen Kindes zweifelsohne Maßnahmen nach § 1666 BGB auslösen.[344] Würde das ungeborene Kind gegenüber seiner Mutter in demselben Maß geschützt werden, wie das schon geborene, müsste das Familiengericht gegen jeden Schwangerschaftsabbruch einschreiten. Dem steht jedoch die Regelung des § 218a StGB entgegen, welcher den Schwangerschaftsabbruch in bestimmten Fällen für nicht rechtswidrig oder nicht tatbestandsmäßig hält oder der Schwangeren zumindest einen persönlichen Strafausschließungsgrund gewährt. Der Gleichlauf der straf- und zivilrechtlichen Behandlung ist im Ergebnis geboten.

(1) Familiengerichtliche Maßnahmen bei legalen Schwangerschaftsabbrüchen

Nach allgemeiner Ansicht folgt das Zivilrecht den strafrechtlichen Vorgaben und schließt Maßnahmen nach § 1666 BGB bei »legalen« Schwangerschaftsabbrüchen, das heißt solchen, die der Ausnahmeregelung des § 218a StGB unterfallen, aus. Würden die Zivilgerichte auch bei legalen Schwangerschaftsabbrüchen Maßnahmen zum Schutz des Kindes nach § 1666 BGB ergreifen und einen Schwangerschaftsabbruch untersagen, würde der mit § 218a StGB bezweckte Schutz des Kindes durch das Beratungssystem und die Selbstbestimmung der werdenden Mutter unterlaufen.

Auch wenn Schwangerschaftsabbrüche nach § 218a Abs. 1 und 4 StGB ausdrücklich nicht rechtmäßig, sondern lediglich tatbestands- oder sanktionslos sind, muss die Letztentscheidung über den Schwangerschaftsabbruch nach dem BVerfG der Schwangeren überlassen bleiben. Zu betonen ist an dieser Stelle, dass der Gesetzgeber den Abbruch einer Schwangerschaft in anderen Teilen der Rechtsordnung grundsätzlich als Unrecht behandeln darf.[345] Im Interesse der Funktionsfähigkeit der Beratung, als Grundlage des Kindesschutzes, muss aber in anderen Bereichen der Rechtsordnung darauf verzichtet werden, den Abbruch als rechtswidrig zu behandeln.[346] Die Besonderheit des Beratungskonzepts ver-

344 Vgl dazu OLG Naumburg, FamRZ 2002, 1274ff.
345 BVerfG, NJW 1993, S. 1751, 1758ff.
346 BVerfG, NJW 1993, S. 1751, 1760.

langt, dass die Frau sich auf die den Lebensschutz bezweckende Beratung einlässt, ihren Konflikt offenlegt und an einer Lösung mitwirkt.[347] Die gesamte Rechtsordnung ist damit so zu gestalten, dass der Frau nicht nahegelegt wird, der Beratung zu entgehen und in die Illegalität auszuweichen.[348] Nur so kann ein Ergebnis erzielt werden, welches den Wertungen des Grundgesetzes entspricht. Die strafrechtlichen Regelungen und insbesondere das Beratungs- und Letztverantwortungskonzept erzielen nach Auffassung des Verfassungsgerichts einen verfassungsgemäßen Ausgleich der Interessen von Mutter und nasciturus.

Für die Fälle der Abtreibung nach Beratung (§ 218a Abs. 1 und 4[349] StGB) gilt damit, wie für die der medizinischen Indikation (§218a Abs. 2, 3 StGB), dass die Selbstbestimmungsrechte der Mutter ein Eingreifen der Gerichte nach § 1666 BGB ausschließen. Der Gesetzgeber hat in verfassungskonformer Weise mit § 218 a StGB eine klare Entscheidung zu Gunsten der Selbstbestimmungsrechte der werdenden Mutter getroffen, indem er (ausschließlich) ihr unter bestimmten Voraussetzungen die Entscheidung über die Abtötung des Embryos zuspricht. Die Interessen der ungeborenen Kinder wurden durch den Gesetzgeber berücksichtigt und den Interessen der Mutter hintenangestellt.[350] Diese Wertung darf nicht durch eine gerichtliche Maßnahme nach § 1666 BGB unterlaufen werden.[351]

Dies ist nicht gänzlich unumstritten. Keinen Einfluss der strafrechtlichen Freistellung auf das Zivilrecht sieht zum Beispiel Wiebe.[352] Seine Ausführungen beziehen sich zwar auf den vorgeburtlichen Unterlassungsanspruch des Kindes aus § 823 Abs. 1 in Verbindung mit § 1004 BGB, der dahinterliegenden Rechtsauffassung, die strafrechtliche Entscheidung habe keinen Einfluss auf den zivilrechtlichen Schutz des ungeborenen Kindes, kommt jedoch auch an dieser Stelle Bedeutung zu. Dass auch bei legalen Schwangerschaftsabbrüchen zivilrechtliche Maßnahmen ergriffen werden können, begründet er damit, dass der Gesetzgeber mit der Neuregelung des Abtreibungsrechts einen Schwangerschaftsabbruch weiterhin als Unrecht ansehe, auch wenn dieser mitunter nicht mit Strafe bedroht werde. Grund für die Straffreiheit sei der Opferschutz, der dadurch gewährleistet werden solle, dass die Schwangere vor vorschnellen Entscheidungen bewahrt werde. Dies sei vergleichbar mit der Regelung zum Rück-

347 BVerfG, NJW 1993, S. 1751, 1760.

348 BVerfG, NJW 1993, S. 1751, 1760.

349 Der Unterschied zwischen § 218a Abs. 1 und Abs. 4 besteht auf Tatbestandsebene darin, dass die 3-Tages-Karenz zwischen Beratung nach § 219 und Abbruch nicht erforderlich ist.

350 *Gernhuber/Coester-Waltjen,* FamR § 57 IX Rn. 112.

351 *Coester-Waltjen,* NJW 1985, 2175, 2176; *Gernhuber/Coester-Waltjen,* FamR § 57 II Rn. 10; *Rakete-Dombek,* in: NK § 1666 Rn. 4; zu allgemeinen zivilrechtlichen Mitteln: *Hähnchen,* Jura 2008, 161, 164.

352 *Wiebe,* ZfL 2000, 12, 15.

tritt vom Versuch (§ 24 StGB), welche ebenfalls aus Opferschutzgesichtspunkten den Täter straffrei stellen. Die strafrechtliche Straffreistellung des Versuchstäters führe aber nicht zu einem Entfall zivilrechtlicher Ansprüche. Ferner führe die gegenteilige Auffassung zu dem widersprüchlichen Ergebnis, dass der nasciturus für Schädigungen seiner Gesundheit Schadensersatz fordern könne, seine Tötung als intensivste Form der Gesundheitsverletzung jedoch hinnehmen müsse.[353]

Eine strenge Bindung des Zivilrechts an die Fallgruppen der strafrechtlichen Straffreistellung sieht auch Mittenzwei kritisch.[354] Er vertritt dabei eine vermittelnde Position zwischen der Auffassung Wiebes und der sich streng an den strafrechtlichen Vorgaben orientierenden Ansicht. Anders als Wiebe lässt Mittenzwei zivilrechtliche Maßnahmen nicht für jeden Schwangerschaftsabbruch zu. Er differenziert aber auch nicht nur zwischen indizierten und nicht indizierten Schwangerschaftsabbrüchen, sondern fordert eine Unterscheidung zwischen den drei Fallgruppen »indiziert-rechtmäßig«, »indiziert-rechtswidrig« und »nicht-indiziert-rechtswidrig«.[355] Maßnahmen nach § 1666 BGB scheitern bei dieser Differenzierung nicht schon daran, dass eine Indikationslage nach § 218a StGB vorliegt. Ausgangspunkt seiner Überlegung ist die Kritik an der Einstufung der Indikationen als Rechtfertigungsgründe. Bei den Indikationen handele es sich, »von der medizinischen und eugenischen[356] im engeren Sinn abgesehen, keineswegs um gesamtrechtlich verbindliche Gestattungen, bei deren tatbestandsmäßiger Erfüllung die Schwangere gegenüber jedermann berechtigt sei, die Leibesfrucht zu töten«.[357] Das Lebensrecht des nasciturus überrage nach Mittenzwei alle anderen Rechte weit. Eine Abwägung falle daher, außer in den seltenen Fällen der Lebens- oder Gesundheitsgefährdung der Mutter, zu Gunsten der Leibesfrucht aus.[358] Strafrechtlich indizierte Schwangerschaftsabbrüche seien damit zwar straffrei, in den meisten Fällen aber widerrechtlich, ihnen sei daher mit staatlichen Maßnahmen nach § 1666 BGB entgegenzutreten.[359] Nur der indiziert-rechtmäßige Schwangerschaftsabbruch, bei dem im Einzelfall alle in Betracht kommenden Grundrechte gegeneinander abgewogen werden, sperre Maßnahmen nach § 1666 BGB. Anderenfalls müsse das Gericht, welches nach

353 *Wiebe*, ZfL 2000, 12, 16.
354 *Mittenzwei*, AcP 187 (1987), 247ff.
355 *Mittenzwei*, AcP 187 (1987), 247, 282.
356 Die Fälle der eugenischen Indikation (§ 218a II Nr. 1 StGB aF 1976) werden heute von der medizinischen Indikation aufgefangen, s. dazu *Eser*, in: Schönke/Schröder § 218a StGB Rn. 38.
357 *Mittenzwei*, AcP 187 (1987), 247, 278.
358 *Mittenzwei*, AcP 187 (1987), 247, 269ff.
359 *Mittenzwei*, AcP 187 (1987), 247, 282.

einzelfallbezogener Güterabwägung die zivilrechtliche Rechtswidrigkeit bejahe, auch gegen die straffrei agierende Frau Maßnahmen nach § 1666 BGB anordnen.

Die Erwägungen Wiebes und Mittenzweis sind mit der zweiten Abtreibungsentscheidung des BVerfG nicht mehr in Einklang zu bringen. In der genannten Entscheidung fordert das Gericht, neben der Straflosigkeit bestimmter Schwangerschaftsabbrüche, die Sicherstellung, dass keine Nothilfe zugunsten des Ungeborenen von Seiten Dritter geleistet werden kann.[360] Weiterhin muss, trotz Rechtswidrigkeit des Eingriffs, davon abgesehen werden, das Verhalten in anderen einschlägigen Rechtsbereichen als Unrecht zu behandeln.[361] Die Entscheidung der Frau darf auch nicht mit Hilfe des Delikts- oder Familienrechts unterlaufen werden.[362] Das Vorliegen eines Indikationstatbestandes sperrt damit Maßnahmen nach § 1666 BGB.

(2) Familiengerichtliche Maßnahmen bei illegalen Schwangerschaftsabbrüchen

Ebenfalls durch das Strafrecht als vorbestimmt angesehen wird in der Literatur die Frage nach dem Eingreifen staatlicher Schutzmechanismen bei nicht indizierten Schwangerschaftsabbrüchen. In diesen Fällen habe der Gesetzgeber die Rechte des nasciturus denen der werdenden Mutter übergeordnet. Ein Ermessen werde ihr nicht zugesprochen und müsse daher im Rahmen des § 1666 BGB auch nicht zu ihren Gunsten berücksichtigt werden.[363] Ihr Recht auf freie Entfaltung ihrer Persönlichkeit finde seine Schranke im verfassungsmäßig verankerten Lebensrecht des Embryos.[364] Die miteinander kollidierenden Rechtsgüter können hier nicht zu einem verhältnismäßigen Ausgleich gebracht werden. Auf der Seite des ungeborenen Lebens stehe nicht nur ein Mehr oder Weniger an Rechten, die Hinnahme von Nachteilen oder Einschränkungen, sondern alles, nämlich das Leben selbst, in Frage.[365]

Könne die Strafvorschrift des § 218 StGB ihren Schutzzweck alleine nicht erfüllen, sei das Familiengericht gehalten, geeignete Maßnahmen zu ergreifen, um das gefährdete menschliche Leben zu schützten.[366] Das Familiengericht könne dann einen § 218 StGB ergänzenden, präventiv-zivilrechtlichen Rechts-

360 BVerfG, NJW 1993, 1751, 1760.

361 BVerfG, NJW 1993, 1751, 1760.

362 *Hager*, in: Staudinger § 823 B 4.

363 Ebenfalls für die Zulässigkeit von Maßnahmen nach § 1666: *Gernhuber/Coester-Waltjen*, FamR § 57 II Rn. 10; *Schwab*, in: MüKo § 1912 Rn. 11; *Coester*, in: Staudinger § 1666 Rn. 25a, 34.

364 BVerfG, NJW 1975, 573, 575f.

365 BVerfG, NJW 1993, 1753, 1754.

366 AG Celle, NJW 1987, 2307, 2309; *Amend-Traut*, in: BeckOGK § 1626 Rn. 83; *Coester*, in: Staudinger § 1666 Rn. 34 .

schutz gewähren und die rechtswidrige Abtreibung nach § 1666 BGB untersagen.[367] In diesem Sinne entschied auch das AG Celle und zog ein Verbot des Abbruchs und dessen Bewehrung mit einer Zwangsgeldfestsetzung in Betracht.[368] Die gesetzliche Grundlage hierfür wurde in § 35 FamFG gesehen. Die vorherige Androhung des Zwangsgeldes sei angesichts des Umstandes, dass eine Festsetzung anderenfalls erst nach dem Verstoß gegen das Verbot in Frage käme, im Interesse des Lebensschutzes des Embryos entbehrlich und das Zwangsgeld könne unmittelbar festgesetzt werden.[369]

Die Wahl der Maßnahme zur Verhinderung illegaler Schwangerschaftsabbrüche ist vor dem Hintergrund der Grundrechte der Mutter jedoch äußerst problematisch. Zu bedenken ist, dass eine Untersagung, um effektiv zu sein, durch Zwangsmittel verstärkt werden müsste. In einem solchen Fall würde erheblich in die Grundrechte der werdenden Mutter eingegriffen. Der erforderliche Interessenausgleich würde zu Gunsten des ungeborenen Lebens ausfallen. Hier wäre, neben der Bedeutsamkeit des Rechtsguts Leben, zugunsten des Kindes anzuführen, dass die Mutter vormals die Möglichkeit eines legalen Abbruchs hatte und der StGB-Gesetzgeber die erforderliche Interessenabwägung bereits vorgenommen hat.

Zweifel bestehen meines Erachtens aber dahingehend, ob § 1666 BGB überhaupt taugliche Rechtsgrundlage für derartige Eingriffe sein kann. Nach den oben herausgearbeiteten Grundsätzen und einem Vergleich mit der unzulässigen Anordnung einer Psychotherapie wäre ein Vorgehen nach § 1666 BGB nur möglich, wenn die ergriffene Maßnahme einer in § 1666 Abs. 3 BGB genannten entspräche. In der einschlägigen Literatur wird dieser Frage keine weitere Beachtung geschenkt. Für die Möglichkeit, Maßnahmen nach § 1666 BGB ergreifen zu können, spricht die Notwendigkeit zum Schutz des ungeborenen Kindes. Bei der Entscheidung über einen Schwangerschaftsabbruch handelt es sich für das Kind um eine »Alles-oder-Nichts-Entscheidung«. Das (ungeborene) Leben ist von überragender Wichtigkeit und anders als die oben genannten Fälle pränataler Schädigung nicht durch die Inaussichtstellung späterer Schadensersatzansprüche zu schützen. Die Einhaltung des strafrechtlichen Verbots durch zivilrechtliche Maßnahmen zu sichern, erscheint unter diesem Gesichtspunkt sinnvoll. Es muss für die Untersagung eines Schwangerschaftsabbruchs bedacht werden, dass es sich nicht um die Anordnung eines bestimmten Verhaltens handelt, welches dem Kindesschutz nur mittelbar dient. Vielmehr wird ein

367 *Raschen*, Zivilrechtliche Verhaltens- oder Schutzpflichten S. 122; *Büte*, in: Johannsen/Henrich FamR § 1666 Rn. 32; *Olzen*, in: MüKo § 1666 Rn. 67; *Belling*, FS Bub (2007) S. 455, 464; *Rauscher*, FamR Rn. 964.

368 AG Celle, NJW 1987, 2307, 2310; für ein Zwangsgeld auch *Harrer*, ZfJ 1989, 238, 242.

369 AG Celle, NJW 1987, 2307, 2310 zur alten Vorschrift § 33 FGG.

Verhalten direkt verhindert, welches auf das Intensivste kindeswohlgefährdend und darüber hinaus strafbar ist.

Verbleibende Zweifel, ob § 1666 BGB als Ermächtigungsgrundlage für derartige Eingriffe in die Grundrechte der Mutter genügt, sollen an dieser Stelle hingenommen werden, um die in der Literatur anerkannte Schutzmöglichkeit weiter betrachten zu können. Wünschenswert wäre eine gesetzliche Regelung, die den Familiengerichten klare Regelungen im Umgang mit illegalen Schwangerschaftsabbrüchen an die Hand gäbe. Die im Ergebnis gebotene Möglichkeit zivilrechtlicher Zwangsmittel zur Verhinderung illegaler Schwangerschaftsabbrüche ist nur auf den ersten Blick eine gravierende Beeinträchtigung der schwangeren Frau. Handelt es sich um einen illegalen Schwangerschaftsabbruch, ist dieser ohnehin verboten und könnte auch mit Mitteln des öffentlichen Rechts untersagt werden. In Betracht kämen Regelungen der Landespolizeigesetze wie § 18 Abs. 1 Nr. 2 lit. a NPOG. Die entscheidende Frage an dieser Stelle ist also nicht, ob der Frau der Schwangerschaftsabbruch (zwangsmittelbewehrt) untersagt werden darf, sondern, ob auch das Familiengericht entsprechende Maßnahmen erlassen darf. Dass bei einem illegalen Schwangerschaftsabbruch (auch) andere staatliche Organe zuständig sind, entbindet das Familiengericht nicht von seiner Verantwortung für den Schutz des ungeborenen Lebens. Dies gilt unabhängig von etwaigen Mitteilungspflichten des Familiengerichts gegenüber der zuständigen Stelle (insbesondere die Ordnungsbehörden). Der Lebensschutz nimmt eine besondere Stellung innerhalb der Grundrechte ein. Über die Bedeutsamkeit des Rechtsguts Leben hinaus, ist der Lebensschutz nach dem Schwangerschaftsabbruch nicht mehr möglich. Vorschriften, die dem Lebensschutz dienen sind damit weit auszulegen.[370] Der Schutz des Lebens obliegt nach Art. 2 Abs. 2 Alt. 1 und Art. 1 Abs. 1 S. 2, Abs. 3 GG allen staatlichen Organen. Zudem obliegt den staatlichen Organen die Pflicht, Straftaten zu verhindern. Von diesen Obliegenheiten kann das Familiengericht nicht entbunden werden, weil andere staatliche Organe zuständig sind. Auch vor dem Hintergrund, dass bei einem beabsichtigten Schwangerschaftsabbruch ein schnelles und effektives Handeln geboten ist, sollte das Familiengericht Maßnahmen zum Schutz des ungeborenen Kindes vor illegalen Schwangerschaftsabbrüchen vornehmen dürfen.

Eine reine Untersagung, die nicht durch Zwangsmittel durchgesetzt wird, ist zum Schutz des Lebens kaum geeignet. Der beabsichtigte Schwangerschaftsabbruch wird bereits durch das Strafrecht untersagt. Dies kann nach § 5 Nr. 9 StGB sogar gelten, wenn die Tat im Ausland vorgenommen und dort nicht mit Strafe bedroht ist. Dass ein weiteres Verbot durch das Familiengericht die Schwangere

370 BVerfG, NJW 1975, 573, 575: generelle Forderung, grundrechtsschützende Normen weit auszulegen.

von ihrem Vorhaben abbringt, ist kaum anzunehmen Eine effektive Durchsetzung erfordert die Möglichkeit staatlichen Zwangs in Form von Ordnungsgeld und -haft während der verbleibenden Dauer der Schwangerschaft. Ob auch derartige Maßnahmen zulässig sind, wird in der Literatur kaum erörtert. Überlegungen dazu finden sich in einer Entscheidung des AG Celle[371] und bei Stürner[372]. Das AG Celle spricht sich für die Möglichkeit einer Ordnungsgeldanordnung aus. Stürner stellt fest, dass das Familiengericht eine rechtswidrige Abtreibung verhindern können müsse. Anderenfalls entstünde eine nicht zu begründende Rechtsschutzlücke, wenn ein Schwangerschaftsabbruch zwar strafrechtlichen Repressionen unterliege, aber nicht durch präventive zivilrechtliche Maßnahmen unterbunden werden könne. Die Zwangsausübung müsse die verfassungsrechtlichen Grenzen beachten und sich im Gleichlauf mit den strafrechtlichen Regelungen befinden. Bis zur zweiundzwanzigsten Schwangerschaftswoche können Zwangsmaßnahmen nur gegenüber dem Arzt ausgesprochen werden. Ab der zweiundzwanzigsten Woche sei auch gegenüber der werdenden Mutter die Anordnung von Ordnungs-/Zwangsgeld und ausnahmsweise kurzfristiger, unmittelbarer Zwang zulässig.[373] Diesen Überlegungen ist zuzustimmen. Es müssen dann im Einzelfall besondere, die Belange des Kindes deutlich überwiegende Umstände vorliegen, um ausnahmsweise von einer Nichtvollstreckbarkeit entsprechend § 888 Abs. 3 ZPO ausgehen zu können.[374]

Die Verhängung eines Ordnungsmittels ist neben einer Strafverfolgung zulässig.[375]

c) Überprüfung der Indikationslage durch das Familiengericht?

Problematisch ist auch der Umgang mit Zweifeln an der Erfüllung der Indikationstatbestände. Vor allem in den achtziger Jahren wurde den Familiengerichten bei Zweifeln über das Vorliegen einer Indikationslage eine Überprüfungskompetenz zugesprochen, um einen effektiven Rechtsschutz gewährleisten zu können.[376] Verhindert werden sollte ein kollusives Zusammenwirken zwischen der Betroffenen und dem Arzt, weswegen den Medizinern teilweise nicht einmal

371 AG Celle, NJW 1987, 2307, 2310.

372 *Stürner*, JZ 1990 709, 723.

373 *Stürner*, JZ 1990 709, 723.

374 BGH, NJW 2008, 2919, 2921.

375 *Lackmann*, in: Musielak/Voit-ZPO § 890 Rn. 9; *Gruber*, in: MüKo-ZPO § 890 Rn. 2; OLG Schleswig, NJW 2006, 3578; andere Ansicht (zum vorbeugenden Unterlassungsanspruch nach §§ 1004, 823): *Funke*, Die sog. actio quasinegatoria S. 199ff. m.w.N.

376 *Coester-Waltjen*, NJW 1985, 2175, 2177; *Stürner*, JZ 86, 122; *Tröndle*, MedR 1986 31;33 *Harrer*, MedR 1989 , 178, 179.

ein überprüfungsfreier ärztlicher Ermessenspielraum zugestanden wurde.[377] Mit Abschaffung der allgemeinen Notlagenindikation im Jahr 1993 haben sich diese Bedenken weitestgehend entschärft. Vor allem ist zu bedenken, dass die Gerichte dem Sachverhalt nicht näher stehen, als die Betroffenen[378] und die Interessenabwägung zwischen den Rechten der Frau und dem Lebensrecht des Kindes bereits durch den Gesetzgeber in den §§ 218ff. StGB vorgenommen und diese Abwägung durch das BVerfG gebilligt wurde.[379] Eine Überprüfungskompetenz besteht damit nur für die formalen Voraussetzung gem. §§ 218a Abs. 1 Nr. 1, 219 Abs. 2 S. 2 StGB[380] und bei Überschreiten des ärztlichen Beurteilungsspielraums, das heißt, wenn konkrete Umstände den Verdacht begründen, dass die Voraussetzungen eines Indikationstatbestands zu Unrecht behauptet werden.[381]

5. Gegenläufige Argumentation in den USA

Dass der Schutz des Kindes vor schädigendem Verhalten der Mutter wegen ihrer entgegenstehenden Rechte weitestgehend leerläuft, ist jedoch keine Selbstverständlichkeit, wie ein kurzer Seitenblick auf die amerikanische Rechtslage zeigt. Wenn sich die Regelungen auch allmählich den deutschen annähern, galten beziehungsweise gelten in den USA deutlich drastischere Möglichkeiten, um das Kind vor seiner Mutter zu schützen. Beispielsweise zu erwähnen ist hier die für deutsche Juristen vermutlich bemerkenswerte Regelung in wis. Stat. § 48.193, wonach die Möglichkeit besteht, eine werdende Mutter zum Schutz des ungeborenen Kindes in Verwahrung zu nehmen. Voraussetzung für diese vergleichsweise drakonische Maßnahme ist ein gewohnheitsmäßiger Kontrollverlust der Mutter über den Konsum von Alkohol oder anderen Betäubungsmitteln und eine daraus resultierende, ernsthafte Gefahr für die Gesundheit des Kindes, welche nur durch die Inverwahrungnahme der Mutter verhindert werden kann und die werdende Mutter ihre Teilnahme an staatlichen Hilfsmaßnahmen für Alkohol- oder Drogenabhängige verweigert.[382] Erst mit dem Votum des Amts-

377 *Kluth*, NJW 1986, 2348, 2349f.; *Stürner*, Jura 1987, 75, 80; für einen Ermessensspielraum hingegen: BGH, NJW 1985, 2752, 2753.

378 *Coester*, in: Staudinger § 1666 Rn. 36.

379 *Olzen*, in: MüKo § 1666 Rn. 67.

380 *Olzen*, in: MüKo § 1666 Rn. 67.

381 *Coester*, in: Staudinger § 1666 Rn. 36.

382 An adult expectant mother of an unborn child may be taken into custody under any of the following: [...] An order of the judge if made upon a showing satisfactory to the judge that due to the adult expectant mother's habitual lack of self-control in the use of alcohol beverages, controlled substances or controlled substance analogs, exhibited to a severe degree, there is a substantial risk that the physical health of the unborn child, and of the child when born, will be seriously affected or endangered unless the adult expectant mother is

richters James Peterson vom 28.04.2017 scheint diese Praxis ein Ende zu nehmen.[383] Peterson legte überzeugend dar, dass der Gesetzeswortlaut zu unbestimmt sei. Gerade die Begriffe »Substantial risk«, »severe« und »habitually« seien mit dem Bestimmtheitsgebot nicht in Einklang zu bringen und führen daher zur Unwirksamkeit des Gesetzes.

Nicht weniger bemerkenswert ist das bis Juli 2016 geltende Tennessee's Fetal Assault Law T.C.A. § 39-13-107,[384] nach dem der Konsum von Drogen in der Schwangerschaft ausdrücklich unter Strafe gestellt wurde, sofern das Kind in Folge dessen mit Anzeichen für eine Abhängigkeit oder Schädigung zur Welt kommt.

Die Frage, inwieweit die Rechte der Mutter zum Schutz ihres ungeborenen Kindes beschränkt werden können, stellt sich auch, wenn medizinische Maßnahmen gegen den Willen der schwangeren Frau vorgenommen werden sollen. Die entgegenstehenden Wünsche und Rechte der Mutter galten in den USA oft wenig. Nicht anders als in Deutschland, ist aber auch in den USA das Recht auf Selbstbestimmung über den eigenen Körper fundamental. Medizinische Behandlung können nicht gegen den Willen des (entscheidungsfähigen) Patienten vorgenommen werden, selbst wenn die Behandlung erforderlich wäre, um nachhaltige Schäden oder den Tod des Patienten zu verhindern. Laut Gray[385] sei kein Recht heiliger oder durch das common law besser geschützt, als das Recht

---

taken into custody and that the adult expectant mother is refusing or has refused to accept any alcohol or other drug abuse services offered to her or is not making or has not made a good faith effort to participate in any alcohol or other drug abuse services offered to her.

383 http://advocatesforpregnantwomen.org/Loertscher%20SJ%20Opinion.pdf.

384 39-13-107. Fetus as victim. [Effective until July 1, 2016]
(a) For the purposes of this part, »another,« »individuals,« and »another person« include a human embryo or fetus at any stage of gestation in utero, when any such term refers to the victim of any act made criminal by this part.
(b) Nothing in this section shall be construed to amend the provisions of § 39-15-201, or §§ 39-15-203 - 39-15-205 and 39-15-207.
(c) (1) Nothing in subsection (a) shall apply to any lawful act or lawful omission by a pregnant woman with respect to an embryo or fetus with which she is pregnant, or to any lawful medical or surgical procedure to which a pregnant woman consents, performed by a health care professional who is licensed to perform such procedure.
(2) Notwithstanding subdivision (c)(1), nothing in this section shall preclude prosecution of a woman for assault under § 39-13-101 for the illegal use of a narcotic drug, as defined in § 39-17-402, while pregnant, if her child is born addicted to or harmed by the narcotic drug and the addiction or harm is a result of her illegal use of a narcotic drug taken while pregnant.
(3) It is an affirmative defense to a prosecution permitted by subdivision (c)(2) that the woman actively enrolled in an addiction recovery program before the child is born, remained in the program after delivery, and successfully completed the program, regardless of whether the child was born addicted to or harmed by the narcotic drug.

385 Union Pacific Railway Co. v. Botsford, 141 U.S. 250, 251, vgl. auch In Re Estate of Longeway, 549 N.E.2d 292.

jedes Einzelnen frei und von Einflüssen anderer grundsätzlich unabhängig über den eigenen Körper zu bestimmen.[386] Damit bestehe auch die Möglichkeit, lebenserhaltende Maßnahmen zu verweigern. Ob dieses Recht wegen entgegenstehender Rechte des ungeborenen Kindes zu beschränken sei, führte in den USA zu ernsthaften Diskussionen. Die Rechtsprechung, welche zunächst dem Schutz des nasciturus Vorrang vor den Rechten der werdenden Mutter gewährte, wandelte sich zu einer – der deutschen Rechtlage ähnlichen – Rechtspraxis, jegliche Eingriffe in den Körper der Schwangeren gegen ihren Willen zu untersagen.

Die älteren amerikanischen Gerichtsentscheidungen zeigen jedoch, dass die Abwägung zwischen den Interessen von Mutter und Kind nicht offensichtlich, ohne jeden Zweifel, zu Gunsten der Mutter ausfallen muss. Der Entscheidung Raleigh Fitkin-Paul Morgan Mem. Hosp. v. Anderson[387] beispielsweise lag die Frage zugrunde, ob ein Gericht die Anordnung erlassen dürfe, einer Mutter gegen ihren Willen eine Bluttransfusion zuzuführen, welche diese aufgrund ihrer religiösen Einstellung verweigerte. Nach Einschätzung der behandelnden Ärzte war es sehr wahrscheinlich, dass der Mutter im Verlauf ihrer Schwangerschaft fremdes Blut zugeführt werden müsse, um ihr Überleben und das ihres ungeborenen Kindes zu retten. Während sich die erste Instanz noch gegen eine derartige Anordnung aussprach, entschied der Supreme Court of New Jersey, dass eine Bluttransfusion auch gegen den ausdrücklichen Willen der werdenden Mutter rechtmäßig sei, da auch dem ungeborenen Kind ein Anspruch auf rechtlichen Schutz zustehe. Im Falle eines geborenen Kindes stelle die Anordnung einer, aus medizinischer Sicht erforderlichen, Bluttransfusion gegen den Willen der Eltern das Gericht vor keinerlei Schwierigkeiten.[388] Die Problematik, dass auch in den Körper der erwachsenen und voll einwilligungsfähigen (»competent«) Frau eingegriffen wird, hält das Gericht für nicht entscheidungserheblich und lässt die Frage, ob eine solche Anordnung auch gegen den erwachsenen Patienten erlassen werden könne, unbeantwortet. Die Beziehung zwischen Kind und Mutter sei so eng und untrennbar miteinander verknüpft, dass praktisch nicht zwischen ihnen getrennt werden könne. Eine Bluttransfusion könne damit auch gegen den Willen der werdenden Mutter angeordnet werden, da der Schutz des Ungeborenen ansonsten nicht zu gewährleisten sei. Interessant ist hier die gegenläufige Schlussfolgerung der amerikanischen Entscheidung zu der (überwiegenden) Auffassung in der deutschen Literatur. Während in Deutschland davon ausgegangen wird, dass die untrennbare Verbindung von Mutter und Embryo einen Kindesschutz wegen der entgegenstehenden Rechte der Mutter (faktisch) verhindert, kommt diese Entscheidung zu

386 Vgl. *Lanning*, Mountbatten Journal of Legal Studies, 36, 47.
387 Raleigh Fitkin-Paul Morgan Mem. Hosp. v. Anderson, 201 A.2d 537.
388 State v. Perricone, 37 N.J. 463.

dem Ergebnis, dass die untrennbare Verbindung zwischen Mutter und Embryo Eingriffe auch in die persönlichen Rechte der Mutter zulässt, da ein Kindesschutz ansonsten nicht zu gewährleisten wäre.

Bestätigt wurde diese Rechtsprechung durch den Supreme Court of Georgia in der Rechtssache Jefferson v. Griffin Spalding County Hospital Authority. Der Entscheidung lag ein Antrag zugrunde, einen Kaiserschnitt sowie eine gegebenenfalls erforderliche Bluttransfusion gegen den Willen der Schwangeren vornehmen zu dürfen. Der behandelnde Arzt hatte festgestellt und die werdende Mutter auf diesen Umstand hingewiesen, dass die Wahrscheinlichkeit für das Kind eine natürliche Geburt nicht zu überleben bei neunundneunzig Prozent und das Versterben der Mutter bei fünfzig Prozent läge. Im Falle eines Kaiserschnittes könnten Kind und Mutter hingegen mit nahezu hundertprozentiger Wahrscheinlichkeit gerettet werden. Nach Abwägung der Interessen des Kindes und dem Interesse der Mutter auf Verweigerung einer medizinischen Maßnahme, sah das Gericht auch in diesem Fall die Interessen des Kindes als vorrangig an. Das Gericht ordnete an, die volle Entscheidungsgewalt, auch für Fragen die Geburt betreffend, bis zur Vollendung des Geburtsvorgangs auf das Amt für Familienförderung zu übertragen.

Einen Wendepunkt dieser Rechtsprechung stellte die Entscheidung des District Court of Columbia Court of Appeal dar. Der District Court of Columbia Court of Appeal hatte zunächst eine erstinstanzliche Anordnung, einen Kaiserschnitt bei einer Frau vorzunehmen, die dazu selber keinen Willen mehr bilden konnte, für rechtmäßig befunden.[389] Die betroffene Frau bekam aufgrund einer Krebserkrankung im Endstadium eine große Menge an Medikamenten und war kaum bei Bewusstsein. Sie wurde als nicht mehr in der Lage angesehen, einem Kaiserschnitt zuzustimmen, welcher aber von den Ärzten für erforderlich gehalten wurde, um das Leben des Embryos zu retten. Den Umstand, dass der Eingriff den Tod der Mutter beschleunigen würde, hielt das Gericht für zu vernachlässigen. Dies wurde damit begründet, dass das Leben der Mutter nur unerheblich beeinträchtigt werde, da sie bestenfalls noch zwei Tage in sedierten Zustand zu leben habe, das Kind hingegen eine Überlebenschance habe. Mutter und Kind verstarben kurz nach der Geburt. Nach erneuter Verhandlung widerrief der District Court of Columbia Court of Appeal[390] die gefällte Entscheidung. In den Vordergrund rückte das Gericht nun das jedermann zustehende Recht, medizinische Eingriffe abzulehnen. Dabei sei die »Qualität des Lebens« nicht von Bedeutung und die Selbstbestimmung über den eigenen Körper werde nicht ausgeschlossen, weil jemand krank sei oder an der Schwelle des Todes stehe. Etwas anderes gelte auch nicht in Schwangerschaftsfällen, bei denen, wie mit-

389 In re A.C. 533 A.2d 611.
390 In re A.C. 573 A.2d 1235.

unter argumentiert werde, die Mutter selbst ihren Körper dem werdenden Leben zur Verfügung gestellt habe. Vielmehr kam das Gericht zu der Überzeugung, dass das Ungeborene keine denen eines geborenen Menschen übergeordneten Rechte habe. Weiterhin werde das Vertrauensverhältnis zwischen Mutter und Arzt geschwächt, wenn die Frau medizinische Zwangsmaßnahmen fürchten müsste. Manche Frauen könnten Vorsorgeuntersuchungen fernbleiben, um gerichtlich angeordnete Kaiserschnitte zu verhindern. Sofern die Frau einwilligungsfähig sei, könne ein Gericht nicht gegen ihren Willen Anordnungen ihren Körper betreffend erlassen. Sofern die Frau, wie hier, zu einer derartigen Entscheidung nicht mehr in der Lage sei, müsse das Gericht den Willen mit allen ihm zur Verfügung stehenden Mitteln ermitteln. Im Zweifel könne von einer Einwilligung nicht ausgegangen werden. Der Weigerung einer einwilligungsfähigen Mutter, eine medizinische Maßnahme von der Intensität eines Kaiserschnitts vornehmen zu lassen, muss damit entsprochen werden, selbst, wenn diese Entscheidung dem ungeborenen Kind schadet.[391]

Der Supreme Court of Massachusetts[392] hat die Rechte der werdenden Mutter auch bezüglich »geringfügiger Eingriffe«[393] gestärkt. Gegen den Willen der Frau kann eine Operation, welche die Fortführung der Schwangerschaft sicherstellen soll, nicht durchgeführt werden. Dabei lässt das Gericht aber ausdrücklich offen, ob das Interesse des Kindes nicht doch in besonderen Fällen Eingriffe in die Rechte der Mutter zu rechtfertigen vermag.

391 Vgl. Auch: In re Baby Boy Doe, 632 N.E.2d 326.
392 Taft v. Taft, 446 N.E.2d 395 (1983).
393 Taft v. Taft, 446 N.E.2d 395 (1983).

4. Kapitel: Vorgeburtlicher Schutz des nasciturus durch eigene Rechte – Eine Frage der Rechtsfähigkeit

Neben den Möglichkeiten des Staates, das ungeborene Leben im Wege von Anordnungen nach § 1666 BGB zu schützen, sind eigene Ansprüche des ungeborenen Kindes denkbar. Vorstellbar sind Unterlassensansprüche aus §§ 823 Abs. 1, 1004 BGB analog, gegebenenfalls auch aus §§ 823 Abs. 2 BGB in Verbindung mit § 218 StGB, § 1004 BGB analog, wobei der nasciturus, bedingt durch die Natur der Sache, durch Dritte vertreten werden müsste.[394] Diesbezüglich ist an den werdenden Vater oder einen staatlich bestellten Pfleger zu denken. Beide könnten Unterlassungsansprüche stellen, wenn die Mutter einen Schwangerschaftsabbruch beabsichtigt oder ihr ungeborenes Kind durch riskante Verhaltensweisen zu schädigen droht.

Da es sich bei derartigen Ansprüchen um eigene des nasciturus handeln würde, stellt sich dem Rechtsanwender die Frage, ob dem ungeborenen Kind überhaupt Ansprüche zustehen können. Die Beantwortung dieser Frage erfordert eine Auseinandersetzung mit dem Wesen des ungeborenen Lebens und insbesondere mit der Frage der Rechtsfähigkeit. Das Dasein des ungeborenen Kindes ist schon aus tatsächlicher Sicht schwer zu begreifen. Weder ist es selbstverständlich, es als Menschen wie jeden anderen mit den Rechten eines Menschen anzusehen, noch kann ihm das Menschsein an sich abgesprochen werden. Auch Formulierungen wie »das werdende Leben« oder »der werdende Mensch« zeugen von dieser Schwierigkeit, welche sich auf rechtlicher Ebene insbesondere im Rahmen der Rechtsfähigkeit fortsetzt. Bezüglich der Ausgestaltung der Rechtsstellung des nasciturus im Detail besteht in der Literatur ein kaum überschaubares Meinungsspektrum, welches dem Charakter des nasciturus allenfalls nahekommt, ihn aber nicht vollständig abbilden kann. Mit Rücksicht auf den Umfang dieser Arbeit sollen im Folgenden nur die wesentlichen Argumentationsstränge abgebildet werden.

394 Für die grundsätzlich. Möglichkeit von Unterlassungsansprüchen des nasciturus *Coester-Waltjen*, in: FS Gernhuber S. 846.

Der Grundsatz »Nasciturus pro iam nato habetur quotiens de commodis eius agitur«, sprich die Leibesfrucht ist dem schon Geborenen gleich zu behandeln, wenn es zu ihrem Vorteil ist,[395] täuscht über die schwierige Rechtslage bezüglich der Rechtsfähigkeit des ungeborenen Menschen hinweg.

Die Rechtsfähigkeit, das heißt die Fähigkeit, Träger von Rechten und Pflichten zu sein,[396] beginnt nach § 1 BGB mit Vollendung der Geburt. Die volle zivilrechtliche Anerkennung tritt damit sogar zu einem späteren Zeitpunkt ein als der strafrechtliche Schutz, welcher vom Beginn der Geburt abhängig ist. Ob und wie der nasciturus zivilrechtlich vor der Geburt geschützt ist, bedarf weiterer Erläuterungen.

Überwiegend anerkannt ist, dass einem Mensch, der vor seiner Geburt geschädigt wird, zumindest aus § 823 BGB Ansprüche erwachsen können.[397] Im Ergebnis unstreitig, wird dies unterschiedlich begründet. Der BGH[398] lässt die Frage der Rechtsfähigkeit des nasciturus offen[399] und stellt bei Schadensersatzansprüchen wegen pränataler Verletzungen auf eine Verletzung des geschädigt zur Welt gekommenen und damit rechtsfähigen Kindes und nicht auf eine Verletzung des nasciturus ab. § 823 BGB schütze nach Auffassung des BGH nur das Recht des geborenen Menschen auf körperliche Unversehrtheit und Gesundheit.[400] Nach anderer Auffassung werde bereits der nasciturus als »anderer« im Sinne des § 823 BGB angesehen und ihm – seine Lebendgeburt vorausgesetzt[401] – ein Schadensersatzanspruch wegen Verletzung des ungeborenen Körpers zugesprochen.[402] In Betracht gezogen wird auch, dem nasciturus bezüglich § 823 BGB eine Teilrechtsfähigkeit analog §§ 844 II 2 BGB, 10 II 2 StVG, 35 II 2 LuftVG, § 5 II HPflG, § 28 II AtomG zukommen zu lassen.[403]

Praktisch wirkt sich dieser Streit im Rahmen von nachgeburtlichen Schadensersatzanspruch nach § 823 BGB nur aus, wenn sich die Verletzung nicht am

395 *Hähnchen*, Jura 2008 161, 161; *Kannowski*, in: Staudinger § 1 Rn. 10.

396 H.M: *Lehmann*, AcP 207 (2007) 225, 226f.; *Schmitt*, in: MüKo § 1 Rn. 6; *Kannowski*, in: Staudinger § 1 Rn. 1; *Ellenberger*, in: Palandt Vor § 1 Rn. 1.

397 *Heldrich*, JZ 1965, 593, 597; *Rolfs*, JR 2001, 140, 141f.; *Hähnchen*, Jura 2008, 161, 163; *Zeising*, Der Nasciturus im Zivilverfahren S. 18; *Wilhelmi*, in: Erman § 823 Rn. 22.

398 BGH, NJW 1972, 1126, 1126; BGH, NJW 1953, 417, 418; Ebenso: *Geigel*, Anmerkungen zu OLG Schleswig, Urteil vom 18.10.1949, NJW 1950, 388, 389.

399 Nach *Wolf*, in: Wolf/Naujoks, Rechtsfähigkeit S. 177 bejaht der BGH ungewollt die Frage der Rechtsfähigkeit.

400 BGH, NJW 1972, 1126.

401 Die Lebendgeburt wird als unumgängliche Voraussetzung anerkannt (näheres unten): BGH, NJW 1972, 1126; *Heldrich*, JZ 1965, 593, 596; *Rolfs*, JR 2001, 140, 142; *Stoll*, FS Nipperdey (1965), Bd. I, S. 739, 756.

402 *Bamberger*, in: BeckOK § 1 Rn. 32; *Heldrich*, JZ 1965, 593, 597; *Laufs*, NJW 1965, 1053, 1055; *Schmitt*, in: MüKo § 1 Rn. 39; *Rolfs*, JR 2001, 140, 141; *Stoll*, FS Nipperdey, 1965, 739, 755; *Weimar*, MDR 1962, 780, 781.

403 *Stieglitz*, wrongful birth und wrongful life S. 169f.

Körper des später geborenen Kindes manifestiert sowie im Rahmen von Beweisfragen. Folge der Auffassung des BGH ist, dass alle der Lebendgeburt vorangehenden Kausalabläufe notwendig haftungsbegründend und damit gemäß § 286 ZPO durch den Kläger voll zu beweisen sind.[404] Wird der Tatbestand jedoch schon durch die Verletzung des ungeborenen Kindes erfüllt, ist der Beweis des Ursachenzusammenhangs zwischen Haftungsgrund und konkretem Schaden nach Maßgabe des § 287 ZPO erleichtert.[405]

Ausschlaggebend ist der Beginn der Rechtsfähigkeit jedoch, wenn bereits vorgeburtlich Ansprüche geltend gemacht werden sollen. Unter Umständen kann bereits in diesem Stadium ein großes Interesse des ungeborenen Kindes an einem wirksamen Rechtsschutz bestehen. Offensichtlich ist das Interesse des Kindes, nicht abgetrieben zu werden. An dieser Stelle soll zunächst außen vor bleiben, ob Unterlassungsansprüche des ungeborenen Kindes gegen die Mutter wegen des, den allgemeinen Rechtsschutz ausschließenden, Vorrangs familienrechtlicher Maßnahmen überhaupt möglich sind. Auf diesen Weg wird in der Literatur durchaus hingewiesen, vor allem im Zusammenhang mit dem Schutz vor illegalen Schwangerschaftsabbrüchen, weswegen er nicht außen vor bleiben soll. Zudem wären Ansprüche gegen Dritte, insbesondere gegen den eine Abtreibung vornehmenden Arzt denkbar, wodurch das Kind mittelbar auch vor dem Verhalten der Mutter geschützt würde. Schließlich ist die Frage der Rechtsfähigkeit noch an anderer Stelle relevant, nämlich im Rahmen der Schadensersatzansprüche.

1. Volle Rechtsfähigkeit des nasciturus

Nach einer vereinzelt vertretenen Ansicht komme schon dem ungeborenen Kind eine volle Rechtsfähigkeit zu. So besteht die Rechtsfähigkeit nach Wolf[406] »unabhängig davon, ob der Nasciturus lebend geboren wird. [...] Der Tod beendet die Rechtsfähigkeit, hebt sie jedoch für die Vergangenheit nicht auf.« Die Zuerkennung voller Rechtsfähigkeit ab dem Zeitpunkt der Zeugung würde dem ungeborenen Leben den größtmöglichen Schutz gewährleisten und Unterlassensansprüche unabhängig von einer späteren Lebendgeburt ermöglichen.[407]

404 *Schmitt*, in: MüKo § 1 Rn. 39, vgl. auch *Hähnchen*, Jura 2008, 161, 165; nach BGH VersR 1972, 372ff. könne sich der Geschädigte zwar auf § 287 ZPO stützen, wenn der haftungsbegründende Tatbestand feststehe. Dieser »konkrete Haftungsgrund« müsse aber gegebenenfalls vom Kläger gemäß § 286 ZPO bewiesen werden.

405 *Bamberger*, in BeckOK (Stand: 01.11.2015) § 1 Rn. 32; *Schmitt*, in: MüKo § 1 Rn. 39.

406 *Wolf*, in: Wolf/Naujoks, Rechtsfähigkeit S. 231.

407 *Wolf*, in: Wolf/Naujoks, Rechtsfähigkeit S. 178.

Jedoch ist dieses Bestreben nicht mit der ausdrücklichen Anordnung des § 1 BGB zu vereinbaren, dass die Rechtsfähigkeit mit der Geburt beginne. Ein Anspruch des ungeborenen Kindes ohne Rücksicht auf dessen spätere Geburt schlage, um es mit den Worten Schmidts[408] zu sagen, dem § 1 BGB allzu sehr ins Gesicht.

Die volle Rechtsfähigkeit des nasciturus lässt sich auch nicht mit der naturrechtlich geprägten Argumentation begründen, dass der Ursprung der Rechtsfähigkeit im Menschen beziehungsweise dessen Vernunft liege und nicht von einer Rechtsordnung abhängig sei.[409] Aus dem Naturrecht lässt sich allenfalls eine grundsätzliche Beachtung des nasciturus im Recht herleiten, allzu konkrete Ausgestaltungen der Rechtsfähigkeit sind dem Naturrecht aber nicht zu entnehmen.[410] Die Ausgestaltung und insbesondere die Festlegung über Beginn und Ende der Rechtsfähigkeit einer Person kann nur durch den Gesetzgeber getroffen werden.[411] Vor allem aber kann nicht argumentiert werden, dass das in § 1 BGB normierte Erfordernis der Geburt wegen seines Widerspruchs insbesondere zu den §§ 844 II 2, 1923 II BGB außer Kraft gesetzt werde.[412] Gegen die überwiegende und zutreffende Ansicht, dass es sich bei den Sondernormen (§§ 1923 Abs. 2, 844 Abs. 2, 331 Abs. 2 BGB) um Ausnahmen von dem ansonsten geltenden Erfordernis der Lebendgeburt handelt,[413] argumentiert Wolf, dass es von § 1 BGB keine Ausnahmen geben könne. Die Rechtsfähigkeit sei notwendig vorhanden, wenn der betroffenen Person auch nur eine einzige (in den Einzelvorschriften niedergelegte) Berechtigung zustehe.[414] Dieser Überlegung ist entgegnen zu halten, dass dem ungeborenen Kind nicht sämtliche Rechte und Pflichten des geborenen Kindes auferlegt werden müssen, nur weil ihm einzelne Rechte gewährt werden.[415]

Eine Ablehnung der umfassenden vorgeburtlichen Rechtsfähigkeit wird auch in den Motiven zur Entstehung des BGB zum Ausdruck gebracht. Hier heißt es: » Beginnt die Rechtsfähigkeit des Menschen mit der Geburt, so liegt darin zugleich, daß [sic!] eine Leibesfrucht nicht Trägerin von Rechten sein kann«.[416] Des Weiteren besteht bei genauer Betrachtung kein Widerspruch zwischen § 1 BGB und den Sondervorschriften. Die Sonderregeln gewähren dem nasciturus keine un-

---

408 *Schmidt*, JZ 1952, 167, 168.

409 So aber *Wolf*, in: Wolf/Naujoks, Rechtsfähigkeit S. 58ff.

410 *Raschen*, Zivilrechtliche Verhaltens- oder Schutzpflichten S. 74f.; *Heldrich*, JZ 65, 593, 595; *Medicus/Petersen*, AT Rn. 1044.

411 *Lehmann*, AcP 207 (2007), 225, 227, 229.

412 *Hager*, in: Staudinger § 823 Rn. B 42; So aber *Wolf*, in: Wolf/Naujoks, Rechtsfähigkeit, S. 230.

413 So schon OLG Dresden (DJZ 1903, 227) im Jahre 1902.

414 *Wolf*, in: Wolf/Naujoks, Rechtsfähigkeit S. 208f.

415 *Schmidt*, JZ 1952, 167, 168.

416 Motive zum Entwurfe eines Bürgerlichen Gesetzbuchs, Allgemeiner Teil, § 3 S. 29; Jakobs/Schubert § 1.

eingeschränkte Rechtsfähigkeit. § 1923 Abs. 2 BGB beispielsweise ist zu entnehmen, dass die Fiktion lediglich bei späterer Lebendgeburt gelten soll. Hätte der Gesetzgeber eine volle Rechtsfähigkeit angestrebt, so hätte er lediglich auf das Erfordernis des lebenden Erben im Zeitpunkt des Erbfalles (§ 1923 Abs. 1 BGB) verzichtet.[417] Schließlich steht der Vollrechtsfähigkeit des Menschen vor seiner Geburt auch der Wortlaut des § 1912 BGB entgegen, welcher der Wahrung künftiger Rechte dient. Wäre schon das ungeborene Kind vollrechtsfähig, so müsste hier nicht von künftigen, sondern von gegenwärtigen Rechten die Rede sein.[418]

2. Rechtsfähigkeit erst mit der Geburt

Abzulehnen sind auch die vereinzelten Stimmen,[419] die auf den Wortlaut des § 1 BGB gestützt,[420] dem ungeborenen Leben keinerlei Rechtsfähigkeit zuerkennen und die Sonderregelungen nicht als Rechte des nasciturus, sondern als Rechte des später geborenen Kindes ansehen. Diese Auffassung ist zu eng und missachtet die berechtigten Belange des ungeborenen Kindes. Im Geltungsbereich des Zivilrechts kann kein anderer Rechtsstatus des ungeborenen Lebens gelten, als der von der Verfassung vorgegebene.[421] Auch wenn für die volle Rechtsfähigkeit keine zwingenden verfassungsrechtlichen Gründe bestehen,[422] wäre es in Hinblick auf die Schutzbedürftigkeit des nasciturus verfehlt,[423] ihm keinerlei zivilrechtliche Persönlichkeit einzuräumen. Wer durch das objektive Recht in seinen Grundrechten geschützt wird, soll im Zweifel diesen Schutz auch beanspruchen und ein Abwehrrecht geltend machen können.[424]

417 *Mahr*, Der Beginn der Rechtsfähigkeit und die zivilrechtliche Stellung des ungeborenen Lebens S. 147.
418 *Mahr*, Der Beginn der Rechtsfähigkeit und die zivilrechtliche Stellung des ungeborenen Lebens S. 147.
419 *Paehler*, FamRZ 1972, 189, 189 (Paehler weist jedoch darauf hin, dass auch die Leibesfrucht bei entsprechende Gesetzesänderung rechtsfähig sein könnte).
420 BSG, NJW 1963, 1978, 1079.
421 *Bernard*, Der Schwangerschaftsabbruch aus zivilrechtlicher Sicht unter besonderer Berücksichtigung der Rechtsstellung des nasciturus S. 89.
422 *Kannowski*, in: Staudinger § 1 Rn. 14; *Raschen*, Zivilrechtliche Verhaltens- oder Schutzpflichten S. 88f.
423 *Bernard*, Der Schwangerschaftsabbruch aus zivilrechtlicher Sicht unter besonderer Berücksichtigung der Rechtsstellung des nasciturus S. 89.
424 *Bamberger*, in: BeckOK § 1 Rn. 28.

3. Bedingte Teilrechtsfähigkeit

a) Teilrechtsfähigkeit

Andere Autoren sprechen von einer »beschränkten«[425] Rechtsfähigkeit oder einer »Teilrechtsfähigkeit«[426]. Dabei bleiben viele Äußerungen sehr vage und nehmen eine solche eingeschränkte Rechtsfähigkeit nur »praktisch«[427] an. Deutlich werden hier die Unsicherheiten bei der Einstufung des nasciturus in das Personensystem und der Wille, das ungeborene Kind zu schützen und nicht als rechtliches »Nullum« zu behandeln. Diese Bestrebung mit § 1 BGB in Einklang zu bringen und das Wesen der Rechtsfähigkeit des ungeborenen Lebens überzeugend zu beschreiben, ist bisher nicht gelungen. Die verschiedenen Lösungsansätze befriedigen lediglich ein konstruktives Bedürfnis.[428]

Der nasciturus ist nach § 1 BGB nicht vollrechtsfähig. Vereinzelt werden ihm jedoch Rechte zugesprochen. Im BGB ausdrücklich geregelt, ist zum Beispiel die Möglichkeit, bereits vor der Geburt Erbe zu werden (§ 1923 Abs. 2 BGB), Schadensersatz wegen Tötung eines Unterhaltspflichtigen geltend zu machen (§ 844 Abs. 2 S. 2 BGB) oder aus einem Vertrag zugunsten Dritter Ansprüche herzuleiten (§ 331 Abs. 2 BGB). Der nasciturus ist damit in der Rechtsordnung zu beachten. Er ist aber nicht voll-, sondern lediglich teilrechtsfähig, da er »nicht generell, sondern nur in einzelnen Beziehungen in die Rechtsordnung hineingestellt worden ist«[429].

Die Frage, ob der nasciturus schon vor der Geburt deliktisch verletzt werden und daraus Schadensersatz- oder Unterlassungsansprüche erlangen kann, hatte der BGB-Gesetzgeber bei der Schaffung des § 1 BGB und den Ausnahmenormen nicht bedacht.[430] Vieles spricht jedoch für eine Ausdehnung der Teilrechtsfähigkeit auf diesen Bereich. Das menschliche Leben beginnt bereits vor der Geburt.[431] Auch das BVerfG[432] fordert die Berücksichtigung der Rechte ungeborener

425 *Bernard*, Der Schwangerschaftsabbruch aus zivilrechtlicher Sicht unter besonderer Berücksichtigung der Rechtsstellung des nasciturus S. 90; *Gernhuber/Coester-Waltjen*, FamR § 75 III Rn. 18; Enneccerus, AT S. 188; *Ellenberger*, in: Palandt § 1 Rn. 7; *Robben*, Pränatale Schädigungen S. 188; *Lanz-Zumstein*, Die Rechtsstellung des unbefruchteten und befruchteten menschlichen Keimguts S. 303; *Kannowski*, in: Staudinger Vor § 1 Rn. 3 (beschränkte Rechtsfähigkeit) und § 1 Rn. 15 (begrenzte Rechtsfähigkeit); SchlOLG, MDR 2000, 397, 398 (für Feststellung der Vaterschaf und der Unterhaltsansprüche entschieden).

426 *Fabricius*, Relativität der Rechtsfähigkeit S. 112; *Bamberger*, in: BeckOK § 1 Rn. 19; *Martinek*, in: jurisPK § 1 Rn. 14; *Dörner*, in: Schulze u.a. § 1 Rn. 2, 4.

427 Z.B. *Kannowski*, in: Staudinger § 1 Rn. 15.

428 *Gernhuber/Coester-Waltjen*, FamR § 75 III Rn. 17.

429 *Fabricius*, Relativität der Rechtsfähigkeit S. 117.

430 *Wolf*, in: Wolf/Naujoks Rechtsfähigkeit S. 164.

431 *Wolf*, in: Wolf/Naujoks Rechtsfähigkeit S. 143ff.; *Naujoks* insbesondere S. 17, 29, 32.

432 BVerfG, NJW 1993, 1751ff.

Kinder. Damit entscheidet das Gericht zwar nicht über die Grundrechtsfähigkeit des nasciturus, welche in der Literatur überwiegend bejaht wird, und erst Recht nicht über die zivilrechtliche Rechtsfähigkeit. Deutlich wird in der Entscheidung aber, dass auch das ungeborene Leben unter den Schutz der Verfassung zu stellen und durch die staatliche Gewalt zu schützen ist: »Das Grundgesetz verpflichtet den Staat, menschliches Leben zu schützen. Zum menschlichen Leben gehört auch das ungeborene. Auch ihm gebührt der Schutz des Staates. Die Verfassung untersagt nicht nur unmittelbare staatliche Eingriffe in das ungeborene Leben, sie gebietet dem Staat auch, sich schützend und fördernd vor dieses Leben zu stellen«.[433] »Wo menschliches Leben existiert, kommt ihm Menschenwürde zu«.[434] Die Anerkennung einer gegenwärtigen Rechtsfähigkeit des ungeborenen Kindes sei als konsequente Fortführung der verfassungsrechtlichen Beachtung des nasciturus zu verstehen.[435]

Etwas anderes ergibt sich auch nicht aus der Systematik des Gesetzes. Aus dem Ausnahmecharakter der gesetzlichen Sonderbestimmungen zur Rechtsfähigkeit der nascituri könnte geschlossen werden, dass die Regel ansonsten abschließend gilt.[436] Anerkannt ist jedoch, dass auch Ausnahmerechtssätze analogiefähig sind, sofern der in ihnen verkörperte Rechtsgedanke zutrifft.[437] Insbesondere wenn Rechtsgüter betroffen sind, welche durch das Grundgesetz geschützt werden, kann die Abwesenheit gesetzlicher Regelungen die Schutzwürdigkeit des nasciturus nicht ausschließen.[438] Vielmehr erscheint eine Analogie sogar geboten, um den verfassungsrechtlichen Vorgaben zum Schutz des ungeborenen Lebens nachkommen zu können.[439] Eine Teilrechtsfähigkeit besteht damit nicht nur in den gesetzlich normierten Fällen, sondern auch bei einer Verletzung der Rechte auf Leben und körperliche Unversehrtheit.[440]

b) Bedingung

Es schließt sich die Frage an, ob die Teilrechtsfähigkeit unter einer Bedingung steht.

433 BVerfG, NJW 1993, 1751, 1753.
434 BVerfG, NJW 1993, 1751, 1753; NJW 1975, 573, 575.
435 Vgl. dazu *Raschen*, Zivilrechtliche Verhaltens-oder Schutzpflichten S. 84.
436 so OLG Hamm, VersR 1973, 810f.
437 SchlHOLG, MDR 2000, 397, 397; *Schmitt*, in: MüKo § 1 Rn. 31; *Kannowski*, in: Staudinger § 1 BGB Rn. 11.
438 Vgl. auch *Hähnchen*, Jura 2008, 161, 165.
439 *Schmitt*, in: MüKo § 1 Rn. 31; Mittenzwei, AcP 187 (1987), 247, 273; *Robben*, Pränatale Schädigung mit postnatalen Folgen, S. 208.
440 *Kannowski*, in: Staudinger § 1 Rn. 12.

Die gesetzlich geregelten Ausnahmefälle setzen eine spätere Lebendgeburt voraus, dem nasciturus wird damit nur unter dieser Bedingung eine Teilrechtsfähigkeit zugesprochen.[441] Mit Eintritt der Lebendgeburt wird das Kind so behandelt, als wäre es bereits im Mutterleib rechtsfähig gewesen. Die Rechtsfähigkeit ist folglich von der Lebendgeburt abhängig, wird also nur bedingt gewährt. Klarstellend ist zu erwähnen, dass es sich dabei nicht um eine Bedingung im Sinne der §§ 158ff. BGB handelt, da sie nicht auf einem Rechtsgeschäft beruht.[442] Dies führt jedoch nicht dazu, dass die Konstruktion der Bedingung an sich nicht zur Anwendung kommen kann.[443]

Zu klären ist, ob die Rechtsfähigkeit durch die Lebendgeburt aufschiebend oder durch die Todgeburt auflösend bedingt ist. Erstere Annahme führt zu dem Ergebnis, dass die Bedingung im Zeitpunkt der Schädigung noch nicht eingetreten ist. Das ungeborene Kind ist demnach nicht rechtsfähig und kann keine vorgeburtlichen Unterlassungsansprüche geltend machen. Diese Möglichkeit bestünde nur bei Annahme einer auflösend bedingten Rechtsfähigkeit.

Vorgelagert stellen sich die Fragen, ob auch die zugrundeliegenden Rechte aufschiebend oder auflösend bedingt sind und wie die Rechte und die Rechtsfähigkeit zusammenwirken. Auf ein mögliches Auseinanderfallen von Rechten und Rechtsfähigkeit wird in der Literatur nur vereinzelt eingegangen.

Ausdrücklich zwischen Rechten und Rechtsfähigkeit differenzieren zum Beispiel Wolf und Fabricius. Wolf versteht die Rechte des nasciturus als bereits bestehende, unbedingte Rechte und folgert daraus, dass der nasciturus eine gegenwärtige Rechtsperson sein müsse, da der Erwerb eines Rechts einen gegenwärtigen Erwerber voraussetze.[444] Die Folgerung Wolfs ist schon aus den oben genannten Gründen abzulehnen. Darüber hinaus ist die Möglichkeit »Subjektloser Rechte« – wie Wolf selbst ausführt[445] – nicht unumstritten. Es ist ferner anzunehmen, dass als Rechtssubjekt auch eine bedingt rechtsfähige Person genügt.

In Anlehnung an die Regelung des Art. 31 des Schweizerischen ZGB sieht Fabricius die Rechte als aufschiebend bedingt, die Rechtsfähigkeit jedoch als auflösend bedingt an.[446] Der auflösend bedingt rechtsfähige nasciturus erwerbe keine Vollrechte, sondern Anwartschaften. Das Konstrukt der Anwartschaft stimme mit dem Wortlaut des § 1912 BGB (»künftigen« Rechte) überein.

---

441 wohl für unbedingte Rechtsfähigkeit: *Lanz-Zumstein*, Die Rechtsstellung des unbefruchteten und befruchteten menschlichen Keimguts S. 303.

442 *Wolf*, in: Wolf/Naujoks, Rechtsfähigkeit, S. 213.

443 *Fabricius*, Relativität der Rechtsfähigkeit, S. 116, Fn. 4.

444 *Wolf*, in: Wolf/Naujoks, Rechtsfähigkeit S. 181ff.

445 *Wolf*, in: Wolf/Naujoks, Rechtsfähigkeit S. 186ff.

446 *Fabricius*, Relativität der Rechtsfähigkeit S. 116; ihm folgend *Raschen*, Zivilrechtliche Verhaltens- oder Schutzpflichten S. 83ff.

Vorzugswürdig ist die Annahme einer aufschiebenden Bedingung der Lebendgeburt. Einschränkung scheint jedoch insoweit geboten, als nicht alle Rechte als aufschiebend bedingt angesehen werden können. Eine aufschiebende Bedingung mag für die in den gesetzlichen Ausnahmen geregelten Rechte gelten, nicht jedoch für die Rechte Leben und Gesundheit. Dem Recht obliegt eine Ordnungsfunktion und es hat Fragen der Rechtssicherheit und Praktikabilität zu berücksichtigen[447]. In den meisten Bereichen des Rechts erscheint es sinnvoll, an einen äußerlich erkennbaren Umstand anzuknüpfen und die Geburt als (aufschiebende) Bedingung vorauszusetzen. So erscheint es plausibel, Vermögensrechte, welche vor der Geburt ohnehin nur theoretischer Art sind, erst mit Vollendung der Geburt zu gewähren.[448]

Dies gilt jedoch nicht für die Elementarbereiche Leben und Gesundheit, wie von Fabricius aus Gründen der Rechtssicherheit angenommen[449] wird. Vielmehr kommt dem Lebensrecht eine besondere Stellung zu.[450] Andere Rechte können dem Kind auch zu einem späteren Zeitpunkt, etwa gemäß seiner Reife, zugeordnet werden. Beim Lebensrecht ist dies nicht möglich, da das Lebensrecht nicht auf der Entwicklung bestimmter Eigenschaften, sondern auf der Tatsache beruht, ein Individuum zu sein, welches derartige Eigenschaften entwickeln kann.[451] Es kommt nicht darauf an, dass diese Eigenschaften schon entwickelt sind, sondern darauf, dass sie sich entwickeln können. Dem nasciturus steht ein verfassungsrechtliches Recht auf Leben zu. Auch aus medizinischer Sicht lebt das Kind. Es erscheint daher konstruiert, das zivilrechtliche Lebensrecht und die damit verbundene Gesundheit von der Lebendgeburt abhängig zu machen. Für eine schon gegenwärtige Gewährung der Rechte auf Leben und Gesundheit sprechen die verfassungsrechtlichen Vorgaben. Auch unter dem Aspekt der Rechtseinheit mutet es seltsam an, dass dem nasciturus verfassungsrechtlich zwar ein Recht auf Leben beziehungsweise körperliche Unversehrtheit zusteht, dieses Recht zivilrechtlich aber nur unter der Bedingung der Lebendgeburt gewährt werden soll. Das Lebensrecht des Kindes besteht damit unbedingt.[452]

Fraglich ist aber, ob aus der Annahme eines unbedingten Rechts auch auf eine unbedingte Rechtsfähigkeit in diesem Bereich geschlossen werden muss. Bedingte wie unbedingte Rechte setzen einen Rechtsträger voraus. Erforderlich ist aber keinesfalls ein unbedingt rechtsfähiger Rechtsträger. Die Bedingung hat keinen Einfluss auf die Begründung des Rechts, sondern nur auf deren Eintritt.

447 *Fabricius*, Relativität der Rechtsfähigkeit S. 114.
448 *Fabricius*, Relativität der Rechtsfähigkeit S. 114.
449 *Fabricius*, FamRZ 1963, 403, 410.
450 *Rhonheimer*, Abtreibung und Lebensschutz S. 59.
451 *Rhonheimer*, Abtreibung und Lebensschutz S. 59.
452 *Dietlein/Hannemann*, ZfL 2015, 44; vgl. auch *Lanz-Zumstein*, Die Rechtsstellung des unbefruchteten und befruchteten menschlichen Keimguts S. 304.

Für die Annahme einer aufschiebenden Bedingung spricht insbesondere deren Vereinbarkeit mit § 1 BGB. Ginge man von einer auflösend bedingten Rechtsfähigkeit aus, so wäre der nasciturus in Bezug auf die Rechte Leben und Gesundheit so gestellt, als wäre er schon vorgeburtlich voll rechtsfähig. Dem nasciturus sollten nach der gesetzlichen Wertung keine Ansprüche verliehen werden, die ihm im Ergebnis wie einen geborenen Menschen stellen. Nach § 1912 BGB sollen die Rechte des nasciturus gewahrt, nicht aber durchgesetzt werden. Tritt die Bedingung für den Erwerb der Rechtsfähigkeit nicht ein, so sollen grundsätzlich keine unumkehrbaren Tatsachen geschaffen werden. Die Konsequenzen der Rechtshandlung treten erst mit einer Lebendgeburt des Kindes ein; kommt es zu einer Todgeburt, ziehen die vorgenommenen Rechtshandlungen keine Folgen nach sich. Nehmen die Eltern beispielsweise das Erbe stellvertretend für das ungeborene Kind an, so ist diese Entscheidung in dem Moment einer Todgeburt hinfällig. Die Annahmeerklärung gilt unter dem Vorbehalt der tatsächlichen Erbberechtigung. Bezugsperson ist damit immer das lebende Kind. Die Erklärungen sind so zu verstehen, dass sie schon jetzt, im Namen des später geborenen Kindes abgegeben werden, um Rechtspositionen zu sichern oder zu begründen, die dem Kind im Moment seiner Geburt zu fallen. Anders stellt sich die Rechtslage bei Unterlassensansprüchen dar, welche als Bezugsperson schon das noch ungeborene Leben haben und unmittelbar, nicht erst nach der Lebendgeburt, zu einer Änderung der Rechtslage führen können. Ob dem Kind gegenüber seiner Mutter aufgrund des Vorrangs familiengerichtlicher Maßnahmen überhaupt allgemein zivilrechtliche Unterlassungsansprüche zukommen, soll an dieser Stelle unberücksichtigt bleiben. Jedenfalls gegen Dritte, wie zum Beispiel den Arzt, der einen Schwangerschaftsabbruch vornehmen möchte, sind Unterlassungsansprüche denkbar. Mit der Untersagung eines Schwangerschaftsabbruchs, hätten die Rechtsfolgen bereits direkte und im Fall einer Todgeburt unumkehrbare Wirkung entfaltet. Dies würde dem ungeborenen Kind faktisch eine unbeschränkte und unbedingte Rechtsfähigkeit zusprechen. Dieser Widerspruch zu § 1 BGB lässt sich auch nicht mit der Bedeutsamkeit der Rechtsgüter und der Schutzbedürftigkeit des ungeborenen Lebens rechtfertigen. Zwar ist das Bestreben, dem nicht geborenen Kind Vorteile zu sichern und seine Rechtsposition zu wahren, übergeordnetes Prinzip[453] für die Vorverlagerung der Rechtsfähigkeit. Dem nasciturus würden die Rechte aber nicht bloß für die Zukunft gewahrt, sondern ihm bereits vorgeburtlich zugesprochen. Diese Situation scheint vergleichbare Probleme aufzuwerfen wie der vorläufige Rechtsschutz. Der einstweilige Rechtsschutz gleicht die Interessen von Gläubiger und Schuldners aus, indem der Gläubiger im Idealfall vor vollendeten Tatsachen geschützt wird, ohne dass vollendete Tatsachen zu Lasten des Schuldners geschaffen wer-

453 *Born*, Anmerkung MDR 2000, 398.

den. Maßnahmen im Eilverfahren bedeuten grundsätzlich kein endgültiges Ergebnis und dürfen die Erledigung der Hauptsache grundsätzlich nicht vorwegnehmen.[454] Von diesem Grundsatz werden jedoch Ausnahmen gemacht[455], wenn eine Durchsetzung zum späteren Zeitpunkt die Rechte des Gläubigers praktisch vereiteln würde. So dient beispielsweise die Leistungsverfügung der vorläufigen, faktisch aber meist endgültigen, Befriedigung des Gläubigers wegen eines Anspruchs, dessen verzögerte Erfüllung ihn rechtlos stellen würde.[456] Eine derartige Übertragung auf den vorgeburtlichen Unterlassungsanspruch ist jedoch mit der den gesetzlichen Ausnahmevorschriften gemeinsamen »Vorläufigkeit« nicht in Einklang zu bringen. Die Gewährung schon vorgeburtlicher Unterlassungsansprüche stimmt mit dieser Wertung nicht überein. Es ist damit von einer aufschiebenden Bedingung der Lebendgeburt auszugehen.

Keinen Widerspruch zu § 1 BGB sieht hingegen Wiebe,[457] der sich für einen vorgeburtlichen Unterlassungsanspruch des Kindes gegen die Mutter zumindest für den Fall eines Schwangerschaftsabbruchs stark macht. Gegen den Beginn der Rechtsfähigkeit erst mit der Geburt wendet er ein, dass ansonsten mit einer Tötung bewusst die nachfolgende Geburt und damit der Eintritt der Rechtsfähigkeit verhindert werden könne. Aus der Tatsache, dass ein ungeborenes Kind im Fall einer vorgeburtlichen Schädigung einen Schadensersatzanspruch aus § 823 BGB herleiten könne, folge, dass der nasciturus »anderer« im Sinne des § 823 BGB ist. Ungeachtet dessen, dass die Herleitung des Schadensersatzanspruchs keinesfalls unumstritten ist, folgert er, dass für die Tötung dasselbe gelten müsse, wie für die Gesundheitsschädigung; der nasciturus also »anderer« sei und ihm damit grundsätzlich ein Unterlassungsanspruch nach §§ 823 Abs. 1, 1004 BGB analog zustehe.

Gernhuber/Coester-Waltjen[458] vereinen nach eigenen Worten die Theorie der bedingten beschränkten Rechtsfähigkeit mit der Theorie der Anwartschaft Hübners,[459] wonach der Leibesfrucht bestimmte Rechte vorbehalten sind, die im Zeitpunkt der Geburt zu vollen Rechten werden. Gernhuber/Coester-Waltjen verstehen die Sondervorschriften »als Ausnahmen zugunsten eines werdenden Rechtssubjektes, das in ihnen eine beschränkte Rechtsfähigkeit erreicht, die lediglich erlaubt, dem nasciturus Rechte in jener Form zuzuordnen, die der eigenen Gestalt entspricht, als werdende Rechte also, die mit der Geburt dem ge-

454 *Meyer*, in: BeckOK-ZPO § 916 Rn. 11.

455 OLG Hamburg, GRUR-RR 2007, 29; vgl. zur Regelungsverfügung *Meyer*, in: BeckOK-ZPO § 935 Rn. 4; zur Leistungsverfügung *Meyer*, in: BeckOK-ZPO § 935 Rn. 5.

456 *Meyer*, in: BeckOK-ZPO § 935 Rn. 5.

457 *Wiebe*, ZfL 2000, 12, 14.

458 *Gernhuber/Coester-Waltjen*, FamR § 75 III Rn. 17, dem folgend *Bienwald*, in: Staudinger § 1912 Rn. 2.

459 *Hübner*, AT S. 81.

wordenen Rechtssubjekt als ebenso gewordene Rechte zufallen«. Es handele sich hierbei um eine Vorwirkung der später entstehenden Rechtsfähigkeit.[460]

4. Bedeutung

Das ungeborene Kind ist teilrechtsfähig in Bezug auf die Rechte Leben und Gesundheit. Diese Rechte bestehen zwar schon vorgeburtlich, das Kind ist jedoch nur unter der aufschiebenden Bedingung der Lebendgeburt rechtsfähig. Eigene Unterlassungsansprüche des Kindes, die auf den Schutz von Leben und Gesundheit gerichtet sind, kommen damit schon mangels Rechtsfähigkeit des Kindes nicht in Betracht. Gegenüber der Mutter müsste zu diesem Ergebnis auch kommen, wer von einer auflösenden Bedingung der Todgeburt oder gar einer gegenwärtigen Rechtsfähigkeit ausgeht. Dies liegt zum einen an dem bereits angesprochenen Konflikt mit den Grundrechten der Mutter, zum anderen daran, dass allgemein zivilrechtliche Ansprüche gegenüber den speziellen familienrechtlichen Schutzvorschriften subsidiär sind.[461]

460 *Coester-Waltjen*, Jura 2000, 106, 107.
461 Zu weiteren Details siehe unten.

5. Kapitel: Vorgeburtlicher Schutz durch den Vater

Nach den bisherigen Untersuchungen gewährt das Zivilrecht dem ungeborenen Kind nur einen sehr vereinzelten und praktisch nicht sehr effektiven Schutz durch die Familiengerichte. Allgemeiner Rechtsschutz in Form von Unterlassungsansprüchen des Kindes selbst ist jedenfalls mangels Rechtsfähigkeit nicht denkbar.

Aussichtsreicher sein könnte ein Vorgehen durch Dritte, insbesondere den Vater des Kindes. Klargestellt werden soll an dieser Stelle, dass hier alleine auf diejenigen Wege näher eingegangen werden soll, die den Vater berechtigen, die Rechte seines Kindes gegen die werdende Mutter durchzusetzen. Auf Handlungsmöglichkeiten, die auf eigenen Rechten des Vaters basieren, soll in Hinblick auf den Umfang und die Schwerpunktsetzung dieser Arbeit nur überblicksartig eingegangen werden.

Aus zivilrechtlicher Sicht kommen hier Unterlassungsansprüche gem. § 1004 BGB in Verbindung mit § 823 BGB in Betracht. Da aber nicht die eigenen Rechte des Vaters betroffen sind, bedarf es einer gesetzlichen Ermächtigung, die Interessen seines Kindes vorgeburtlich bereits wahrnehmen zu dürfen. Hier kommt erneut die Regelung des § 1912 BGB in Betracht, wonach die Wahrung künftiger Rechte des ungeborenen Kindes den Eltern obliegt.

Ergänzend ist auch an Nothilfe oder Notstand zu denken.

In der Literatur finden sich zahlreiche Erwägungen, ob und welche rechtlichen Möglichkeiten zum Schutz seines ungeborenen Kindes dem Vater zustehen. Im Folgenden sollen die in der Literatur vorgeschlagenen Optionen zum Schutz des ungeborenen Kindes durch Dritte und deren Eignung als rechtliche Handhabe gegen die Mutter näher untersucht werden.

1. Familienrechtliche Maßnahmen

Jedenfalls für die Frage nach einem Schutz vor Schwangerschaftsabbrüchen findet sich in der Literatur die Erwägung, ob diese durch Unterlassungsansprüche in Verbindung mit § 1912 BGB verhindert werden können. Bereits festgestellt wurde, dass dem nasciturus durch das Gesetz bestimmte Rechte gesichert werden, ihm jedoch nur bedingt zugesprochen werden und der Rechtserwerb erst (rückwirkend) mit der Lebendgeburt sicher angenommen werden kann. Die Zäsur der Geburt bedeutet jedoch nicht, dass bis dahin keinerlei Rechtshandlungen für den »schwebend rechtsfähigen« nasciturus vorgenommen werden können. Werden der Leibesfrucht für den Fall ihrer späteren Geburt bereits Rechte zugeordnet, die möglicherweise schon zuvor der Fürsorge bedürfen, so können diese nach § 1912 BGB durch die Eltern oder einen Pfleger gewahrt werden.[462] Die Teilrechtsfähigkeit des nasciturus erstreckt sich auch auf den Schutz von Leben und Gesundheit. Die Eltern oder ein Pfleger sind damit schon vorgeburtlich zur Wahrung dieser Rechte befugt.

Ob damit gemäß § 1912 BGB in Verbindung mit Unterlassensansprüchen, illegale Schwangerschaftsabbrüche und vorgeburtliche Schädigungen verhindert werden können, ist jedoch fraglich. Kein tragfähiges Argument gegen diese Möglichkeit ist der Wortlaut des § 1912 BGB, welcher nur die Wahrung künftiger Rechte umfasst. Wie bereits festgestellt, besteht das Recht auf Leben zwar schon gegenwärtig, ist aber von § 1912 BGB umfasst. Dasselbe gilt für das Recht auf körperliche Unversehrtheit. Bedenken bestehen jedoch dahingehend, dass die Durchsetzung von Unterlassungsansprüchen dem nasciturus im Ergebnis die Rechtsstellung einer unbedingt rechtsfähigen Person gewähren würde. Dieses Ergebnis scheint nur tragfähig, wenn eine solche – anders als hier – angenommen wird. Eine andere Lösung ließe sich allenfalls unter dem Gesichtspunkt erwägen, dass insbesondere ein Schutz vor Schwangerschaftsabbrüchen zu einem späteren Zeitpunkt nicht mehr möglich ist und damit ein unmittelbares Handeln erforderlich macht.

Von diesen Bedenken abgesehen, bestehen schon die gesetzlichen Voraussetzungen des § 1912 BGB nicht:

Während die Frage nach den Schutz vor Schwangerschaftsabbrüchen durch § 1912 BGB in der Literatur oftmals zumindest angerissen wird, sind vorgeburtliche Schäden bisher kein Gegenstand größerer Debatten geworden.[463]Die

462 *Bettin*, in: BeckOK § 1912 Rn. 1; *Locher*, in: jurisPK § 1912 Rn. 2; *Schwab*, in: MüKo § 1912 Rn. 1.

463 In der Literatur wird die Bestellung eines Pflegers in der Regel nur in Hinblick auf einen geplanten Schwangerschaftsabbruch erwogen. Anders stellt zB Rauscher (*Rauscher*, FamR, Rn. 1260.) fest, dass die Pflegschaft kein geeignetes Mittel ist, um jedweder Gesundheitsgefährdung des nasciturus entgegenzuwirken.

Ausgangslage ist jedoch für beide Situationen gleich. Schutz gegen die Mutter ließe sich nur durchsetzen, wenn ein Dritter die Rechte des Kindes geltend machen könnte. Ein naheliegendes Interesse am Schutz des ungeborenen Kindes hat der werdende Vater, nachranging zu denken wäre aber auch an einen gerichtlich bestellten Pfleger. Beide müssten zur Interessenvertretung gegenüber und gegen den Willen der Mutter befugt sein. Da die Grundsätze der elterlichen Sorge auch auf das ungeborene Kind angewendet werden, steht den Eltern die vorgeburtliche Vertretung für das Kind – aus Sicht des Vaters bestenfalls – nach § 1629 Abs. 1 S. 2 1. HS BGB bei gemeinsam Sorgeberechtigten gemeinschaftlich zu.[464] Ansprüche gegen die Mutter können damit nur dann durch den Vater geltend gemacht werden, wenn er in der speziellen Angelegenheit zur Alleinvertretung berechtigt wäre. Liegt kein Fall der gesetzlichen Alleinvertretung nach §§ 1671 ff. BGB vor, kommt eine Alleinvertretungsmacht des Dritten nur bei gerichtlicher Übertragung im Wege eines gerichtlichen Verfahrens nach § 1628 BGB (a) oder bei Entzug des mütterlichen Sorgerechtes in Betracht (b).

a) Übertragung der Alleinentscheidungsbefugnis auf den Vater, § 1628 BGB

Nach § 1628 BGB kann ein Familiengericht die Entscheidungsbefugnis einem Elternteil übertragen, wenn sich die Eltern in einer bestimmten Angelegenheit oder einer bestimmten Art von Angelegenheiten der elterlichen Sorge nicht einigen können. Dieser Elternteil trägt dann allein die tatsächliche und rechtliche Sorge samt Vertretungsbefugnis.[465] Können sich die Eltern über die Vornahme eines Schwangerschaftsabbruchs oder die Ausübung schädigungsgeeigneter Verhaltensweisen nicht einigen, wäre denkbar, dass sich der werdende Vater die alleinige Entscheidungsbefugnis in dieser Angelegenheit übertragen lässt.

Im Jahr 1985 übertrug das AG Köln[466] einem werdenden Vater nach § 1628 BGB die Entscheidung, für sein ungeborenes Kind eine einstweilige Verfügung gegen seine Ehefrau und Mutter des Kindes auf Unterlassung eines am nächsten Tag beabsichtigten (straffreien) Schwangerschaftsabbruchs zu beantragen. Der Beschluss führt aus, dass es in der Rechtsordnung unzweifelhaft sei, dass ungeborene Kinder einen Anspruch auf Schutz hätten. Ob und in welchen Fällen dieser Schutz gegenüber höherrangigen Rechten zurückzutreten habe, werde nicht im Rahmen des einstweiligen Rechtsschutzes, sondern im Hauptsacheverfahren entschieden. Eine entsprechende Anordnung sei aber im Rahmen des

464 Die weiteren Ausführungen gelten, sofern nicht anders gekennzeichnet, für die gemeinsam sorgeberechtigten Eltern.

465 *Veit* in: BeckOK § 1628 Rn. 7.

466 AG Köln, NJW 1985, 2201.

einstweiligen Rechtschutzes erforderlich, da anderenfalls die Schwangerschaft am nächsten Tag unterbrochen und eine richterliche Prüfung über die gesetzlichen Voraussetzungen eines Schwangerschaftsabbruchs nicht mehr möglich sei. Diese Entscheidung hat sowohl Zustimmung[467] als auch Kritik[468] erfahren. Die Möglichkeit des Vaters, geplante Abtreibungen mit Hilfe des § 1628 BGB zu verhindern, wird mit unterschiedlichen Begründungsansätzen überwiegend abgelehnt.[469]

§ 1628 BGB setzt voraus, dass es sich bei der Meinungsverschiedenheit erstens um eine Angelegenheit der elterlichen Sorge handelt und zweitens beiden Eltern in der konkreten Angelegenheit Entscheidungsbefugnisse zustehen.[470]

Nach verbreiteter Ansicht fällt die Entscheidung über einen Schwangerschaftsabbruch nicht in den Bereich der elterlichen Sorge. Dies wird zum einen damit begründet, dass die elterliche Sorge trotz der Fürsorgepflichten (§ 1912 BGB) im fraglichen Zeitraum noch nicht bestehe.[471] Zum anderen wird argumentiert, dass das Leben des Kindes nicht zur Disposition der Eltern stehe und die elterliche Sorge nicht die Entscheidung über Leben und Tod des (ungeborenen) Kindes umfasse.[472]

Dem erstgenannten Begründungsansatz ist nicht zu folgen. Die Nichtanwendung des § 1628 BGB kann jedenfalls nicht mit dem formalen Argument, die elterliche Sorge beginne erst mit der Geburt, begründen werden.[473] Die Eltern trifft eine Fürsorgepflicht für den nasciturus (vgl. § 1912 Abs. 2 BGB) als Vorwirkung der elterlichen Sorge. Die Vorschriften der elterlichen Sorge sind damit zumindest entsprechend anzuwenden. Dass hiervon für § 1628 BGB eine Ausnahme gemacht werden sollte, ist nicht nachvollziehbar.

Überzeugender wirkt es, § 1628 BGB deshalb nicht auf Streitigkeiten über Schwangerschaftsabbrüche anzuwenden, weil die Eltern nicht zur Disposition über Leben oder Tod des ungeborenen Kindes berechtigt sind. Mit ähnlicher

467 Vgl. *Dietlein/Hannemann*, ZfL 2015, 44, 46ff.; *Roth-Stielow*, NJW 1985, 2746.

468 *Harrer*, ZfJ 1989, 238ff.; *Finger*, KJ 1986, 326ff.

469 *Döll* in: Erman, BGB, § 1628 Rn. 8; *Fink*, in: Heilmann, Praxiskommentar Kindschaftsrecht § 1628 Rn. 7; *Huber*, in: MüKo § 1628 Rn. 9; *Peschel*-Gutzeit, in: Staudinger § 1628 Rn. 20; *Coester-Waltjen*, NJW 1985, 2175f.; *Coester*, in: Staudinger § 1666 Rn. 27; *Zimmermann*, in: Soergel § 1912 Rn. 8; *Harrer*, ZfJ 1989, 238, 240; *Veit*, in: BeckOK § 1628 Rn. 4.3.

470 Vgl. *Huber*, in: MüKo § 1628 Rn. 8f.

471 *Peschel-Gutzeit*, in: Staudinger § 1628 Rn. 20; *Döll*, in: Erman § 1628 Rn. 8; *Rakete-Dombek*, in: NK § 1628 Rn. 3.

472 *Coester-Waltjen*, NJW 1985, 2175, 2176; *Veit*, in: BeckOK § 1628 Rn. 4. 3.; *Harrer*, ZfJ 1989, 240.

473 *Huber*, in: MüKo § 1628 Rn. 9; *Seidel*, Zivilrechtliche Mittel gegen Schwangerschaftsabbrüche S. 49.

Begründung stehen weitere Autoren[474] der Anwendung des § 1628 BGB zur Verhinderung eines Schwangerschaftsabbruchs ablehnend gegenüber. Entscheidend ist, ob dem Vater überhaupt eine Entscheidungsbefugnis bezüglich eines Schwangerschaftsabbruchs zusteht. § 1628 BGB setzt voraus, dass dem zu privilegierenden Elternteil in der konkreten Frage Entscheidungsspielraum zusteht. Dies ist in Bezug auf Schwangerschaftsabbrüche, jedenfalls in der Person des Vaters, zu verneinen.[475]

Bei Vorliegen eines Indikationstatbestandes (§ 218a StGB) ist allein die Schwangere zu einer Entscheidung über die Vornahme eines Schwangerschaftsabbruchs berechtigt. Ihr muss daher auch aus familienrechtlicher Sicht eine Alleinentscheidungsbefugnis zugestanden werden.[476] Unerheblich ist, ob es sich bei den Indikationstatbeständen um Rechtfertigungs- oder bloße Strafausschließungsgründe handelt. Letztlich steht dem Vater des ungeborenen Kindes keine Entscheidungsbefugnis in Hinblick auf einen Schwangerschaftsabbruch zu. Eine Entscheidungsübertragung nach § 1628 BGB kommt damit nicht in Betracht.

Mit ähnlicher Begründung kann auch bei strafbaren Schwangerschaftsabbrüchen dem Vater die Alleinentscheidungsbefugnis nicht gemäß § 1628 BGB übertragen werden. Im Fall eines strafbaren Schwangerschaftsabbruchs haben weder Vater noch Mutter einen Entscheidungsspielraum bezüglich des Lebens des Kindes. Somit steht dem Vater auch hier kein Entscheidungsspielraum zu und er kann deshalb nicht gemäß § 1628 BGB die Übertragung der alleinigen Entscheidung auf sich verlangen.[477]

Zu einem gegenteiligen Ergebnis gelangen Dietlein/Hannemann[478], die ein effektives Interventionsrecht des werdenden Vater auf Grundlage des § 1628 BGB in Verbindung mit einem Unterlassungsanspruch des Kindes fordern. Eine einstweilige Anordnung auf Grundlage des § 1628 BGB sehen sie nicht nur als zivilrechtlich wünschenswert, sondern auch als verfassungsrechtlich zwingend. Die genannten Argumente gegen die Anwendung von § 1628 BGB widerlegen sie jedoch nicht. Mangels Entscheidungsbefugnis des Vaters in der konkreten Frage des Schwangerschaftsabbruchs ist die Übertragung der Entscheidungsbefugnis

474 .*Amend-Traut* in: BeckOGK § 1628 Rn. 20; *Fink* in: Heilmann, Praxiskommentar Kindschaftsrecht § 1628 Rn. 7. *Huber* in: MüKo § 1628 Rn. 9; *Seidel,* Zivilrechtliche Mittel gegen Schwangerschaftsabbrüche S. 57ff.

475 *Huber,* in: MüKo § 1628 Rn. 9; *Seidel,* Zivilrechtliche Mittel gegen Schwangerschaftsabbrüche S. 57ff., *Bienwald,* FamRZ 1985, 1096, 1098ff.

476 *Seidel,* Zivilrechtliche Mittel gegen Schwangerschaftsabbrüche S. 57, ähnlich *Fink,* in: Heilmann Praxiskommentar Kindschaftsrecht § 1628 Rn. 7.

477 *Coester-Waltjen,* NJW 1985, 2175, 2176; *Huber,* in: MüKo § 1628 Rn. 9; *Seidel,* Zivilrechtliche Mittel gegen Schwangerschaftsabbrüche S. 57ff.

478 *Dietlein/Hannemann,* Zfl 2015, 44, 48f.

auf den Vater nach § 1628 BGB damit nicht möglich. Nichts anderes gilt bei Zweifeln über das Vorliegen einer Indikationslage.

Freilich soll auch nach der Entscheidung des AG Köln dem Vater nicht die Kompetenz übertragen werden, über die Vornahme des Schwangerschaftsabbruchs zu entscheiden.Er soll lediglich die Befugnis erhalten, Rechtsschutz gegen den geplanten Abbruch zu ergreifen.[479] Daraus auf eine Anwendbarkeit des § 1628 BGB zu schließen, dehnt den Zweck der Norm jedoch in unzulässiger Weise aus. Zu erwägen bliebe, ob als Anknüpfungspunkt nicht die Frage über die Zulässigkeit eines Schwangerschaftsabbruchs, sondern die Befugnis über die Geltendmachung eines Unterlassungsanspruchs zu entscheiden, dienen könnte. Dem Vater wäre damit indirekt eine Schutzmöglichkeit eingeräumt, ohne dass die Frage zu beantworten wäre, ob ihm eine Dispositionsbefugnis bezüglich des Lebens an sich zustehe. Abgesehen davon, dass es sich hier um eine Umgehung handelt, ist wohl auch diese Überlegung nicht zielführend. Der Übertragung der Entscheidungsbefugnis auf den Vater steht, neben den bereits erörterten Bedenken, entgegen, dass der staatliche Schutzauftrag gegenüber dem ungeborenen Kind damit alleine nicht sichergestellt ist.[480] Auch wenn dies zu vermuten ist, kann nicht mit Sicherheit davon ausgegangen werden, dass der Vater seine Alleinvertretungsmacht zum Schutz des ungeborenen Kindes tatsächlich nutzt. Die Bedeutsamkeit des Rechtsguts Leben macht jedoch ein effektives und schnelles Verfahren erforderlich, was nur durch ein sofortiges, von Amts wegen einzuleitendes Verfahren durch das Familiengericht möglich ist.

Auch vor schädigenden Verhaltensweisen kann durch § 1628 BGB kein Schutz erreicht werden. Dieses Ergebnis scheint nicht überraschend, da der Vater über § 1628 BGB schon keinen Einfluss auf geplante Schwangerschaftsabbrüche als schwerste Form der Schädigung nehmen kann. Eine Begründung konnte in der Literatur dennoch nicht gefunden werden.

Ausschlaggebend sind erneut die Grundrechte der schwangeren Frau. Betroffen ist nicht alleine eine Entscheidung über die elterliche Sorge, sondern auch über die Lebensführung der Mutter. Der werdende Vater, dem die Entscheidung über ein bestimmtes schädigendes Verhalten übertragen würde, könnte erheblichen Einfluss auf die Selbstbestimmung und die Lebensführung der Mutter nehmen. Ferner ist dieses Ergebnis auch in Hinblick auf die Wertung des § 1666 BGB nicht tragbar. Familiengerichtliche Maßnahmen nach § 1666 BGB wurden im Ergebnis wegen der entgegenstehenden Grundrechte der Mutter weitestgehend abgelehnt. Damit ist aber nicht gesagt, dass der Vater geplanten strafbaren Schwangerschaftsabbrüchen machtlos gegenübersteht. Ihm steht die Möglich-

479 *Linke*, Einflußmöglichkeiten des werdenden Vaters S. 142.
480 *Raschen*, Zivilrechtliche Verhaltens- oder Schutzpflichten S. 112.

keit offen, staatliche Hilfe hinzu zu rufen und das Familiengericht zum Tätig werden zu animieren.

b) Entzug des Sorgerechts der Mutter

Der Vater könnte auch dann alleine vertretungsbefugt sein, wenn der Mutter das Sorgerecht entzogen würde. Bei gemeinsam sorgeberechtigten Eltern hätte der Vater nunmehr das alleinige Sorgerecht. War zuvor die Mutter alleinsorgeberechtigt, wird für das Kind ein Pfleger nach § 1912 Abs. 1 BGB bestellt. Als solcher kommt auch der nichtsorgeberechtigte Vater in Betracht.[481]

Dass der Pfleger einen quasi-negatorischen Unterlassungsanspruch gegen die Mutter geltend machen kann, ist oftmals zu lesen.[482] Die Ausführungen in der Literatur beschränken sich weit überwiegend auf die Pflegerbestellung zur Verhinderung von Schwangerschaftsabbrüchen. Sehr weitgehend fordert Wiebe die Pflegerbestellung auch für legale Schwangerschaftsabbrüche.[483] Zumindest dieser Forderung ist aus den oben genannten Gründen, insbesondere zum Schutz des Beratungskonzeptes und der Einheitlichkeit der Rechtsordnung, zu widersprechen. Auch darüber hinaus ist eine Pflegerbestellung zur Durchsetzung eines quasi-negatorischen Unterlassungsanspruchs gegen die Mutter unzulässig, auch wenn es seltsam anmuten mag, dass über § 1912 BGB vermögensrechtliche Interessen des Kindes, nicht aber dessen Leben, beziehungsweise dessen Gesundheit geschützt werden können. Der Pfleger ist im Rahmen des ihm übertragenen Wirkungskreises gesetzlicher Vertreter des ungeborenen Kindes und vertritt[484] das ungeborene Kind gerichtlich und außergerichtlich.[485] § 1912 BGB soll die Teilrechtsfähigkeit der Leibesfrucht durch Wahrnehmung der von der elterlichen Sorge nicht erfassten Rechte verwirklichen.[486] Die Befugnisse können nicht weitergehen, als die Ansprüche des Kindes bei (Unterstellung) voller Rechtsfähigkeit. Das geborene Kind kann die allgemein zivilrechtlichen Unterlassungsansprüche wegen der Spezialität familiengerichtlicher Maßnahmen gegen die Mutter nicht geltend machen. Selbiges muss gelten, wenn das ungeborene Kind bereits unbedingt vollrechtsfähig wäre und eigene Unterlassungsansprüche gegen die Mutter geltend machen wollte. Damit kann auch der Pfleger derartige

481 *Roth-Stielow*, NJW 1985, 2746, 2747.
482 *Schöpflin*, in: BeckOGK § 1912 Rn. 11.
483 Wiebe, ZfL 2000, 12, 15.
484 Mangels eigener Rechtspersönlichkeit handelt es sich nach Bienwald nicht um eine unmittelbare Vertretung, *Bienwald*, in: Staudinger § 1912 Rn. 5.
485 *Bienwald*, in: Staudinger § 1912 Rn. 19; *Schwab*, in: MüKo § 1912 Rn. 15; *Zimmermann*, in: Soergel § 1912 Rn. 9.
486 *Götz*, in: Palandt § 1912 Rn. 1.

Ansprüche nicht geltend machen. Anderenfalls könnte die gesetzgeberische Wertung des § 1666 BGB unterlaufen werden und das geborene Kind würde schlechter gestellt, als das ungeborene. Beabsichtigte Schwangerschaftsabbrüche oder den nasciturus schädigende Verhaltensweisen können zwar sorgerechtswidrig sein, Schutzmaßnahmen können in derartigen Fällen jedoch nur durch das Familiengericht getroffen werden. Auch für das geborene Kind bestehen bei faktisch sorgerechtswidrigen Handlungen keine Möglichkeiten, die Prozessgerichte in Anspruch zu nehmen.[487] Der gerichtliche Schutz des Kindes gegen die Eltern wird allein durch die von Amts wegen betriebenen Verfahren der Familiengerichte ermöglicht. Allgemein zivilrechtlicher Rechtsschutz findet im Verhältnis zu den Eltern nicht statt. Ein Kind kann weder die pflichtgemäße Ausübung der elterlichen Sorge noch das Unterlassen eines sorgerechtswidrigen Verhaltens verlangen.[488] Da die allgemeinen zivilrechtlichen Instrumente der Komplexität familiärer Beziehungen und den Besonderheiten innerfamiliärer Rechtsstreitigkeiten nicht gerecht werden, obliegt der primäre Rechtsschutz, flankiert von sozial- und strafrechtlichen Schutzansätzen, ausschließlich den Familiengerichten,[489] welche damit das staatliche Wächteramt aus Art. 6 Abs. 2 S. 2 GG ausüben.[490] Etwas anderes ergibt sich auch nicht aus dem Wortlaut des § 1631 BGB, in welchem von dem »Recht« des Kindes die Rede ist. Die Ausgestaltung als subjektives Recht, ist zwar ein Indiz für die Zulässigkeit von Unterlassungsansprüchen; Systematik, Teleologie und Historie der Norm entspricht jedoch ein Zurücktreten allgemein zivilrechtlicher Ansprüche hinter den spezielleren Regelungen des Familienrechts. Ein dahingehender Wille des Gesetzgebers wurde ausdrücklich in der Gesetzesbegründung geäußert.[491] Ferner ist der § 1666 BGB zugrunde liegende Gedanke, dass Eingriffe in die elterliche Erziehungsautonomie erst bei Überschreiten einer gewissen Eingriffsschwelle (Kindeswohlgefährdung) zulässig sind, zu berücksichtigen. Unterhalb dieser Schwelle liegende Eingriffe sind von dem Kind hinzunehmen. Diese Wertung darf nicht auf dem allgemeinen Zivilrechtsweg umgangen werden.[492] Dementsprechend

487 *Coester-Waltjen*, NJW 1985, 2175, 2176; *Gernhuber/Coester-Waltjen*, FamR § 57 IX Rn. 101; *Linke*, Einflußmöglichkeiten des werdenden Vaters S. 142; *Seidel*, Zivilrechtliche Mittel gegen Schwangerschaftsabbrüche S. 61.

488 *Kerscher*, in: BeckOGK § 1631 Rn. 100; *Veit*, in: BeckOK § 1631 Rn. 24; *Döll*, in: Erman § 1631 Rn. 8; *Fink*, in: Heilmann Praxiskommentar Kindschaftsrecht § 1631 Rn. 24; *Hamdan*, in: jurisPK § 1631 Rn. 29; *Huber/Scherer*, FamRZ 2001, 797, 800; *Seidel*, Zivilrechtliche Mittel gegen Schwangerschaftsabbrüche S. 61; *Will*, FPR 2004, 233, 233; a. A.: *Preisner*, in: Soergel § 1631 Rn. 44.

489 *Coester-Waltjen*, NJW 1985, 2175, 2176; *Gernhuber/Coester-Waltjen*, FamR § 57 IX Rn. 101; *Raschen*, Zivilrechtliche Verhaltens- oder Schutzpflichten S. 115; *Coester*, in: Staudinger § 1666 Rn. 11.

490 *Büte, in:* Johannsen/Henrich FamR § 1666 Rn. 1; *Olzen*, in: MüKo § 1666 Rn. 1.

491 BT-Drs. 14/1247 S. 5.

492 *Huber*, in MüKo § 1631 Rn. 32.

kommt keine Wahrung der Kindesinteressen durch einen Elternteil gegen den anderen Elternteil wegen dessen faktischer Verletzung der elterlichen Sorge in Betracht. Allgemein zivilrechtlicher Schutz kommt dem Kind lediglich als sekundärer Rechtsschutz in Form von Schadensersatzansprüchen wegen der Verletzung elterlicher Pflichten zu.[493]

Wer die allgemein zivilrechtlichen Unterlassungsansprüche dennoch für anwendbar hält, wird mit der Vorläufigkeit des § 1912 BGB und der Wertung des § 1 BGB konfrontiert. Diese Problematik gilt jedenfalls für mögliche Ansprüche gegen den Arzt, da hier nicht von einem Vorrang familiengerichtlicher Maßnahmen auszugehen ist. Ein Pfleger kann nur zur »Wahrung künftiger Rechte« des Kindes bestellt werden. Bei Unterlassungsverfügungen würde eine endgültige Entscheidung getroffen, was mit § 1 BGB nicht in Einklang zu bringen ist. Keinen diesbezüglichen Bedenken dürfte begegnen, wer von einer unbedingten oder auflösend bedingten Rechtsfähigkeit des ungeborenen Menschen ausgeht.

2. Ansprüche aus eigenem Recht des Vaters

Der Vollständigkeit halber zu erwähnen ist, dass in der Literatur erwogen wird, Unterlassungsansprüche auf eigene Rechte des Vaters zu stützen. Umstritten ist jedoch, ob dem Vater eine solche Möglichkeit zusteht und worauf sie zu stützen ist.

Genannt werden insbesondere die Pflicht zur ehelichen Lebensgemeinschaft aus § 1353 BGB oder Unterlassungsansprüche aus § 823 Abs. 1 oder Abs. 2 BGB in Verbindung mit § 1004 BGB analog, wobei als Rechtsgut das durch Art. 6 Abs. 1, 2 GG geschützte Interesse des Vaters an seiner Nachkommenschaft sowie Erziehung und Gesellschaft des Kindes,[494] das allgemeine Persönlichkeitsrecht des Vaters oder die elterliche Sorge in Betracht gezogen werden.

Bei Schwangerschaftsabbrüchen im Anwendungsbereich des § 218a StGB kommt ein Vorgehen gegen die Mutter von vorneherein nicht in Betracht, da ihr hier die Alleinentscheidungsbefugnis zugesprochen werden muss. Auch bei nicht indizierten Schwangerschaftsabbrüchen ist ein Vorgehen nach dem allgemeinen Zivilrecht unzulässig. Hier sind die familienrechtlichen Vorschriften spezieller und die Wertung, dass die Feststellung der Unzulässigkeit eines Schwangerschaftsabbruchs allein dem Familiengericht obliegt, zu beachten. Ein Vorgehen im Rahmen des § 1353 BGB erscheint möglich.[495] Bei einem illegalen Schwan-

493 *Gernhuber/Coester-Waltjen*, FamR § 57 IX Rn. 101.

494 *Coester-Waltjen*, NJW 1985, 2175, 2176.

495 Zur Begründung vgl. *Seidel*, Zivilrechtliche Mittel gegen Schwangerschaftsabbrüche S. 70f., S. 105f.; so wohl auch: *Voppel*, in: Staudinger § 1353 Rn. 39; .a.A.: *Bernard*, Der Schwan-

gerschaftsabbruch handelt es sich wohl um ein ehepflichtwidriges Verhalten.[496] Die Untersagung stellt keinen Eingriff in den Intimbereich der Betroffenen dar. Jedoch scheint ein Vorrang des Familiengerichts auch hier vorzugswürdig.

Gegenüber Dritten kommt ein Unterlassungsanspruch aus § 823 BGB in Verbindung mit § 1004 BGB in Betracht. Anerkannt ist, dass die elterliche Sorge ein sonstiges Recht im Rahmen des § 823 BGB ist.[497] § 823 Abs. 1 BGB verlangt jedoch einen Eingriff in den absoluten Schutzgehalt des Sorgerechts, an dem es unter anderem fehlt, wenn ein Dritter das Kind an Körper und Gesundheit verletzt.[498] Hier wird die elterliche Sorge nur mittelbar beeinträchtigt.

Der Schutz der Familie oder das Elternrecht nach Art. 6 GG sind bisher weder als sonstiges Recht im Sinne des § 823 Abs. 1 BGB noch als Schutzgesetz im Rahmen des § 823 Abs. 2 BGB anerkannt. Auch das allgemeine Persönlichkeitsrecht (Art. 2 Abs. 1 in Verbindung mit Art. 1 Abs. 1 GG) kann ein eigenes Recht des Vaters nicht begründen. Auch wenn es sich hierbei um ein sonstiges Recht im Sinne des § 823 Abs. 1 BGB handeln und inhaltlich die Entscheidung über die Fortpflanzung beinhalten sollte, gewährt es wohl kein Recht auf das bestimmte Kind.[499]

3. Nothilfe und Notstand

Begeht der Vater eine Straftat zum Schutz des ungeborenen Kindes, kann diese durch Nothilfe (§ 32 StGB) oder Notstand (§ 34 StGB) gerechtfertigt sein. Die nicht strafbare Verletzung von Körper und Gesundheit des ungeborenen Kindes kann, mangels eines rechtswidrigen Angriffs, von vorneherein keine Nothilfelage begründen. Interessant ist die Frage, ob sich damit eine Notstandslage nach § 34 StGB begründen ließe, da eine solche keine rechtswidrige Gefahr voraussetzt. Punktuelle Recherchen zu diesem Thema ergaben, dass dieser Frage in der strafrechtlichen Diskussion keine Beachtung geschenkt wird. Problematisch wäre jedenfalls die erforderliche Interessenabwägung, die sich an den oben genannten Grundsätzen orientieren müsste.

---

gerschaftsabbruch aus zivilrechtlicher Sicht unter besonderer Berücksichtigung der Rechtsstellung des nasciturus S. 70ff.

496 *Hahn*, in: BeckOK § 1353 Rn. 15.

497 Vgl. zum Beispiel: *Spindler*, in: BeckOGK § 823 Rn. 181, BGH, NJW 1990, 2060, 2061; *Wagner*, in: MüKo § 823 Rn. 302; *Medicus/Lorenz*, SR II BT § 76 Rn. 11; *Spickhoff*, in: Soergel § 823 Rn. 108; *Hager*, in: Staudinger § 823 Rn. B 183.

498 *Wagner*, in: MüKo § 823 Rn. 302, *Linke*, Einflußmöglichkeiten des werdenden Vaters S. 43; zur mittelbaren Verletzung der Rechte des Vaters durch Verletzung des Kindes vgl. auch *Dietlein/Hannemann*, ZfL 2015, 44, 46.

499 *Bernard*, Der Schwangerschaftsabbruch aus zivilrechtlicher Sicht unter besonderer Berücksichtigung der Rechtsstellung des nasciturus S. 74.

Ausführliche Äußerungen finden sich hingegen in Bezug auf Nothilfe oder Notstand zur Verhinderung von Schwangerschaftsabbrüchen. Da der unerlaubte Schwangerschaftsabbruch auch für die Schwangere selbst strafbar ist, wird man grundsätzlich von der Zulässigkeit von Nothilfemaßnahmen ausgehen können.[500] Hier kann sogar eine Pflicht des Vaters als Garant erwogen werden.[501] Unabhängig von der streitigen Einordnung der Indikationstatbestände, ist Nothilfe zugunsten des ungeborenen Lebens bei legalen Schwangerschaftsabbrüchen nach Auffassung des BVerfG nicht zulässig.[502] Die Wertung des Gesetzgebers, den Schutz des ungeborenen Lebens ausschließlich durch ein Beratungskonzept zu verfolgen, bedeutet im entsprechenden Rahmen zugleich den Ausschluss jeglicher Zwangsmaßnahmen gegenüber der Schwangeren.[503] Stets zu beachten ist der Vorrang staatlichen Schutzes gegenüber privater Nothilfe.[504]

500 *Erb*, in: MüKo-StGB § 34 Rn. 86.
501 *Dietlein/Hannemann*, ZfL 2015, 44, 46.
502 BVerfG, NJW 1993, 1751, 1760.
503 *Erb*, in: MüKo-StGB § 34 Rn. 86.
504 Der Umfang des Vorrangs ist umstritten. Vgl. zur Darstellung des Streitstandes mit weiteren Nachweisen: *Erb*, in: MüKo-StGB § 32 Rn. 141; Ausreichend ist wohl, dass staatliche Hilfe präsent ist oder ohne Gefahr einer Gütereinbuße hinzugezogen werden könnte, so statt vieler: *Kühl*, in: Lackner/Kühl § 32 Rn. 11a; *Perron/Eisele*, in: Schönke/Schröder § 32 Rn. 41 m.w.N.; a. A.: *Pelz*, NStZ 1995, 305ff.

6. Kapitel: Zwischenergebnis zum präventiven Rechtsschutz

Nach Untersuchung derjenigen Instrumente, die das BGB zum präventiven Schutz vor Verletzungen an Leben und Gesundheit bereithält, kann bereits ein Zwischenfazit gezogen werden:

Dem ungeborenen Kind wird in allen Rechtsgebieten Aufmerksamkeit geschenkt. Gerade in der verfassungsrechtlichen Literatur und Rechtsprechung wird sein Schutz nachdrücklich gefordert und wiederholt betont, dass das ungeborene Leben gegenüber dem geborenen nicht von geringerer Bedeutung ist. Auch das BGB beachtet den ungeborenen Menschen an verschiedenen Stellen und lässt ihm trotz grundsätzlich fehlender Rechtsfähigkeit vor der Geburt nicht rechtlos.

Der Schutz von Leben und Gesundheit des ungeborenen Kindes obliegt auch vorgeburtlich einer Überwachung durch die Familiengerichte, die zu seinem Schutz einschreiten dürfen. Sofern sich der Schutz jedoch gegen die werdende Mutter richten soll, sind den Familiengerichten weitestgehend die Hände gebunden. Zwischen ungeborem Kind und werdender Mutter besteht eine untrennbare körperliche Verbindung, die eine getrennte Beurteilung der zum Schutz vor drohenden Gefahren gebotene Maßnahmen und der Eingriffsintensität in die Lebensführung der Schwangeren nicht möglich macht. Da der Schutz des Kindes immer einen Eingriff in die persönlichen Grundrechte der Mutter bedeutet, setzen diese dem Familiengericht enge Grenzen bei der Frage, ob und welche Maßnahmen zum Schutz des ungeborenen Kindes ergriffen werden sollen. Zum einen fließen die Grundrechte schon auf Tatbestandsebene ein und zwar bei der Überlegung, welcher Grad an Wahrscheinlichkeit hinsichtlich der drohenden Gefahr angenommen werden muss. Je weniger Sicherheit über die Schädigungseignung besteht, desto bedeutsamer und schutzwürdiger ist ihr Interesse daran, die betreffende Handlung vornehmen zu dürfen. Angesichts der Vielzahl an möglicherweise aber nicht erwiesenermaßen schädlichen Handlungen würde eine Befugnis des Familiengerichts all jede zu untersagen, einen unvertretbaren Eingriff in die Grundrechte schwangerer Frauen bedeuten. Zum anderen kommt den Grundrechten auch auf Rechtsfolgenseite Bedeutung zu. Da bei Zwangsmaßnahmen gegen die schwangere Frau zum Schutz des ungeborenen Kindes nie der Eingriff in die elterliche Sorge im Vordergrund stehen kann, sind die Handlungsoptionen des Familiengerichts im Ergebnis auf Anordnungen ohne Zwangswirkung (wie Hilfs- oder Beratungsangebote) beschränkt. Eine Ausnahme wird in der Literatur für die Verhinderung illegaler Schwangerschaftsabbrüche anerkannt.

Das ungeborene Kind selber kann gegen die werdende Mutter nicht mit zivilrechtlichen Mitteln vorgehen. Zum einen ist es noch nicht rechtsfähig, zum anderen stehen ihm im Verhältnis zur Mutter ohnehin keine allgemein zivilrechtlichen Unterlassungsansprüche zu.

Ebensowenig hat der werdende Vater die Möglichkeit, Verletzungen des Kindes durch die Mutter mit zivilrechtlichen Mitteln zu verhindern, da er im Verhältnis zur Mutter in derartigen Angelegenheiten nicht vertretungsbefugt sein kann. Zudem dürfen seine Handlungsberechtigungen auch nicht weiter gehen, als die des Kindes, dessen Interessen er vertritt.

Ob dem ungeborenen Kind zumindest deliktischer Schutz bei Verletzungen durch seine Mutter zugesprochen werden kann, ist in der Literatur ebenfalls nicht geklärt und soll in den folgenden Kapiteln erörtert werden.

7. Kapitel: Amerikanische Rechtsprechung zu Schadensersatzansprüchen gegen die Mutter wegen pränataler Verletzung als Argumentationsgrundlage

Auch wenn das Deliktsrecht das ungeborene Kind nicht in dem Maße schützen kann, wie es vorgeburtlich wirkende gerichtliche Maßnahmen oder Unterlassungsansprüche könnten, ist das Deliktsrecht im Ergebnis wohl das effektivste Instrumentarium zum Schutz ungeborener Kinder. Hierdurch können finanzielle Einbußen wiedergutgemacht werden. In diesem Zusammenhang ist auch die präventive Wirkung der Schadensersatzansprüche von Bedeutung.

In welchem Umfang Kinder tatsächlich Ersatz für durch die Mutter pränatal verursachte Verletzungen verlangen können, ist in der Literatur stark umstritten. Der Diskurs ist von zahlreichen Schwierigkeiten geprägt, die ihre Ursache in der besonderen Mutter-Kind Beziehung haben. Zur Annäherung an diese Frage soll zunächst die Rechtslage in den USA beleuchtet werden. Anders als in Deutschland beschäftigt die Frage, ob Kinder Ansprüche gegen ihre Mutter wegen pränataler Verletzungen haben, dort nicht nur die Literatur, sondern auch die Rechtsprechung. Es können hierdurch neben Argumenten für oder gegen eine Haftung der Mutter auch Schwierigkeiten erkannt und mögliche Lösungswege aufgezeigt werden.

Ob ein Kind Ersatzansprüche wegen vorgeburtlicher Verletzungen gegen seine Mutter als Schädigerin geltend machen kann, hängt von drei aufeinander aufbauenden Fragen ab: Erstens müssen einem Menschen überhaupt Ansprüche wegen pränataler Verletzungen zustehen. Zweitens dürfen Ansprüche im innerfamilären Bereich nicht ausgeschlossen sein. Drittens dürfen im Verhältnis der Frau zu ihrem ungeborenen Kind keine den Anspruch ausschließenden Besonderheiten gelten.

Die amerikanische Rechtsprechung ist insbesondere in Hinblick auf einen etwaigen Haftungsausschluss im innerfamiliären Verhältnis wegen der zahlreichen bundesstaatlichen Besonderheiten in der Zivilrechtsordnung sehr vielschichtig und umfangreich und kann daher nur überblicksartig betrachtet werden. Ausführlicher eingegangen werden soll auf sechs Entscheidungen, die zur Haftung der Mutter wegen vorgeburtlicher Verletzung ihres Kindes ergangen sind.

1. Ansprüche wegen pränataler Verletzungen

Ansprüche wegen pränataler Verletzungen waren – wie auch in Deutschland – von der amerikanischen Rechtsprechung nicht von vorneherein anerkannt. Da es sich bei dem Fötus um einen Teil der Mutter und nicht um eine eigene, unabhängige Person handele, versagte Dietrich v. Inhabitants of Northampton in Jahr 1884 Schadensersatzansprüche wegen pränatal erlittener Schäden.[505] Dieser Entscheidung folgten die Gerichte mit wenigen Ausnahmen[506] bis etwa in die 1950er Jahre.[507] In der Folgezeit wurden Ausgleichsansprüche wegen vorgeburtlicher Verletzungen eines Kindes zumindest bei späterer Lebendgeburt gewährt.[508] Als Vorreiter distanzierte sich bereits im Jahr 1900 Richter Boggs in einem abweichenden Votum[509] von Dietrich v. Inhabitants of Northhampton und wies darauf hin, dass ein lebensfähiger Fetus eine eigene Rechtspersönlichkeit habe und damit auch der ihm zugefügte Schaden zu ersetzen sei. Die Differenzierung anhand der Lebensfähigkeit[510] des Fetus konnte sich aber, insbesondere wohl aus Nachweisschwierigkeiten, auf Dauer nicht durchsetzen. In einer Vielzahl von Bundesstaaten können Kinder heute unabhängig von ihrer Lebensfähigkeit im Zeitpunkt der Schädigung Ansprüche gegen ihren Schädiger geltend machen.[511]

2. Ansprüche des Kindes gegen seine Eltern

a) Haftungsbeschränkung (Parent-Child-Immunity-Doctrine)

Ob Kinder Ansprüche gegen ihre Eltern erheben können, wird in den USA unter dem Stichwort »Parent-Child-Immunity« diskutiert.

Als Geburtsstunde der »Parent-Child-Immunity-Doctrine« kann das Jahr 1891 angesehen werden. Der Supreme Court des Staates Mississippi entschied in diesem Jahr in der Rechtssache Hewellette v George,[512] dass einem von seinen

505 Dietrich v. Inhabitants of Northampton, 138 Mass. 14.

506 Vgl. zum Beispiel: Cooper v. Blanck, 39 So. 2d 352.

507 Vgl. zum Beispiel: Newman v. City of Detroit, 281 Mich. 60, 274 N.W. 710.

508 Vgl. zum Beispiel: Tucker v. Howard L. Carmichael & Sons Inc., 65 S.E.2d 909; Woods v. Lancet, 303 N.Y. 349, 357.

509 Allaire v. St. Luke's Hospital 184 Ill. App. 359, 56 N.E. 638.

510 Vgl. zum Beispiel: Bonbrest v. Kotz, 65 F.Supp.138 (D.D.C.).

511 Vgl. Zum Beispiel: Wolfe v. Isbell, 291 Ala. 327; Group Health Assocs. v. Blumenthal, 453 A.2d 1198.

512 Hewellette v. George, 68 Miss. 703, 9 So. 885.

Eltern abhängigen Kind[513] kein Anspruch auf Schadensersatz gegen seine Mutter wegen unrechtmäßiger Unterbringung in einer Nervenheilanstalt zusteht.

Mit einer knappen Begründung gewährte das Gericht der Mutter zivilrechtliche Immunität vor deliktischen Schadensersatzansprüchen,[514] um den Frieden und die Einheit der Familie und Gesellschaft zu bewahren, was den Richtern gegenüber dem Recht des Kindes, Schadensersatz verlangen zu können, vorrangig erschien.[515] Mit den Mitteln des Strafrechts schütze der Staat die Kinder bereits ausreichend vor Gewaltanwendungen der Eltern.[516]

Wenig später schlossen sich zunächst der Tennessee Supreme Court in McKelvey v McKelvey[517] im Jahre 1903 sowie 1905 der Supreme Court of Washington in der Entscheidung Roller v Roller[518] der »Doctrine of Parental Immunity« an. Diese drei, als »great trilogy« bekannten Entscheidungen, bilden das Fundament der Parent-Child-Immunity. Dabei gehen McKelvey und Roller in ihrer Einschränkung der innerfamiliären Haftung noch weiter als Hewellette. McKelvey schließt Ansprüche wegen schwerer körperlicher Misshandlungen durch Vater und Stiefmutter aus. Die Roller-Entscheidung versagt einen Schadensersatzanspruch eines minderjährigen Mädchens wegen einer Vergewaltigung durch den Vater. Als Begründung diente, neben dem Frieden und der Einheit der Familie, auch die potentielle Möglichkeit, dass die Eltern als Schädiger im Falle des Vorversterbens des Kindes, die als Schadensersatz gezahlte Summe zurückerhalten würden, was mit dem Grundsatz, dass sich der Schädiger nicht am Schadensersatz bereichern soll, nicht in Einklang zu bringen wäre. Das Gericht führt weiter an, dass Schadensersatzzahlungen an ein Kind das Vermögen der Eltern zum Nachteil etwaiger Geschwister verringern.

Bis heute wird die Parent-Child-Immunity vor allem auf den Schutz von Familienfrieden und -integrität gestützt. Diese Begründung steht unter der meines Erachtens nach zweifelhaften Prämisse, dass die Möglichkeit von Schadensersatzklagen den Familienfrieden mehr stört, als die Untersagung der gerichtlichen Durchsetzung deliktischer Ansprüche im innerfamiliären Bereich. Darüber hinaus soll die Parent-Child-Immunity-Doctrine kollusives Verhalten zwischen den Familienmitgliedern sowie Meineide und Betrügereien verhindern und dafür sorgen, dass die elterliche Entscheidungsgewalt nicht unterlaufen wird.[519]

513 Für die Frage, ob Kinder deliktische SEA gegen ihre Eltern geltend machen können, wird nach Hewellette v. George darauf abgestellt, ob sie bereits selbständig von ihren Eltern sind. Einem Minderjähriger, der sich völlig von seinen Eltern (etwa durch Heirat) abgenabelt hat, wird die Möglichkeit der Schadensersatzklage nicht von vorneherein versagt.

514 Ansprüche aus Vertrag sind von der PCI nicht umfasst

515 Hewellette v. George, 68 Miss. 703, 9 So. 885, 887.

516 Hewellette v. George, 68 Miss. 703, 9 So. 885, 887.

517 McKelvey v McKelvey, 111 Tenn. 388, 77 S.W. 664.

518 Roller v. Roller, 37 Wash. 242, 79 P. 788.

519 Brile v. Estate of Brile,748 N.E.2d 828.

Bestimmte Bereiche, insbesondere die der elterlichen Disziplin, Sorge und Kontrolle über das Kind, sollen frei von richterlicher Kontrolle bleiben.[520] Eltern sollen frei darüber entscheiden dürfen, wie die körperliche, moralische, emotionale und intellektuelle Entwicklung ihrer Kinder am besten verwirklicht werden kann.[521]

b) Die Entwicklung der Parent-Child-Immunity-Doctrine

Die Doktrin der Eltern-Kind-Immunität war in dieser strengen Form nicht von langer Dauer. Es wurden Ausnahmen für spezielle Fälle angenommen. Einer ersten Ausnahme nach[522] galt die Immunität nicht für ein während der Sommermonate im Betrieb seines Vaters beschäftigtes Kind, welches infolge eines Arbeitsunfalls einen Schaden erlitt. Aus den Umständen (zum Beispiel gewöhnlicher Lohn der anderen Angestellten, Versicherung) unter denen das Tätigwerden des Sohnes im Betrieb des Vaters beschlossen wurde, schloss das Gericht darauf, dass der Vater als Arbeitgeber und nicht als Vater haften und somit auf den Haftungsausschluss verzichten wolle. Des Weiteren beinhalte eine Klage gegen den Vater als Arbeitgeber nicht das Risiko, die familiären Beziehungen zu belasten.

Ausnahmen von der Doktrin wurden weiterhin gemacht, wenn die schädigende Handlung als grob fahrlässig (»wilful«),[523] böswillig (»malicious«) oder vorsätzlich (»intentional«) angesehen werden konnte.[524] Eltern hätten zwar einen weiten Entscheidungsspielraum bei der Ausübung ihrer elterlichen Aufgaben, dies berechtige sie aber nicht zu vorsätzlichen Schädigungen ihrer Kinder jenseits der Grenzen der üblichen elterlichen Disziplinierung.[525] Das rechtspolitische Konfliktpotential, welches ein derartiger Umschwung in der Handhabung der Parent-Child-Immunity mit sich brachte, macht folgende Passage aus Emery v. Emery deutlich: »While it may seem repugnant to allow a minor to sue his parent, we think it more repugnant to leave a minor child without redress for the damage he has suffered by reason of his parent's wilful or malicious misconduct«.

520 Foldi v. Jeffries, 93 N.J. 533.

521 Foldi v. Jeffries, 93 N.J. 533.

522 Dunlap v. Dunlap, 84 N.H. 352.

523 »Wilful and wanton misconduct« ist ein Verschuldenmaßstab, der zwischen der einfachen Fahrlässigkeit und der vorsätzlichen Verletzung einzuordnen ist (Jenkins v. Snohomish County Public Utility, 713 P.2d 79).

524 Vgl. zum Beispiel: Wright v. Wright, 85 Ga. App. 721 [wilful misconduct]; Siembab v. Siembab, 202 Misc. 1053, 1056 [112 N.Y.S.2d 82] [wilful misconduct]; Meyer v. Ritterbush, 196 Misc. 551, 554 [92 N.Y.S.2d 595] [wilful misconduct]; Mahnke v. Moore, 77 A.2d 923 [cruel inhuman treatment or malicious and wanton wrongs].

525 Emery v. Emery, 45 Cal.2d 421.

Nachdem die Doktrin bereits für vorsätzliches, grob fahrlässiges und böswilliges Verhalten abgeschafft war und Verletzungen im Bereich des elterlichen Betriebes ganz von ihrem Anwendungsbereich ausgeschlossen wurden, beschränkten die Gerichte die Parent-Child-Immunity-Doctrine auch für Fahrlässigkeitstaten. Deutlich wurde diese Tendenz erstmals in der Rechtssache Goller v. White, in der der Supreme Court of Wisconsin die Parent-Child-Immunity grundsätzlich abschaffte, geschädigten Kindern also die Möglichkeit einräumte, Schadensersatzansprüche gegen ihre fahrlässig handelnden Eltern gerichtlich einzuklagen. Eine Ausnahme sollte jedoch gelten bei der Ausübung elterlicher Gewalt und der Anwendung des gewöhnlichen elterlichen Ermessens in Hinsicht auf die elterliche Sorge. In Goller v White heißt es: »After a careful review of the arguments for and against the parental-immunity rule in negligence cases, we are of the opinion that it ought to be abrogated except in these two situations: (1) Where the alleged negligent act involves an exercise of parental authority over the child; and (2) where the alleged negligent act involves an exercise of ordinary parental discretion with respect to the provision of food, clothing, housing, medical and dental services, and other care. Accordingly, the rule is abolished in personal-injury actions subject to these noted exceptions.«

Dieser Entscheidung haben sich zahlreiche Gerichte angeschlossen[526] und so nach und nach den umfassenden Haftungsausschluss für Klagen der Kinder gegen ihre Eltern abgeschafft. Damit war für viele Bundesstaaten der Grundstein für eine gänzliche oder zumindest partielle Abschaffung der Hewellette-Doktrin gelegt. Zu einer bundesstaatlich einheitlichen Abschaffung kam es jedoch bis heute nicht, so dass die Rechtslage zwischen den einzelnen Staaten stark variiert.

c) Weitere Abschwächung der Parent-Child-Immunity-Doctrine

Der wohl größte Anteil amerikanischer Bundesstaaten hält an der Parent-Child-Immunity-Doctrine fest. In einer nicht unerheblichen Zahl von Staaten gilt ein weitreichender Haftungsausschluss für Schadensersatzansprüche zwischen Kindern und ihren Eltern. Überwiegend wird der Anwendungsbereich der Doktrin jedoch beschränkt. Dies erfolgt durch Ausnahmen von der Doktrin (etwa bei Verkehrsunfällen) oder dadurch, dass die Doktrin nur noch für einige Situationen aufrechterhalten wird (insbesondere die Goller v. White Rechtsprechung). Diese Rechtsprechung wurde noch 2010 durch den Wisconsin Court of Appeal in der Rechtssache Tesar v. Anderson bestätigt.[527]

526 Vgl. zum Beispiel: *Plumley v Klein*, 20 Wis 2d 402; 122 NW2d 193.
527 *Tesar v. Anderson*, 789 N.W.2d 351.

Oftmals besteht, wie auch in Deutschland im Rahmen des § 1664 BGB befürwortet wird, eine Ausnahme für Autounfälle.[528] Erleidet ein Kind bei einem durch seine Eltern verursachten Autounfall Verletzungen, so soll es deliktische Ansprüche gegen seine Eltern geltend machen können.

Grund für diese Ausnahme sind die Automobilversicherungen, welche entweder als zwingende Haftungsvoraussetzung oder als ausschlaggebendes Kriterium für eine solche Ausnahme genannt werden. Auch wenn die Existenz einer Versicherung keine Haftung begründen könne, wo vorher keine Rechtspflicht bestand, sind die Gerichte doch der Auffassung, dass die Existenz von Versicherungen bei der Haftungsfrage elementar zu berücksichtigen sei.[529] Werden bei einem Autounfall mehrere Insassen verletzt, so widerspreche es der Fairness und öffentlichen Ordnung, dass zwar die »fremden« Mitfahrer, nicht aber das Kind des Unfallverursachers, von dessen Versicherung Ersatz ihrer Schäden verlangen können.[530]

Auch dem Argument der Familienharmonie wird im Falle einer bestehenden Versicherung kaum noch Bedeutung zugemessen.[531] Da der Rechtsstreit in Wahrheit zwischen dem Kind und der Versicherung der Eltern bestehe, sei es schwer vorzustellen, wie die innerfamiliäre Harmonie durch eine Klage beeinträchtigt werde.[532] Nicht die Klage wegen einer Verletzung, sondern die Verletzung selbst sei es, die die Familienharmonie zerstöre. Für die Aussöhnung sei es wenig hilfreich, dem Kind jeden Zugang zum Gericht und damit zu einer bestehenden Versicherung der Eltern zu verweigern.[533] Es sei für die Familienharmonie nicht förderlich, wenn das Familienvermögen angegriffen werden müsse,

528 Vgl. aus dem Bereich der Rechtsprechung zum Beispiel: Connecticut, *Squeglia v. Squeglia*, 234 Conn. 259; Delaware, *Williams v. Williams*, Illinois: *AR Ex Rel. MR v. Chicago Bd. of Educ.*, 724 N.E.2d 6; Maryland, *Allstate Insurance Company v. Kim*, 829 A.2d 611, 376 Md. 275, Montana, *Transamerica Insurance Co. v. Royle*, 202 Mont. 173; *Unah v. Martin*, 676 P.2d 1366; Rohde Island: *Silva v. Silva*, 446 A.2d 1013; Texas, *McCullough v. Godwin*, 214 S.W.3d 793; Virginia, *Smith v. Kauffman*, 212 Va. 181, 183, West Virginia, *Lee v. Comer*, S.E.2d 721. Aus dem Bereich der Legislative: Code of Maryland, Courts and Judicial Proceedings, § 5–806 Motor vehicle accidents involving parents and children § 5–806:
Parent-child immunity
(b) The right of action by a parent or the estate of a parent against a child of the parent, or by a child or the estate of a child against a parent of the child, for wrongful death, personal injury, or property damage arising out of the operation of a motor vehicle, as defined in Title 11 of the Transportation Article, may not be restricted by the doctrine of parent-child immunity or by any insurance policy provisions, up to the limits of motor vehicle liability coverage or uninsured motor vehicle coverage.; Oklahoma: N.C.Gen.Stat.1983, § 1–539.21.

529 Vgl. zum Beispiel: *Nocktonick v. Nocktonick*, 227 Kan. 758 , *Unah v. Martin*, 676 P.2d 1366.

530 *Unah v. Martin*, 676 P.2d 1366.

531 *Gelbman v. Gelbman*, 23 N.Y.2d 434; *Nocktonick v. Nocktonick*, 227 Kan. 758.

532 *Gelbman v. Gelbman*, 23 N.Y.2d 434.

533 Nocktonick v. Nocktonick, 227 Kan. 758.

da die Behandlungs- und Folgekosten nicht durch die Versicherung getragen werden.[534]

d) Ablehnung der Parent-Child-Immunity-Doctrine

Während die meisten US-amerikanischen Staaten eine Parent-Child-Immunity zumindest zeitweise anerkannt haben, wurde sie zum Beispiel in den Bundesstaaten Hawaii[535], Nevada[536], Vermont[537], South Dakota und Utah[538] von vorneherein abgelehnt. Die Gerichte dieser Staaten haben die Doktrin insbesondere damit abgelehnt, dass es hierfür weder in den Gesetzen noch in der Rechtsprechung (des jeweiligen Staates) eine Grundlage gäbe.[539] Weiterhin sei der Familienfrieden, der für die Parent-Child-Immunity ins Feld geführt wird, nicht konkret genug, um auf dessen Grundlage Schadensersatzansprüche verweigern zu können.[540] Der Supreme Court of Hawaii argumentiert weiterhin, dass durch ein begangenes Unrecht die Familienharmonie bereits verletzt sei und die Verweigerung von Schadensersatzansprüchen die Harmonie kaum wiederherstellen könne.[541] Da andere Klagen von Kindern gegen ihre Eltern zulässig seien und der Haftungsausschluss zwischen Ehegatten abgeschafft wurde, sei die unterschiedliche Behandlung von Schadensersatzansprüchen von Kindern gegen ihre Eltern nach Auffassung des Supreme Court of Vermont abnorm.[542]

Andere Staaten haben eine Parent-Child-Immunity zwar zunächst anerkannt, durch spätere Entscheidung aber vollständig aufgehoben.[543] Während die meisten Supreme-Court-Entscheidungen, die die Parent-Child-Immunity-Doctrine aufheben, nicht auf die Frage eingehen, ob für Eltern ein besonderer Haftungsmaßstab gelten soll, setzt sich der Supreme Court of California ausführlich mit dieser Frage auseinander. Es sollen keine Bereiche vorbehalten werden, in denen die Eltern von Schadensersatzansprüchen ihrer Kinder vollständig frei sind. Die Eltern haften grundsätzlich nach den allgemeinen Regelungen, ihnen

534 Unah v. Martin, 676 P.2d 1366.
535 Petersen v. City and County of Honolulu, 426 P.2d 1007.
536 Rupert v. Stienne, 528 P.2d 1013.
537 Wood v Wood, 370 A.2d 191.
538 Elkington v. Foust, 618 P.2d 37.
539 Elkington v. Foust, 618 P.2d 37; Rupert v. Stienne, 528 P.2d 1013.
540 Petersen v. City and County of Honolulu, 426 P.2d 1007.
541 Petersen v. City and County of Honolulu, 426 P.2d 1007.
542 Wood v Wood, 370 A.2d 191.
543 So Arizona, Broadbent v. Broadbent, 184 Ariz. 74, 81; Anderson v. Stream, 295 N.W.2d 595; New Mexiko, Guess v. Gulf Insurance Co., 96 N.M. 27; North Dakota, Nuelle v. Wells, 154 N.W.2d 364; Ohio, Kirchner v. Crystal, 474 N.E.2d 275; Pennsylvania, Falco v. Pados, 282 A.2d 351; South Carolina, Elam v. Elam, S.E.2d 109.

wird aber ein gewisser Ermessensspielraum hinsichtlich der Ausübung ihrer elterlichen Aufgaben eingeräumt.[544] Der anzuwendende Maßstab sei der der gewöhnlichen »Reasonableness« unter Berücksichtigung der besonderen Rolle der Eltern. Dass der Maßstab der »reasonableness« indes nicht uneingeschränkt übertragen werden kann, sondern die besondere Rolle der Eltern zu berücksichtigen ist, begründet das Gericht damit, dass Eltern ihren Kindern gegenüber eine gewisse (rechtmäßige) elterliche Gewalt obliege, deren Ausübung Dritten gegenüber unter Umständen eine unerlaubte Handlung darstellen würde. Als Beispiel wird der erzieherische Hausarrest, der nicht notwendig als Freiheitsberaubung anzusehen ist, angeführt. Die (Fahrlässigkeits-)Haftung im Eltern-Kind-Verhältnis könne daher nicht so streng sein wie in Bezug auf Dritte. Anders als in Goller v. White solle den Eltern aber keine »carte blanche« für bestimmte Verhaltensweisen gewährt werden. Die Regelung in Goller v. White führe erstens unweigerlich zu willkürlichen Unterscheidungen, welches Verhalten noch in den Anwendungsbereich der Immunitätsregelungen fällt und welches nicht. Zweitens sei die Vorstellung untragbar, dass die Fahrlässigkeit von Eltern ihren Kindern gegenüber in bestimmten Bereichen, nämlich denen, in denen die Immunität fortgelte, ohne Konsequenzen bleibe. Weiterhin bringt das Gericht den allgemeinen Grundsatz, dass Haftung bei Fahrlässigkeit die Regel, Immunität eine Ausnahme sei, in Stellung.

3. Ansprüche des Kindes gegen seine Mutter wegen pränataler Verletzungen

a) Schadensersatzanspruch nach Grodin v. Grodin[545] (1980)

Aus der Tatsache allein, dass die Gerichte Ersatzansprüche des Kindes gegen seine Eltern wegen vorgeburtlicher Schäden nicht ansprechen, kann nicht ohne weiteres darauf geschlossen werden, dass dem Kind wegen vorgeburtlicher Schädigungen generell keine Ersatzansprüche gegen seine Eltern zustehen. Die Gerichte lehnen derartige Ansprüche weder direkt ab, noch beschränken sie ihre Argumentation ausdrücklich auf Schädigungen des geborenen Kindes. Aus der Nichterwähnung des Ungeborenen muss nicht auf einen Ausschluss seiner Ansprüche geschlossen werden, vielmehr kann das Schweigen auch so verstanden werden, dass ein im Zeitpunkt der Schädigung ungeborenes Kind wie ein bereits geborenes Kind behandelt werden soll. So scheint auch der Michigan Court of Appeal in seiner Entscheidung Grodin v. Grodin die Rechtslage zu interpretieren

544 Gibson v Gibson, 3 Cal.3d 914.
545 Grodin v. Grodin, 301 N.W.2d 869.

und nimmt ohne erhebliche Begründungsmühen die Möglichkeit eines Schadensersatzanspruchs wegen pränataler Verletzungen eines Kindes an.

Der Entscheidung lag folgender Sachverhalt zugrunde: Aufgrund der Versicherung ihres Arztes, nicht schwanger werden zu können, nahm Roberta Grodin über einen längeren Zeitraum ein Medikament namens Tetracyclin ein. Dieses setzte sie erst ab, als ein anderer Arzt sie darüber informierte, im siebten oder achten Monat schwanger zu sein. Als Folge der Medikamenteneinnahme entwickelten sich die Zähne ihres Sohnes Randy bräunlich verfärbt. Der Sohn reichte eine Haftungsklage gegen seine Mutter ein, welche er darauf stützte, dass seine Mutter erstens nicht die geeignete vorgeburtliche Sorgfalt habe walten lassen und sie zweitens den Arzt nicht zur Vornahme eines Schwangerschaftstestes aufgefordert habe.

Der Michigan Court of Appeal verweist in der Entscheidung zunächst auf Womack v. Buchhorn wonach ein jedes Kind einen (Rechts-)Anspruch darauf hat, sein Leben mit einem gesunden Körper und einem gesunden Geist zu beginnen. Wenn ein anderer dieses Recht verletzt und ein hinreichender Zusammenhang zwischen Verletzungshandlung und Schaden des später geborenen Kindes nachgewiesen werden kann, so ist dem Kind der erlittene Schaden zu ersetzen.

Die Entscheidung, ob während der Schwangerschaft weiterhin Medikamente eingenommen werden, sei nach Grodin v. Grodin aber als Ausübung des mütterlichen Ermessens anzusehen und könne daher nach den in Michigan geltenden Grundsätzen nur dann zu Schadensersatzansprüchen des Kindes führen, wenn die Einnahme des Medikamentes nicht mehr als Ausübung des gewöhnlichen (reasonable) elterlichen Ermessens angesehen werden könne.

b) Schadensersatzanspruch nach Bonte v. Bonte (1992)

Für die grundsätzliche Schadensersatzberechtigung eines Kindes gegen seine Mutter wegen pränataler Verletzungen spricht sich auch die Entscheidung Bonte v. Bonte[546] aus.

Die Beklagte Sharon Bonte war im siebten Monat schwanger, als sie beim Überqueren einer Straße durch ein Auto angefahren wurde. In Folge des Unfalls wurde ihre Tochter Stephanie mit einem Gehirnschaden geboren und man diagnostizierte bei ihr eine infantile Celebralparese. Sie leidet an einer dauerhaften Behinderung und wird ihr gesamtes Leben medikamentöse und sonstige Behandlung benötigen. Stephanies Vater, der die Klage im eigenen und im Namen seiner Tochter einreichte, machte geltend, dass die Beklage fahrlässig gehandelt

546 Bonte v. Bonte, 136 N.H. 286.

habe, in dem sie die Straße überquert und nicht den ausgezeichneten Fußgängerüberweg genommen und so die Verletzungen der Tochter verursacht habe.

Zunächst stellt der Supreme Court of New Hampshire fest, dass ein Kind für Schäden, die ihm in der vorgeburtlichen Phase zugefügt wurden, grundsätzlich Schadensersatz verlangen könne. Weiterhin sei es in New Hampshire möglich, seine eigenen Eltern gerichtlich wegen eines von ihnen fahrlässig begangenen Deliktes auf Schadensersatz in Anspruch zu nehmen. Aus diesen beiden Prämissen folge nach Auffassung des Gerichts, dass dem Kind ein Anspruch gegen seine Mutter wegen einer fahrlässig durch sie herbeigeführten vorgeburtlichen Verletzung zusteht.

Auch der Einwand der Beklagten, die Anerkennung einer Haftung stehe der öffentlichen Ordnung entgegen, da hierdurch das Selbstbestimmungsrecht schwangerer Frauen unterlaufen und ihnen ein unbegrenztes haftungsrechtliches Risiko für Ereignisse des täglichen Lebens aufgebürdet würde, erkannte das Gericht nicht an. Von der Schwangeren werde lediglich die Einhaltung einer angemessenen Sorgfalt erwartet, die auch von anderen Personen erwartet werden könne. Ihre Sorgfaltspflichten seien dieselben wie dem geborenen Kind gegenüber.

c) Schadensersatzanspruch nach National Casualty Company v. Northern Trust Bank of Florida[547] (2001)

Auch in Florida kann ein Kind einen Schadensersatzanspruch wegen pränataler Verletzung gegen seine Mutter geltend machen.

Die im siebten Monat schwangere Barbara Goodman war in einen Autounfall verwickelt, der nach Ansicht des Gerichts auf ihr Verschulden zurückzuführen war. Die am darauffolgenden Tag geborene Klägerin erlitt bei dem Unfall Verletzungen. Der District Court of Appeal Florida gewährte der Klägerin Schadensersatzansprüche bis zur Höhe der Automobilversicherung der Beklagten. Wie schon Grodin und Bonte wägt das Gericht keine widerstreitenden Interessen miteinander ab, sondern nennt diese Entscheidung eine logische Erweiterung des existierenden Rechts Floridas. Da ein Kind Ansprüche wegen pränataler Verletzungen gegen den Schädiger gelten machen könne, wenn es später lebend geboren werde und ein Kind generell Schadensersatzansprüche gegen seine Eltern durchsetzen kann, müssen dem Kind pränatale Schäden, die durch Fahrlässigkeit der Mutter herbeigeführt wurden, auch von dieser zu ersetzen sein. Das Gericht ist der Überzeugung, dass keine Interessen der öffentlichen Ordnung der

547 National Casualty Company v. Northern Trust Bank of Florida, 807 So. 2d 86.

Gewährung von Schadensersatz entgegenstehen, wenn der Schaden von einer Automobilversicherung abgedeckt ist.

d) Kein Schadensersatzanspruch nach Stallman v. Youngquist (1988)

Abgelehnt wurde ein Anspruch in Illinois. Lindsay Stallman klagte auf Schadensersatz gegen ihre Mutter wegen pränatal erlittener Verletzungen in Folge eines von ihrer Mutter (mit-)verursachten Autounfalls. Ein solcher Anspruch wurde ihr durch den Supreme Court of Illinois aber versagt. Diese Entscheidung begründete das Gericht wie folgt:

Dass ein Kind Schäden, die ihm als Fötus zugefügt wurde, von seinem Schädiger ersetzt verlangen könne, sei nach dem Recht Illinois anerkannt. Diese Annahme könne, so der Supreme Court jedoch nicht für die Mutter des geschädigten Kindes gelten.

Zwar habe ein Kind das Recht, sein Leben mit gesundem Körper und Geist zu beginnen; könne es diesen Anspruch aber auch gegen seine Mutter durchsetzen, so mache man die Mutter zum Garanten für Körper und Geist des Kindes. Eine Rechtspflicht, die körperliche und geistige Gesundheit eines anderen zu schützen, wurde bisher jedoch nie anerkannt. Jede Handlung, die einen negativen Einfluss auf die Entwicklung des Kindes hätte, wäre ein potentieller Verstoß gegen die Sorgfaltspflichten dem Fötus gegenüber. Mutter und Kind stünden sich dann während der gesamten Schwangerschaft als »rechtliche Gegner« gegenüber.[548]

Erkenne man eine Sorgfaltspflicht der Mutter gegenüber dem ungeborenen an, so müsse ein Sorgfaltsmaßstab entwickelt werden, an dem das Verhalten der Mutter zu messen sei. Das Gericht weist auf die rechtliche Schwierigkeit der Bestimmung eines objektiven Sorgfaltsmaßstabes hin und stellt die Frage in den Raum, welcher objektive Standard den Geschworenen an die Hand gegeben werden könne, um zu entscheiden, ob alles zur Erfüllung der Sorgfaltspflichten Notwendige getan wurde.[549]

Gegen die Erstreckung der Haftung[550] auf die Mutter führt das Gericht weiter an, dass die Haftung eines Dritten wegen fahrlässig von ihm herbeigeführten pränatalen Verletzungen nicht in dessen Recht auf eine selbstbestimmte und freie Lebensführung eingreife. Mache man allerdings die Mutter für derartige,

548 Stallman v. Youngquist, 125 Ill.2d 267, 276.

549 Stallman v. Youngquist, 125 Ill.2d 267, 277f.

550 Aus der Entscheidung geht nicht ganz deutlich hervor, ob diese Argumente gegen die Begründung einer Sorgfaltspflicht an sich sprechen oder nur die Schwierigkeiten der Festlegung eines Sorgfaltsmaßstabes untermauern sollen. M. E. handelt es sich jedoch um die Widerlegung einer Sorgfaltspflicht an sich.

unvorsätzlich herbeigeführte Schäden haftbar, so wären all ihre Entscheidungen staatlicher Kontrolle unterworfen und dadurch seien ihre Rechte auf Privatsphäre und die Selbstbestimmung über den eigenen Körper erheblich beeinträchtigt.

Für das Gericht sei es lediglich eine Fiktion, den Fötus als eigenständige, rechtlich unabhängige Person zu behandeln und ihm Rechte zu gewähren, die er gegenüber der Mutter durchsetzen könne. Die Beziehung zwischen einer schwangeren Frau und ihrem ungeborenen Kind sei mit keiner anderen Kläger-/Beklagtenbeziehung zu vergleichen. In keiner anderen Beziehung sei der Kläger so umfassend von dem Beklagten abhängig und der Beklagte so an den Kläger gebunden wie im Mutter-Kind-Verhältnis. Anders als in anderen Kläger-/Beklagtenbeziehungen habe jede Handlung der Mutter einen Einfluss auf die Entwicklung des Kindes.[551]

e) Kein Schadensersatzanspruch nach Chenault v. Huie[552] (1999)

Mit ähnlicher Begründung werden Ansprüche des Kindes gegen die Mutter wegen vorgeburtlicher Verletzungen auch in Texas abgelehnt. Molly Ann Huie, die während ihrer Schwangerschaft illegale Mittel, darunter Kokain, zu sich genommen hatte, brachte eine Tochter zur Welt, in deren Blut Spuren von Alkohol und Kokain nachgewiesen werden konnten. Das Kind litt von Beginn an unter Entwicklungsstörungen. Ärzte stellten eine infantile Celebralparese fest, die Huies Drogenkonsum zugeschrieben wird. Im Namen des Kindes reichte Melissa Chenault als Pflegerin eine Klage gegen Huie und den Kindesvater wegen fahrlässig und grob fahrlässig herbei geführten Verletzungen ihres Kindes ein. Sie klagte auf Ersatz der Kosten für vergangene und zukünftige medizinische Pflege, besondere Ausbildung, Physio- und Ergotherapie, Verlust der Erwerbsfähigkeit, sowie Schadensersatz für Entstellung, körperliche Beeinträchtigung, vergangene und künftige Schmerzen und Leiden.

Das Gericht entschied, dass einem Kind in Texas Schäden, die durch fahrlässiges Verhalten der Mutter während ihrer Schwangerschaft entstehen, nicht zu ersetzen sind. Dieses Ergebnis wird begründet mit den Besonderheiten der Mutter-Embryo-Beziehung sowie dem Unterschied, jemanden eine Sorgfaltspflicht aufzuerlegen, der unabhängig von dem Geschädigten ist und dieselbe Pflicht einer Person aufzuerlegen, die biologisch mit der geschädigten Person verbunden ist.

551 Stallman v. Youngquist, 125 Ill.2d 267, 278f.
552 Chenault v. Huie, 989 S.W.2d 474.

Zwar könnten Kindern nach Delago v. Yandell[553] grundsätzlich auch in Texas Ansprüche wegen pränataler Verletzungen gegen ihren Schädiger zustehen. Dies sei jedoch nur für Ansprüche gegen Dritte entschieden. Die Möglichkeit, die eigene Mutter zu verklagen, sei nicht Gegenstand der Entscheidung gewesen.

Da ein Kind nach Delago wegen unrechtmäßiger Handlungen »eines anderen« klagen könne, und auch das Gericht einräume, dass ungeborene Kinder sowohl rechtlich als auch praktisch nicht bloß ein Teil ihrer Mutter seien, versuchte die Klägerin das Gericht zu der Schlussfolgerung zu drängen, dass die Mutter »ein anderer« und damit tauglicher Klagegegner sei. Der Supreme Court hingegen bezog sich auf die einzigartige Beziehung zwischen werdender Mutter und Embryo. Diese Beziehung dürfe in der Haftungsfrage keinesfalls außer Acht gelassen werden. Damit folgt das Gericht derselben Argumentation wie die Stallman-Entscheidung. Auch wenn das Kind rechtlich nicht mehr bloß als Teil der Mutter angesehen werde, so könne doch auch die physische Realität einer Schwangerschaft nicht außer Acht gelassen und der Fötus als völlig selbständiges, gänzlich von seiner Mutter getrenntes Individuum ansehen werden.

Das Gericht verweist argumentativ auf die Entscheidung Renslow v. Mennonite Hospital.[554] In diesem Fall hatte ein Arzt eine Patientin mit einer unpassenden Bluttransfusion versorgt. Jahre später bekam diese Patientin ein Kind, welches durch die damalige Bluttransfusion an seine Mutter, einen Schaden erlitt. Da es vorhersehbar sei, dass eine Patientin, die eine falsche Blutinfusion bekommt, später einmal schwanger wird und ihr Kind durch das Blut Schäden erleiden könnte, wurden Arzt und Krankenhaus zur Zahlung eines Schadensersatzes an das Kind verurteilt. Hätte eine Mutter dieselben Pflichten wie Dritte, so argumentierte das Gericht, wäre es in Hinblick auf Renslow möglich, dass eine Frau für Handlungen hafte, die ihren eigenen Körper betreffen und möglicherweise Jahre vor der Empfängnis des später geschädigt auf die Welt kommenden Kindes geschehen. Danach sei eine jede Frau verpflichtet, ihren Körper in dem fortpflanzungstechnisch bestmöglichen Zustand zu erhalten. Solch eine Verpflichtung beeinflusse jeden Aspekt ihres Lebens wie Ernährung, körperliche oder sexuelle Aktivitäten oder sogar ihre Entscheidung zu arbeiten. Keine andere Rechtspflicht habe solch weitreichende Konsequenzen auf die gesamte Lebensführung.

Nicht nur die Festlegung der Pflicht selbst wiederspricht dem Rechtsgefühl des Gerichts, auch die Bestimmung eines einheitlichen Sorgfaltsmaßstabes erscheint ihm unmöglich. Zwar werde mitunter vorgeschlagen, den sonst üblichen »reasonable person«-Sorgfaltsmaßstab zu einem »reasonable pregnant woman«-Maßstab zu modifizieren, dies sei dem Gericht zufolge aber nicht sinnvoll. Der

553 Delgado v. Yandell, 468 S.W.2d 475.
554 Renslow v. Mennonite Hospital, 367 N.E.2d 1250.

»reasonable person«-Maßstab sei bei Fällen mit Bezügen zu solch persönlichen, privaten oder intimen Angelegenheiten nicht praktikabel. Zum Beispiel sei fraglich, ob die »ordentliche Schwangere« medizinische Behandlungen über sich ergehen lassen müsse, weil diese möglicherweise einen positiven Einfluss auf ihr Kind haben könnten oder ob es ihr zumutbar sei, dass ein Gericht über die Rechtmäßigkeit ihrer Entscheidung urteile.

Um eine Rechtspflicht zu begründen, wäge man üblicherweise Faktoren wie Risiko, Vorhersehbarkeit und die Wahrscheinlichkeit der Verletzung gegen die soziale Nützlichkeit des Verhaltens, den Aufwand, Maßnahmen zur Verhinderung zu ergreifen und die Konsequenzen der Verlagerung der Vermeidung auf den Beklagten ab. Die Problematik, der Schwangeren eine Pflicht aufzuerlegen, werde klar, wenn man versuche, diese Aspekte abzuwägen. Beispielsweise können Vorhersehbarkeit und Risiko unklar sein und von noch ungeklärten medizinischen Fragen abhängen. Wegen der einzigartigen Beziehung und der Tatsache, dass jede Handlung der Mutter Einfluss auf die Entwicklung des Kindes nehmen könne, ist ein Risiko möglicherweise gar nicht erkennbar.

Wollte man aber trotz dieser Schwierigkeiten einen Sorgfaltsmaßstab aufstellen, so wäre dies nur durch intensive Recherche und Analyse wissenschaftlicher und medizinischer Daten, der Bewertung vieler Umstände der öffentlichen Ordnung und der Entwicklung spezifischer Rechtssätze möglich. Dies könne nur durch die Legislative, nicht aber durch die Judikative geschehen.

Das Gericht folgert aus all diesen Argumenten, dass das texanische Recht dem ungeborenen Kind keine Ansprüche wegen fahrlässigen Verhaltens der Mutter gewährt.

f) Kein Schadensersatzanspruch nach Remy v. MacDonald (2004)

Schließlich verneint auch der Supreme Court Massachusetts eine Haftung der Mutter für pränatale Schäden ihres Kindes.[555] Als Christine MacDonald, die spätere Beklagte, in einen Autounfall verwickelt wurde, war sie in der 32. Schwangerschaftswoche. Bei ihrer vier Tage später per Notkaiserschnitt geborenen Tochter, der späteren Klägerin, wurden Atembeschwerden festgestellt, die mit der Frühgeburt in Verbindung gebracht wurden. Seitdem leidet die Klägerin an Atemnot und Asthma. Die Klägerin behauptet, und das Gericht unterstellt diese Behauptung als wahr, dass die fahrlässige Fahrweise der Mutter den Unfall und damit auch ihre Verletzungen verursacht habe.

Das Gericht verneint Sorgfaltspflichten schwangerer Frauen ihren Kindern gegenüber. Dies begründet es damit, dass jeder Aspekt des mütterlichen Lebens

555 Remy v. MacDonald, 440 Mass. 675.

einen Einfluss auf die Entwicklung des Kindes haben könne. Der Genuss von Alkohol, Nikotin, Drogen oder der Kontakt mit irgendwelchen Substanzen, ob zu Hause oder bei der Arbeit, aber auch die Teilnahme an Aktivitäten, die nicht per se gefährlich sind, könnten das Kind gefährden. Ebenso könne eine schwangere Frau ihr Kind auch gefährden, in dem sie bestimmte Medikamente nehme oder nicht nehme oder ihr verfassungsrechtlich gewährtes Recht ausübe, medizinische Behandlungen nicht in Anspruch zu nehmen.

Die Klägerin weist darauf hin, dass ihre Mutter eine an die Allgemeinheit gerichtete Pflicht habe, ihr Fahrzeug sorgfältig zu bedienen. Diesbezüglich gäbe es keinen vernünftigen Grund, zwischen ungeborenen und bereits geborenen Kindern zu differenzieren. Dem stimmt das Gericht nicht zu. Zwar sei der Argumentation der Klägerin insoweit zuzugeben, dass ihr, sofern ein anderer den Unfall verursacht hätte, ein Schadensersatzanspruch gegen ihren Schädiger zustünde. Ebenfalls völlig klar sei, dass die Klägerin, wenn sie zur Zeit des Unfalls bereits, und sei es auch nur für eine Stunde, geboren wäre, ihr auch gegen die Mutter ein Ersatzanspruch zustünde. Zwischen dem geborenen und dem ungeborenen Kind gäbe es aber Unterschiede von solchem Ausmaß, dass eine unterschiedliche Behandlung gerechtfertigt erscheine und derjenige von der Haftung ausgenommen werden müsse, der biologisch noch mit dem Kind verbunden sei.

Eine Pflicht der Mutter zum Schutz ihres Kindes vor pränatalen Verletzungen erkennt das Gericht nicht an. Ein Schadensersatzanspruch entbehrt damit seiner Voraussetzungen.

4. Zusammenfassung

Bemerken sollte man an dieser Stelle, dass die Frage, ob einem Kind wegen pränatal durch die Mutter zugefügter Verletzungen Schadensersatzansprüche zustehen sollen keinesfalls eindeutig beantwortet wird. Obergerichtliche (amerikanische) Rechtsprechung findet sich sowohl für die eine als auch für die andere Meinung.

Wenn eine Haftung angenommen werden soll, zeigen die Entscheidungen bereits die wesentlichen Schwierigkeiten bei der Bestimmung der Verkehrspflichten, die sich auch für das deutsche Recht stellen werden.

Bei der Annahme einer Verhaltenspflicht, wie sie Dritte dem ungeborenen Kind schulden, besteht die Sorge, die Mutter zum Garanten für Gesundheit und Entwicklung des Kindes zu machen und dies gegebenenfalls weit im Voraus einer Schwangerschaft. Verhaltenspflichten gegenüber Dritten greifen nicht annähernd so stark in die persönliche Lebensführung des Pflichtigen ein, wie dieselbe Pflicht einer Mutter gegenüber dem ungeborenen Kind.

Die Verhaltenspflicht einer Mutter gegenüber dem ungeborenen Kind muss damit den besonderen Umständen der Beziehung von werdender Mutter und Kind berücksichtigen. Welche Anforderungen gestellt werden dürfen, hängt auch von wissenschaftlichen Ergebnissen im Bereich der Medizin und von rechtspolitischen Fragen ab. Die Bestimmung der Verkehrspflichten sollte daher vor allem Aufgabe der Legislative sei.

8. Kapitel: Zulässigkeit und Nutzen von Schadensersatzansprüchen gegen die Mutter

Im Folgenden wird untersucht, ob Schadensersatzansprüche wegen pränataler Verletzungen nach der deutschen Rechtslage gegen die Mutter möglich sind. Anspruchsgrundlage kann sowohl § 823 BGB als auch § 1664 BGB oder § 280 BGB sein. Die Anwendbarkeit des § 280 BGB hängt von der Qualifikation des § 1664 BGB als eigene Anspruchsgrundlage ab. Wird § 1664 BGB mit der überwiegenden Meinung[556] als eigene Anspruchsgrundlage und damit als spezielle familienrechtliche Form des § 280 BGB angesehen, gilt § 1664 BGB entweder als lex specialis zu § 280 Abs. 1 BGB (Konkurrenzlösung) oder schließt bereits auf Tatbestandsebene des § 280 Abs. 1 BGB das Vorliegen eines Schuldverhältnisses aus (Tatbestandslösung).[557] § 823 BGB ist neben § 1664 BGB anwendbar, wenn die Sorgfaltspflicht auch als Verletzung deliktischer Sorgfaltspflichten angesehen werden kann, was bei den der zugrundeliegenden Fragestellung üblichen Verletzungshandlungen allgemein anzunehmen sein wird.

Beachtung bedarf die Tatsache, dass das Kind im Zeitpunkt der Schädigung noch nicht geboren ist. Probleme bei der Schadensersatzberechtigung eines während der Schädigung noch ungeborenen Klägers ergeben sich insbesondere bei dem Merkmal der »Verletzung«. Unabhängig von der Person des Schädigers ist zu fragen, ob auf die Verletzung des nasciturus oder des später geborenen Kindes abzustellen ist und welche weiteren Besonderheiten bei einer Schädigung des Anspruchstellers vor der Geburt zu bedenken sind. Darüber hinausgehende Fragen stellen sich, wenn Anspruchsgegner nicht ein Dritter, sondern die Mutter des Kindes selbst ist.

Vor der vertieften Auseinandersetzung mit diesen Fragen, soll zunächst ein kurzer Seitenblick in die unter den Schlagwörtern »wrongul life« oder »wrongful birth« geführte Diskussion erfolgen. Der Kern dieser Debatte, nämlich die Frage, ob das Leben des (unerwünschten) Kindes an sich Schadensersatzansprüche der

556 OLG Frankfurt, FamRZ 2016, 147f.; OLG Karlsruhe, FamRZ 2015, 860f.; *Veit*, in: BeckOK § 1664 Rn. 1, m.w.N; a. A.: *Rauscher*, FamR, Rn. 967.

557 *Becker*, in: BeckOGK § 1664 Rn. 4; Becker, FamRZ 2016, 869, 871.

Eltern begründen kann, ist für den Zweck der vorliegenden Arbeit nicht von Bedeutung. Der wrongful-life/birth-Debatte liegt jedoch die Frage zugrunde, ob eine Behinderung des Kindes überhaupt Grundlage für Schadensersatzansprüche sein kann. Die Qualifizierbarkeit des (geschädigten) menschlichen Lebens ist für die Untersuchung, ob das Kind von seiner Mutter Schadensersatz wegen seiner Beeinträchtigungen fordern kann, entscheidend. Bemerkenswert ist auch im Rahmen der wrongful life/birth Debatte die Neigung, den Kindesschutzes weitestgehend auf begrifflicher Ebene zu verfolgen.

1. Die wrongful life und wrongful birth Debatte als zugrundeliegende Wertung

Unterschieden wird zwischen den Begriffen »wrongful life« und »wrongful birth«. Mitunter findet sich darüber hinaus der Begriff »wrongful conception«.[558]

Unter dem Begriff »wrongful birth« werden die Ansprüche der Eltern gegen Dritte wegen der Geburt eines unerwünschten Kindes verstanden.[559] Misslingt eine Sterilisation oder ein Schwangerschaftsabbruch oder wurde dieser aufgrund fehlerhafter oder unvollständiger Information nicht vorgenommen, kommt eine Haftung des betreffenden Arztes,[560] bei mangelhafter Beratung über sonstige Verhütungsmittel daneben auch eine Haftung des Apothekers,[561] in Betracht. Ein Schadensersatzanspruch wegen misslungenen oder unterbliebenen Schwangerschaftsabbruchs kommt in Betracht, wenn der Abbruch nach § 218a Abs. 2 und 3 StGB gerechtfertigt gewesen wäre. Die bloße Strafffreiheit nach § 218a Abs. 1 StGB ist nicht ausreichend.[562]

Die Ansprüche der Eltern können sich aus § 280 BGB in Verbindung mit einem Behandlungsvertrag und hinsichtlich der Mutter auch aus § 823 BGB ergeben, da eine ungewollte Schwangerschaft eine Körperverletzung darstellt.[563] Im Fall eines misslungenen oder infolge mangelhafter Beratung nicht erfolgten Schwangerschaftsabbruchs kann sich ein Schadensersatzanspruch nicht auf die Folgen

---

558 Vgl. zum Beispiel *Bernat*, MedR 2010, 169, 169.

559 *Spindler*, in: BeckOGK § 823 Rn. 977ff.; *Wagner*, in: MüKo § 823 Rn. 198; *Greiner*, in: Spickhoff, Medizinrecht § 823 Rn. 112; *Stieglitz*, wrongful birth und wrongful life S. 10; *Müller*, NJW 2003, 697, 699; *Salaschek*, wrongful life S. 3; *Picker*; so schon der Titel (Schadensersatz für das unerwünschte eigene Leben » wrongful life«).

560 BVerfG, NJW 1993, 1751, 1764; BGH, NJW 1980, 1452, 1453; *Ulsenheimer*, in: Laufs/Kern Handbuch des Arztrechts, Rn. 9. *Spindler*, in: BeckOGK § 823 Rn. 978.

561 LG Itzehoe, FamRZ 69, 90ff.

562 BGH, NJW 2002, 1489, 1490 BGH, NJW 2002, 2636, 2637; BGH, NJW 2003, 3411, 3411; *Salascheck*, wrongful life S. 173 vgl. auch *Bernat*, MedR 2010, 169, 170.

563 *Spindler*, in: BeckOGK § 823 Rn. 978; *Greiner*, in: Geiß/Greiner Arzthaftpflichtrecht Kap. B Rn. 181.

einer normalen, komplikationslosen Schwangerschaft und Geburt beziehen, da die Schwangerschaft als solche nicht auf der Pflichtverletzung des Arztes beruht.[564]

Von dem deliktischen Anspruch erfasst werden nur die mit der Schwangerschaft oder Geburt verbundenen Belastungen. Kontrovers diskutiert wird, ob darüber hinaus der sog. »Familienplanungsschaden«, also der Schaden, der durch ungewollte Unterhaltsansprüche des Kindes entsteht, ersatzfähig ist.[565] Als reiner Vermögensschaden kann sich dieser Anspruch nicht aus § 823 BGB, sondern nur aus dem Behandlungsvertrag, dessen Inhalt auch die Abwendung einer wirtschaftlichen Notlage sein muss, ergeben.[566] Inhalt und Umfang des Schadens werden oftmals unter der missverständlichen Bezeichnung »Kind als Schaden« erörtert. Unstreitig nicht als Schaden angesehen werden kann die Existenz des Kindes selbst.[567] Dies verbietet schon Art. 1 Abs. 1 GG. Anknüpfungspunkt für einen Schadensersatzanspruch kann damit nur die Unterhaltspflicht gegenüber dem Kind darstellen. Auch dies wird mitunter als menschenwürdeverachtend angesehen,[568] überwiegend jedoch als ersatzfähiger Schaden anerkannt.[569] Diese Auffassung wird auch im Ausland zum Beispiel durch das schweizerische Bundesgericht,[570] den niederländische Hoge Raad[571] und den österreichische OGH[572] vertreten.

Begrenzt ist die Schadensersatzpflicht grundsätzlich auf den Mindestregelunterhalt des Kindes bis zur Vollendung des achtzehnten Lebensjahres.[573] Bei erforderlichen Pflegeleistungen kann der Anspruch auf den doppelten Betrag des Regelunterhalts erhöht werden.[574] Kommt infolge fehlerhafter oder unzureichender Aufklärung durch den Arzt ein behindertes Kind zur Welt, welches die

564 *Spindler*, in: BeckOGK § 823 Rn. 983; *Spickhoff*, in: Spickhoff Medizinrecht § 253 Rn. 13.

565 Bejahend: *Deutsch/Spickhoff*, MedizinR Rn. 664ff.; OLG Karlsruhe NJW 2006, 1006.

566 *Spindler*, in: BeckOGK § 823 Rn. 980.

567 *Spindler*, in: BeckOGK § 823, Rn. 981; *Salaschek*, wrongful life S. 57; BVerfG, NJW 1993, 1751, 1764

568 Eine ausführliche Darstellung mit weiteren Nachweisen findet sich bei Salaschek, wrongful life S. 66ff.

569 Erstmals in BGH, NJW 1980, 1450ff.; in neuerer Zeit bestätigt zum Beispiel von: BGH, NJW 2008, 2846, 2847; BGH, NJW 2007, 989, 990; *Salaschek*, wrongful life S. 77f.; *Spindler*, in: BeckOGK § 823 Rn. 981; *Wagner*, in: MüKo § 823 Rn. 199; *Deutsch*, NJW 1998, 510; *Losch/Radau*, NJW 1999, 821, 825; *Koch*, JR 2000, 465f.; *Wellner*, in: Geigel Haftpflichtprozess Kap. 14 Rn. 250; *Staudinger*, in: Schulze u. a. § 823 Rn. 85.

570 BGE, 132 III 359, 379.

571 Hoge Raad 21. 2. 1997, Rechtspraak van de Week (RvdW) 1997 Nr. 54 C, S. 335, Rn. 3.8. Vgl. auch ZEuP 1998, 324ff. mit Anmerkungen v. Bar.

572 OGH, 14. September 2006, 6 Ob 101/06f, es besteht i.d.R aber kein Unterhaltsanspruch für ein gesundes Kind; vgl. auch *Bernat*, MedR 2010, 169ff.

573 *Spickhoff*, in: Spickhoff, Medizinrecht § 249, Rn. 14; *Greiner*, in: Geiß/Greiner Arzthaftpflichtrecht Kap. B Rn. 185.

574 BGH, NJW 2007, 989, 992.

Mutter anderenfalls abgetrieben hätte, richtet sich der Schadensersatzanspruch auf den vollen und nicht nur den behinderungsbedingt erhöhten Unterhalt.[575] Der Schadensersatzanspruch erstreckt sich nicht auf die Einkommenseinbuße, welche die Eltern durch die Betreuung des Kindes erleiden.[576]

Als weiteres Problemfeld sind die eigenen Schadensersatzansprüche des geschädigt zur Welt gekommenen Kindes unter der Bezeichnung »wrongful life« bekannt. Bedenken in Hinblick auf § 1 BGB sind von der Rechtsprechung ausgeräumt worden. Mitunter werden unter der Bezeichnung »wrongful life« sämtliche[577] Ansprüche des Kindes wegen vorgeburtlicher Schädigung diskutiert, mitunter wird der Begriff enger verstanden und umfasst nur die Ansprüche des Kindes, welche darauf beruhen, dass der Arzt die Mutter fehlerhaft über zu erwartende Missbildungen informiert hat oder einen aufgrund der zu erwartenden Behinderung des Kindes vorgenommenen Schwangerschaftsabbruch fehlerhaft durchgeführt hat.[578]

Als weitestgehend unstreitig angesehen wird die Haftung des werdenden Vaters, welcher das ungeborene Kind beispielsweise durch Gewalttaten gegenüber der Mutter, einem fahrlässig verursachten Verkehrsunfall oder Rauchen in Gegenwart der Schwangeren schädigt.[579] Schadensersatzpflichtig machen kann sich auch ein Dritter (zum Beispiel der geburtsleitende Arzt), der das Kind vor dessen Geburt an Körper und Gesundheit schädigt.[580]

Umstritten ist seit jeher die Frage, ob einem Kind ein Schadensersatzanspruch zuzusprechen ist, weil die Mutter die Schwangerschaft aufgrund unterbliebener oder unvollständiger Aufklärung über eine zu erwartende Schädigung nicht abgebrochen hat und das Kind daher geschädigt zur Welt gekommen ist. Ein solcher Anspruch wurde durch den BGH schon im Jahr 1983 geprüft und verneint, da das Kind nicht vortragen könne, dass es besser nicht geboren worden wäre.[581] In dieser Entscheidung blitzt die Befürchtung auf, die Gerichte könnten sich durch die Gewährung von Schadensersatz für geschädigt zur Welt gekommen Kinder ein Werturteil über deren Lebenswert anmaßen. Der BGH stellte fest, dass das Kind dem Arzt kein Verhalten vorwerfen könne, dem es sein Leben und

575 BGH, NJW 1984, 658, 660; NJW 1994, 788, 793; *Spindler*, in: BeckOGK § 823 Rn. 989; *Staudinger*, in: Schulze u.a. § 823 Rn. 85; ebenso in Österreich OGH 7.3.2006–5 Ob 165/05 h.

576 *Spindler*, in: BeckOGK § 823 Rn. 981, *Greiner*, in: Geiß/Greiner Arzthaftpflichtrecht Kap. B Rn. 186., anders in den Niederlanden, Hoge Raad 21.2.1997, Rechtspraak van de Week (RvdW) 1997 Nr. 54 C, S. 335, Rn. 3.13, vgl. auch ZEuP 1998, 324 mit Anmerkungen v.Bar.

577 *Wagner*, in: MüKo § 823 Rn. 204ff.

578 *Stieglitz*, wrongful birth und wrongful life S. 11f., 191, welche diesen Anspruch als »echten wrongful life« Anspruch bezeichnet.

579 *Spindler*, in: BeckOGK § 823 Rn. 992.

580 BGH, NJW 1989, 1538ff.

581 BGH, NJW 1983, 1371f.

seine Rechtsfähigkeit verdanke.[582] Ferner habe das Kind kein Recht auf Nichtexistenz, ein solches sei aber Voraussetzung eines Geldanspruchs, welcher an die Stelle der Naturalrestitution, die wiederrum nur in der Tötung des Kindes liegen könne, tritt.[583]

Entgegen der Argumentation des BGH wird ein eigener Ersatzanspruch in der Literatur verbreitet anerkannt. Als Anknüpfungspunkt des Schadensersatzanspruchs wird nicht der Vorwurf gesehen, ein »unwertes Leben« verantwortet zu haben, vielmehr wird darauf abgestellt, dass das Kind nach seiner Geburt im Vergleich zu anderen ein schwierigeres Leben hat.[584] Ferner solle, gerade wer vom Wert auch solchen Lebens überzeugt sei, dessen Beschwerlichkeit durch Ersatzansprüche möglichst mildern.[585] Nicht zu erklären sei, warum der gesunde Dritte (die Eltern) Geld bekommen, der unmittelbar Betroffene (das geschädigte Kind) aber leer ausgehen solle.[586] Weiterhin sei zu bedenken, dass der Anspruch der Eltern aus einer Vielzahl von Gründen erlöschen könne, wodurch dem Kind neben den körperlichen auch finanzielle Einschränkungen drohen würden.[587] Auch der Zeitgeist akzeptiere immer weniger, dass es Schäden gebe, für die niemand verantwortlich gemacht werden könne.[588] Im Sinne dieser Kritik, entgegen dem BGH, sprach die französische Cour de Cassation[589] einem behinderten Kind einen Ausgleichsanspruch zu. Diese Entscheidung missbilligend, hat der französische Gesetzgeber jedoch in Art. 1 § 1 des Loi relative aux droits des malades et á la qualité du système de santé festgelegt, dass sich künftig niemand auf einen Schaden allein auf Grund seiner Geburt berufen kann.

Auch eine Berufung auf Schadensersatzansprüche aus dem Behandlungsvertrag scheint fraglich. Zwar kann der nasciturus in den Behandlungsvertrag einbezogen werden, die daraus geschuldete Pflicht, die Mutter über Risiken der Schwangerschaft und eine mögliche Schädigung der Leibesfrucht aufzuklären, dient jedoch allein deren Interesse.[590]

Jedenfalls zu verneinen ist ein Anspruch des Kindes gegen die eigene Mutter wegen der Belastung mit Gendefekten. Eine gegenteilige Argumentation liefe auf das untragbare Ergebnis hinaus, dass sich genetisch vorbelastete Personen nicht

582 BGH, NJW 1983, 1371, 1371.

583 *Zimmermann*, JZ 1997, 131, 132.

584 *Wilhelmi*, in: Erman, , § 823 Rn. 22.

585 *Wilhelmi*, in: Erman, , § 823 Rn. 22.

586 Vgl. *Zuck*, in: Quaas/Zuck, Medizinrecht § 68 Rn. 129; zum Wertungswiderspruch und der Darstellung einer alternativen Lösung: *Picker*, Schadensersatz für das unerwünschte eigene Leben »Wrongful Life« S. 26ff.

587 *Deutsch*, NJW 2003, 26; 27.

588 *Zuck*, in: Quaas/Zuck, Medizinrecht § 68 Rn. 129.

589 Cour de Cassation, Assemblée plénière, du 17 novembre 2000, 99–13.701 (zit. n. Legifrance); Vgl dazu auch: *Sonnenberger*, FamRZ 2001, 1414ff.

590 BGH, NJW 1983, 1371, 1371.

fortpflanzen dürfen. Ferner ist zu befürchten, dass damit der Weg für Schadensersatzansprüche wegen jeglicher körperlicher »Mängel« freigemacht würde. Zu bedenken ist, dass ein Schaden auch entstehen kann durch das vererbte erhöhte Risiko einen Herzinfarkt zu erleiden oder die Veranlagung von Krankheiten wie Arthrose oder Kurzsichtigkeit.

2. Allgemeine Schadensersatzberechtigung des bei Schädigung ungeborenen Kindes

Kritik an der deliktischen Schadensersatzpflicht gegenüber dem zum Zeitpunkt der Schädigung noch ungeborenen Kind ist seit langem laut geworden und wurde in den 50er Jahren insbesondere durch die »Lues-Entscheidungen«[591] des BGH befeuert. Als zentraler Kritikpunkt galt, dass deliktsrechtlich nur verletzt werden könne, wer zuvor unverletzt gewesen sei. Diesen Gedanken berücksichtigend, entschied der BGH im Jahr 1951 in seiner »ersten Lues-Entscheidung«, dass ein Kind bei der Geburt nicht verletzt werden könne, wenn es schon zuvor als nasciturus verletzt gewesen sei. Wie auch in der späteren Entscheidung[592] stellte das Gericht nicht auf den Schaden der Leibesfrucht, sondern alleine auf den Schaden ab, den die Klägerin dadurch erlitt, dass sie als kranker Mensch zur Welt kam. Dieser Lösungsansatz ähnelt dem der Strafkammer des LG Aachen in seiner Contergan-Entscheidung von 1971,[593] bei dem als Verletzungsobjekt ebenfalls auf den geschädigt zur Welt gekommenen Menschen und nicht auf die pränatal geschädigte Leibesfrucht abgestellt wurde.

Der ersten Lues-Entscheidung lag folgender Sachverhalt zugrunde: Ein Mann hatte eine Frau bei der Zeugung des späteren Klägers mit Lues infiziert. Da dadurch das Kind schon von der Empfängnis an infiziert war, sah das Gericht, keinen Eingriff in die Gesundheit des später geborenen Kindes.

Diese Rechtsprechung revidierte der BGH kurz darauf und entschied, dass ein Kind auch dann Schadensersatz verlangen könne, wenn es aufgrund einer seiner Zeugung vorausgehenden Infektion seiner Mutter mit einer angeborenen Krankheit zur Welt komme. Die in § 823 BGB geschützten Lebensgüter seien Ausdruck der Personenhaftigkeit des Menschen als Teil von Natur und Schöpfung und damit der Rechtsordnung vorausgegeben. Jeder Mensch habe ein Recht auf diese Güter und darauf, nicht von Menschenhand in seinem organischen Wachstum gestört oder beeinträchtigt zu werden.[594] Es stehe einem Schadens-

591 BGH, BeckRS 1951, 31204755.
592 BGH, NJW 1953, 417, 418.
593 LG Aachen, JZ 1971, 507 ff.
594 BGH, NJW 1953, 417, 417.

ersatzanspruch damit nicht entgegen, dass die Schädigung der Rechtsfähigkeit vorgelagert sei. Der BGH differenziert zwischen der tatsächlichen und der rechtlichen Verletzung.[595] Anders als bei den Übrigen in § 823 BGB geschützten Rechtsgütern, können die tatsächliche und rechtliche Verletzung bei den Lebensgütern auseinanderfallen. Zwar sei es beispielsweise unmöglich, Eigentum zu verletzen, bevor Eigentum entstanden sei, eine Übertragung dieses Grundsatzes auf die Verletzung eines der in § 823 BGB geschützten Lebensgüter stelle jedoch einen gravierenden Rechtsirrtum dar.[596]

Ähnlich versteht auch Selb den Begriff der Verletzung in natürlicher und in rechtlicher Hinsicht.[597] Während Eigentum und ähnliche Rechte vor Beginn ihrer rechtlichen Existenz nicht im natürlichen Sinne verletzt werden könnten, sei dies bei Leben und Gesundheit eines Menschen möglich.[598] »Wer immer die rechtliche Verletzbarkeit des Menschen auf einen späteren Zeitpunkt als den der natürlichen Verletzbarkeit legt«, müsse die Fortwirkung der natürlichen Verletzung im Zeitpunkt der Rechtsfähigkeit und Verletzbarkeit notwendig als rechtliche Verletzung ansehen und »die natürliche Verletzung als Teil des Kausalablaufs erkennen und rechtlich die Unverletztheit des Verletzungsobjekts bis zur Rechtsfähigkeit bejahen«.[599] Selbst wenn die Rechtfähigkeit erst mit der Geburt anerkannt werde, stehe es der Verletzung nicht entgegen, dass nicht das rechtsfähige Kind, sondern der nicht rechtsfähige nasciturus verletzt wurde. Die tatsächliche Verletzung werde mit Eintritt der Rechtsfähigkeit kausal für die rechtliche Verletzung.

Hingegen könne nach Fabricius[600] Verletzungssubjekt des § 823 BGB nur eine rechtsfähige Person sein. Nehme man die Rechtsfähigkeit aber erst mit der Geburt an, sei der nasciturus zwar verletzt, aber nicht verletzungsfähig im Sinne von § 823 BGB. Es könne aber auch nicht auf die Verletzung des später geborenen, rechtsfähigen Kindes abgestellt werden. Die Gesundheitsverletzung nach § 823 BGB setze einen einmal unverletzten Zustand voraus, welcher in der Person des geschädigt zur Welt kommenden Kindes aber nicht (mehr) gegeben sei.[601] Nach Fabricius folgt daraus, dass die Schädigung vor der Geburt außer Acht lassen müsse, wer den nasciturus nicht als rechtsfähig ansehe. Es könne nicht zwischen rechtlicher und tatsächlicher Verletzung differenziert werden.

Die Frage, ob eine Verletzung bei einem Auseinanderfallens von tatsächlicher und rechtlicher Verletzung angenommen werden kann, scheint auf den ersten

595 Ebenso: *Selb*, AcP 166 (1966) 76ff.
596 BGH, NJW 1953, 417, 417.
597 *Selb*, AcP 166 (1966) 76, 91.
598 *Selb*, AcP 166 (1966) 76, 91; BGH, NJW 1953, 417, 417.
599 *Selb*, AcP 166 (1966) 76, 107.
600 *Fabricius*, Relativität der Rechtsfähigkeit S. 8.
601 *Fabricius*, Relativität der Rechtsfähigkeit S. 8.

Blick umgehen zu können, wer bereits dem nasciturus eine eigene Rechtfähigkeit zuspricht. Im Zeitpunkt der Schädigung wäre dann ein rechtsfähiger Mensch vorhanden, der in schadensersatzbegründender Weise verletzt werden könnte.

Ein Rückgriff auf die Rechtsfähigkeit des nasciturus kann aber allenfalls eine Teillösung für die Verletzung nach der Zeugung des Kindes sein. Die Vorverlagerung der Rechtsfähigkeit auf den Zeitpunkt der Zeugung löst die Problematik im Rahmen der deliktischen Schadensersatzansprüche nicht umfassend. Hinreichend erklären kann die Rechtsfähigkeitslösung die Fälle der Schädigung zwischen Zeugung und Geburt, auf die es hier auch ankommt. Wird nicht zwischen rechtlicher und tatsächlicher Verletzung differenziert, sondern lediglich der Zeitpunkt der Rechtsfähigkeit auf den Zeitpunkt der Zeugung vorverlegt, bleibt die Frage nach der natürlichen Verletzbarkeit des Kindes vor der Zeugung offen. Medizinisch zwingende, aber juristisch willkürliche Ergebnisse wären die Folge.[602] Von einigen Infektionen bleibt das Kind zunächst wegen der Undurchlässigkeit der Placenta geschützt, hier könnte von einer Schädigung gesprochen werden, da der nasciturus einmal unverletzt war. Andere Erkrankungen oder Missbildungen betreffen den nasciturus hingegen von Anfang an, sodass eine Verletzbarkeit zu verneinen wäre.[603] Im Ergebnis spricht vieles dafür, dem nasciturus auch Ersatzansprüche für bereits vor der Zeugung angelegte Schäden zu gewähren. Diese Frage bedarf hier keiner tiefergehenden Auseinandersetzung. Vorliegend sind nur die Schädigungen des bereits gezeugten, aber noch nicht geborenen Kindes von Interesse. Praktische Unterschiede ergeben sich im Rahmen des Kausalitätsnachweises.

3. Argumente für die Haftung der Mutter

Bei der Frage, ob und in welchem Maße eine Mutter für Schädigungen ihres ungeborenen Kindes schadensersatzpflichtig ist, scheiden sich die Meinungen. Einigkeit besteht in der deutschen Literatur lediglich dahingehend, dass die Mutter für vorsätzliche Schädigungen des nasciturus haftet. Es könne ihr zugemutet werden, keine Verhaltensweisen an den Tag zu legen, mit denen sie den Embryo wissentlich und willentlich schädige.[604] Unklarheit besteht darüber, ob sie auch für Fahrlässigkeit haften soll. Die Argumente gegen eine Haftung der Mutter, wurden bereits untersucht. Sie können eine Haftung nicht generell ausschließen. Insbesondere die persönlichen Grundrechte der Mutter, die enge körperliche Beziehung sowie der Schutz des Beratungskonzeptes müssen bei der

602 *Rolfs*, JR 2001, 140, 142.
603 *Selb*, AcP 166 (1966) 76, 108.
604 *Rolfs*, JR 2001, 140, 145.

Ausgestaltung der Haftung berücksichtigt werden und beschränken die Verkehrspflichten.

Für die Möglichkeit von Schadensersatzansprüchen sprechen neben den Grundrechten des Kindes auch die gewöhnlichen Zwecke des Haftungsrechts. Das Deliktsrecht verfolgt verschiedene, sich zum Teil überschneidende, nicht trennscharf abgrenzbare Zwecke.[605]

Das Vorliegen eines Schadens ist die Grundvoraussetzung deliktischer Haftung und der entscheidende Grund für das Rechtsschutzinteresse des Betroffenen.[606] »Im Vordergrund der Haftungsansprüche steht der Ausgleich für den materiellen Schaden und die erlittene Unbill«.[607] Der Geschädigte soll zumindest finanziell so gestellt werden, als hätte das schadensstiftende Ereignis nie stattgefunden.

Der Präventionsgedanke alleine kann die Existenz von Schadensersatzansprüchen nicht rechtfertigen.[608] Dass potentielle Schädiger zur Vermeidung von Schadensersatzzahlungen zu Gefahrvermeidungsmaßnahmen greifen, stellt jedoch ein »erwünschtes Nebenprodukt«[609] der Schadensersatzverpflichtung dar.

Der aus dem Strafrecht stammende Gedanke der Genugtuung, lässt sich grundsätzlich auf das Zivilrecht nicht übertragen.[610] Wenngleich der Aufbau der §§ 823 ff. BGB strafrechtsähnlich ist, verfolgen sie nach herrschender Meinung[611] keine Strafzwecke. Auch die Motive zum BGB lehnen die »Heranziehung moralisierender oder strafrechtlicher Gesichtspunkte« in das private Haftungsrecht ausdrücklich ab.[612] Bei Schmerzensgeldansprüchen gilt die Genugtuung des Geschädigten allerdings als legitimes Ziel.[613] Dies wird damit begründet, dass der Ausgleichscharakter immer noch etwas von einer Genugtuung habe und die Höhe eines immateriellen Schadens schon nicht mittels der Differenzhypothese bemessen werden könne.[614]

Ausgleichs- und Präventionsgedanke sprechen auch im Falle von Schadensersatzansprüchen zwischen Kind und Mutter für eine Haftung:

605 *Förster*, in: BeckOK § 823 Rn. 6.

606 *Förster*, in: BeckOK § 823 Rn. 6.

607 *Deutsch*, Allgemeines Haftungsrecht, Rn. 17; *Larenz/Canaris*, Schuldrecht II/2 S. 354; *Jansen*, Struktur des Haftungsrechts, S. 35 ff.

608 BGH, NJW 2006, 605, 607; *Wagner*, in: MüKo Vor § 823 Rn. 45.

609 *Pick*, Verkehrspflichten S. 124; *Wagner*, in: MüKo Vor § 823 Rn. 45 m.w.N.

610 Zur Genugtuungsfunktion bei grob fahrlässigem Verhalten: *Grüneberg*, in: Palandt § 253 Rn. 4.

611 *Hager*, in: Staudinger Vor § 823 Rn. 11: kein »primäres Ziel« des Deliktsrechts; vgl. aber *Spickhoff*, in: Soergel Vor § 823 Rn. 37.

612 Motive zum Entwurfe eines Bürgerlichen Gesetzbuchs, Recht der Schuldverhältnisse, § 218, S. 17 f.

613 BGH (GS) JZ 1955, 670, 672.

614 BGH (GS) JZ 1955, 670, 672.

Auch ein Kind kann im Verhältnis zu seinen Eltern ein Interesse am finanziellen Ausgleich erlittener Schäden haben. Dies gilt, obwohl ein Großteil der finanziellen Schäden des Kindes im Regelfall von seinen Eltern durch Leistungen oder Zahlungen ausgeglichen wird und sie daher praktisch in erweiterten Unterhaltspflichten aufgehen. Die Unterhaltsleistung lässt das Ausgleichsinteresse und das Genugtuungsinteresse nicht vollständig entfallen. Die Gewährung von Schadensersatzansprüchen ist insbesondere dann relevant, wenn neben dem Ersatz von Heilbehandlungskosten oder den erhöhten Kosten für die weitere Lebensführung, Schmerzensgeld verlangt wird. Derartige Zahlungen gehen nicht in den Unterhaltspflichten der Eltern auf. Weiterhin ist zu bedenken, dass Unterhaltspflichten mit dem Tod des Unterhaltspflichtigen nach § 1615 Abs. 1 BGB erlöschen, Schadensersatzpflichten jedoch nach §§ 1922, 1967 BGB auf den Erben übergehen.[615] Insbesondere, wenn das Kind keinen Kontakt zu seinen Eltern pflegt, zum Beispiel weil es in einer Adoptiv- oder Pflegefamilie aufwächst, kann ein berechtigtes Interesse an dem Ersatz seines Schadens bestehen. Zwar wird ein Schadensersatzanspruch in einer intakten Familie keine Rolle spielen, Aufgabe des Rechts ist es allerdings auch, für die »anormalen Fälle Vorsorge zu treffen«.[616]

Eine weitere interessante Frage, der hier aber aufgrund der Zielrichtung der Arbeit nicht weiter nachgegangen werden kann, ist in diesem Zusammenhang die Auswirkung eines erfüllten Schadensersatzanspruchs auf die Bedürftigkeit des Kindes und damit auf die Unterhaltsverpflichtung des Vaters. Es ließe sich fragen, ob sich der Schadensersatzanspruch gegen die Mutter dergestalt auf die Unterhaltsverpflichtung des Vaters auswirken kann, dass dieser mangels Bedürftigkeit des Kindes von seiner Verpflichtung befreit wird oder ob das Kind sich diesen Anspruch auf die Schadensersatzhöhe anrechnen lassen müsste.

Im Ergebnis ist es insbesondere der Gedanke der Prävention, der eine Schadensersatzhaftung der Mutter trägt. Das Wissen um eine mögliche Ersatzpflicht wird die werdende Mutter bestenfalls zu einer erhöhten Sorgfalt sowie zu Gefahrvermeidungs-/verminderungsmaßnahmen anhalten. Dass schwangere Frauen vielfach schon naturgemäß ein größeres Eigeninteresse an der Vermeidung von Schädigungen ihres Kindes haben und demgemäß größere Sorgfalt anwenden, als der »gewöhnliche« Schädiger, spricht nicht gegen die Anerkennung einer Schadensersatzhaftung. Können durch die Androhung einer Schadensersatzpflicht auch nur einige Schäden vermieden werden, so erfüllt der Haftungstatbestand eine präventive Wirkung.

Eine weitere, eher rechtspolitische, Überlegung ist die Verteilung der finanziellen Belastung zwischen der Schädigerin und der Allgemeinheit. Grundsätzlich besteht sowohl für das minderjährige als auch das volljährige Kind ein Un-

615 *Hager*, in: Staudinger § 823 Rn. B 46.
616 *Heldrich*, JZ 1965, 593, 599.

terhaltsanspruch gegen die Eltern, der auch den behinderungsbedingten Mehrbedarf sowie einen etwaigen Sonderbedarf umfasst.[617] Hat das behinderte Kind eine verselbstständigte Lebensstellung erreicht, kann es wie jeder Erwachsene einen den Eigenbedarfssätzen eines Ehegatten gleichgestellten Mindestbedarf geltend machen.[618] Das behinderte volljährige Kind kann üblicherweise wählen, ob sein Bedarf abstrakt nach der Düsseldorfer Tabelle (gegebenenfalls zzgl. eines Mehrbedarfes) oder konkret (z. B. bei einer Heimunterbringung nach der Höhe der Heimkosten[619]) berechnet wird.[620] Die Unterhaltsansprüche finden allerdings ihre Grenze in der Leistungsfähigkeit der Eltern. Bei minderjährigen oder privilegiert volljährigen Kindern verbleibt den Eltern als notwendiger Selbstbehalt nur das Existenzminimum.[621] Die Praxis stützt sich hierbei auf die Düsseldorfer Tabelle,[622] so dass dem Betroffenen ein Mindestbetrag von 880 Euro für Nichterwerbstätige beziehungsweise 1080 Euro für Erwerbstätige verbleibt. Bei volljährigen behinderten Kindern gilt die gesteigerte Unterhaltspflicht über § 1603 Abs. 2 BGB hinaus nicht.[623] Es wird nach § 1603 Abs. 1 BGB auf den angemessenen Selbstbehalt abgestellt, welcher 1300 Euro beträgt.[624]

Grundsätzlich besteht damit lebenslang eine erweiterte Unterhaltspflicht der Eltern für ein erwerbsunfähiges oder erwerbsbeschränktes Kind. Kommen die Eltern dem Unterhaltsanspruch des volljährigen behinderten Kindes jedoch nicht nach oder verfügen sie nicht über hinreichendes Einkommen, kann zur Finanzierung des Lebensunterhalts auf staatliche Hilfe zurückgegriffen werden, ohne dass ein (vollständiger) Rückgriff gegen die Eltern zu befürchten ist. Der Anspruch auf Grundsicherung nach §§ 41 ff SGB XII steht dem Bedürftigen zu, wenn er seinen notwendigen Lebensunterhalt nicht oder nicht ausreichend aus Einkommen und Vermögen nach § 43 SGB XII bestreiten kann. Hierbei werden Unterhaltsansprüche nach § 43 V SGB XII nicht anerkannt, sofern sie nicht ein Jahreseinkommen von 100.000 Euro übersteigen oder tatsächlich[625] geleistet werden. Dadurch wird der Grundsatz der Nachrangigkeit von Sozialleistungen aus § 2 SGB XII für die Grundsicherung eingeschränkt.[626] Unterhaltsansprüche stehen auch dem Erhalt von Sozialhilfe nicht entgegen. Ein bestehender Unter-

617 *Bömelburg*, in: Schnitzler Anwaltshandbuch FamR 2014, § 7 Rn. 104; Speziell zum Mehrbedarf des volljährigen Kindes: BGH, NJW-RR 1986, 66ff.; *Götz*, in: Schnitzler Anwaltshandbuch FamR § 7 Rn. 175.

618 BGH, NJOZ 2007, 4143, 4145.

619 *Götz*, in: Schnitzler Anwaltshandbuch FamR § 7 Rn. 76.

620 BGH, NJOZ 2007, 4143, 4144f.

621 *Reinken, in:* BeckOK § 1603 Rn. 5.

622 Stand 01.01. 2018.

623 *Reinken, in:* BeckOK § 1603 Rn. 4; BT-Drs. 13/7338, S. 21.

624 *Reinken, in:* BeckOK § 1603 Rn. 4; *Born*, in: MüKo § 1603 Rn. 7.

625 *Gebhart*, in: BeckOK-Sozialrecht § 43 SGB XII Rn. 10.

626 *Gebhart*, in: BeckOK-Sozialrecht § 43 SGB XII Rn. 10.

haltsanspruch geht im Falle eines behinderten oder pflegebedürftigen volljährigen Leistungsempfängers nur bis zur Höhe von 26 Euro auf den Sozialleistungsträger über, § 94 SGB XII.

Bei volljährigen Erwerbsbeschränkten oder Erwerbsunfähigen können die Eltern finanziellen Aufwendungen damit weitestgehend entgehen.

Auch die pränatal geschädigte und auf staatliche Hilfe angewiesene Person stünde bei der Gewährung von Schadensersatzansprüchen besser. Werden dem Kind Schadensersatzzahlungen gewährt, so finden diese keine Berücksichtigung bei der Beurteilung der Leistungsfähigkeit des Kindes. Hier sind nur solche Einkünfte und Bezüge einzubeziehen, die zur Bestreitung des Lebensunterhalts bestimmt oder geeignet sind.[627] In Bezug auf die Beurteilung der Leistungsfähigkeit im Rahmen eines Anspruchs auf Kindergeld nimmt das Schmerzensgeld, unabhängig davon, ob es als Einmalbetrag oder in Rentenform gezahlt wird, eine Sonderstellung innerhalb der sonstigen Einkommens- und Vermögensarten ein.[628] Das Schmerzensgeld soll dem Geschädigten vordergründig einen angemessenen Ausgleich für nicht-vermögensrechtliche Schäden bieten. Zweck des Anspruchs ist der Ausgleich für die erlittene Beeinträchtigung. Der Schädiger hat dem Geschädigten über den Vermögensschaden hinaus das Leben erschwert und soll nun durch seine Leistung helfen, es ihm im Rahmen des Möglichen wieder leichter zu machen. Schmerzensgeld bei der Beurteilung der Leistungsfähigkeit eines behinderten Kindes zu berücksichtigen, steht mithin in Widerspruch zu seiner Sonderfunktion, immaterielle Schäden abzumildern. Dieser Gedanke lässt sich auch auf die übrigen Sozialleistungen übertragen.

Der Geschädigte ist bei der Gewährung von Schadensersatz auch insoweit besser gestellt, als dass der unterhaltsrechtliche Selbstbehalt und die vollstreckungsrechtliche Pfändungsfreigrenze auseinander fallen.[629]

Im Ergebnis ist festzustellen, dass der Staat bei volljährigen behinderten Kindern die Kosten zu tragen hat, sofern die Eltern ihren Unterhaltspflichten nicht nachkommen können oder wollen. Werden dem Kind Schadensersatzzahlungen geleistet, kann das Kind hieraus gegebenenfalls seinen Lebensunterhalt bestreiten. Im Interesse des Geschädigten ist weiterhin zu bedenken, dass Schadensersatzansprüche nicht (vollständig) auf staatliche Unterstützungszahlungen angerechnet werden.

---

627 In Bezug auf Kindergeld: BFH, DStRE 2016, 979, 980.

628 BFH, DStRE 2016, 979, 980.

629 *Rolfs*, JR 2001, 140, 143.

4. Umfang des Schadensersatzanspruchs

Nach § 253 Abs. 2 BGB kann der Geschädigte Ausgleich seiner immateriellen Schäden für körperliche oder seelische Belastungen, also insbesondere für Schmerzen beziehungsweise alle Nachteile außerhalb von Vermögensdispositionen, verlangen.[630]

Als vermögenswerte Schäden sind vor allem die Kosten der Heilbehandlung ersatzfähig, also alle Maßnahmen, die der medizinisch notwendigen Krankenpflege dienen und auf Heilung oder Linderung der Gesundheitsschädigung abzielen.[631] Maßnahmen zur Heilung und Linderung der Gesundheit können auch dann ersatzfähig sein, wenn sie von den Eltern des Kindes vorgenommen werden.[632] Daneben sind auch alle Zusatzkosten wie Attestgebüren oder Fahrtkosten[633] ersatzfähig. Ebenso sind Kur- und Pflegekosten sowie Anschaffungskosten für medizinische oder technische Hilfsmittel (Hörgerät, Behinderten-Kfz, etc.) zu ersetzen.[634]

Ist das Kind infolge der pränatalen Verletzung dauerhaft in seiner Erwerbsfähigkeit eingeschränkt oder sogar dauerhaft erwerbsunfähig, sind diese Einbußen nach § 843 BGB grundsätzlich ersatzfähig. Bei der Bemessung des Schadensumfangs ist insbesondere § 287 ZPO zu berücksichtigen. Danach muss der beweispflichtige Geschädigte zu Höhe und Umfang des Schadens weniger substantiiert vortragen als im Rahmen der haftungsbegründenden Kausalität.[635] Das Gericht kann ein niedrigeres Beweismaß, nämlich das der überwiegenden, also fünfzig Prozent überschreitenden Wahrscheinlichkeit ansetzen und über das Vorhandensein und den Umfang des Schadens aufgrund der Gesamtumstände nach freier Überzeugung entscheiden und den Schaden notfalls schätzen.[636]

Eine angemessene Beurteilung ist dennoch praktisch nicht möglich. Problematisch ist insbesondere, von welchem Berufsbild auszugehen ist. Sofern das Kind trotz der Verletzung noch bildungsfähig ist, können aus dem »Ist-Verlauf« Rückschlüsse auf Intelligenz, Charakter und Strebsamkeit des Kindes möglich sein.[637] Ist aufgrund der vorgeburtlichen Verletzung jedoch jede Bildungsmöglichkeit und Arbeit undenkbar, wird die Prognose in der Praxis oftmals an das soziale Umfeld des Kindes angelehnt. Herangezogen werden der Beruf, die Vor-

630 *Pardey* Berechnung von Personenschäden Rn. 2778.

631 Ständige Rechtsprechung seit BGH, NJW 1996, 3074, 3075, zuletzt BGH, NJW 2017, 2408, 2410.

632 *Müller*, in: Terbille/Clausen/Schroeder-Printzen, Münchener Anwaltshandbuch Medizinrecht § 2 Rn. 12; *Pardey*, Berechnung von Personenschäden Rn. 1685.

633 *Pardey*, Berechnung von Personenschäden Rn. 1776.

634 *Schulze*, in: Schulze u. a. § 249 Rn. 7f.

635 *Freymann*, DAR-Extra 2013, 752, 755.

636 *Freymann*, DAR-Extra 2013, 752, 755.

637 *Scheffen*, VersR 1990, 926, 928.

und Weiterbildung der Eltern, ihre Qualifikation in der Berufstätigkeit, die beruflichen Pläne für das Kind sowie schulische und berufliche Entwicklung von Geschwistern.[638] Schwierigkeiten bei der Schätzung des Erwerbsschadens dürfen nicht zu Lasten des Kindes gehen, da das schädigende Ereignis selbst die Ursache für die Prognoseschwierigkeit gesetzt hat.[639]

Dieses Vorgehen ist fragwürdig. Bei vorgeburtlich geschädigten Kindern ist die Schätzung besonders unsicher. Anhaltspunkte wie Intelligenz, Leistung und Charakter sind von Anfang an beeinträchtigt und lassen nur beschränkt Schlüsse auf eine hypothetische Berufswahl zu.[640] Alleine auf den Beruf der Eltern abzustellen entspricht nicht der gesellschaftlichen Realität. Es sollte besser an ein Durchschnittseinkommen angeknüpft werden.[641]

638 In Bezug auf geborene Kinder: BGH, NJW 2011, 1148, 1149; OLG Karlsruhe, BeckRS 2008, 18657; *Geiger*, DAR-Extra 2013, 737, 738. *Heß/Burmann*, in: Burmann/Heß, Handbuch des Straßenverkehrsrechts Rn. 102.

639 *Scheffen*, VersR 1990, 926, 928.

640 *Mannsdorfer*, Pränatale Schädigung S. 369; vgl. zur Rechtslage bei einem während der Geburt geschädigten Kind: BGH, NJW 2011, 1148ff.

641 So *Mannsdorfer*, Pränatale Schädigung S. 369.

9. Kapitel: Beschränkung auf die eigenübliche Sorgfalt, § 1664 BGB

Sofern ein Schadensersatzanspruch für pränatal erlittene Verletzungen gegen die Mutter überhaupt anerkannt wird, wird dieser Anspruch auf verschiedenen Wegen beschränkt. Es besteht ein Bedürfnis, werdenden Müttern einen erweiterten Schutz gegenüber Ansprüchen ihrer Kinder zu gewähren, um insbesondere die Persönlichkeitsrechte und die besondere Nähebeziehung berücksichtigen zu können.

Während der Schutz der Mutter vor deliktsrechtlicher Haftung in den USA beispielsweise durch eine Beschränkung der Haftung auf Verstöße gegen allgemein gerichtete Pflichten oder durch den beschränkten Maßstab des »reasonable parent standard« begrenzt wird, erfolgt der Ausgleich in der deutschen Literatur oftmals durch eine Anwendung des § 1664 BGB. Die Mutter muss damit nur für die eigenübliche Sorgfalt (§ 277 BGB), das heißt in der Regel nur für grobe Fahrlässigkeit, einstehen. Durch die Anwendung des nach § 1664 BGB herabgesetzten Haftungsmaßstabs soll den berechtigten Belangen der werdenden Mutter Rechnung getragen und das Haftungsrisiko gesenkt werden.[642]

Als alternative Lösung soll anschließend an dieses Kapitel versucht werden, den Schutz der Mutter ausschließlich durch eine Begrenzung ihrer Verhaltenspflichten zu realisieren, wodurch ein Rückgriff auf § 1664 BGB hinfällig wäre. Ob Verhaltenspflichten bestehen und ob sie verletzt sind, wird grundsätzlich vor der Anwendung einer Haftungsbeschränkung geprüft. Da die Anwendung des § 1664 BGB in der Literatur jedoch die bevorzugte Lösung ist und die Verhaltenspflichten nicht in demselben Umfang diskutiert werden, soll zunächst in diesem Kapitel auf die Regelung des § 1664 BGB und seine (Un-)Tauglichkeit zur Lösung der Probleme im Rahmen von Schadensersatzansprüchen des Kindes wegen pränataler Verletzungen eingegangen werden. Die Verhaltenspflichten werden sodann im folgenden Kapitel erörtert.

Dass die Regelung des § 1664 Abs. 1 BGB auch für das Deliktsrecht gilt, wird mitunter angezweifelt, ist im Ergebnis aber zu bejahen (1.). Die Regelung des

642 *Selb*, AcP 166 (1966) 76, 118.

§ 1664 Abs. 1 BGB sieht sich jedoch scharfer Kritik ausgesetzt. Diesbezüglich wird (2.) auf die in der Literatur in Hinblick auf § 1664 Abs. 1 BGB oftmals anklingenden Bedenken bezüglich der Verfassungsmäßigkeit der Regelung eingegangen. Die Ausführungen dazu beziehen sich zunächst auf das im Zeitpunkt der Schädigung bereits geborene Kind. Erst in einem zweiten Schritt wird auf die Besonderheiten in Hinblick auf das ungeborene Kind eingegangen. Erörtert werden soll dann (3.), warum die Anwendung des reduzierten Maßstabs der eigenüblichen Sorgfalt im Verhältnis der Mutter zu ihrem ungeborenen Kind nicht zweckmäßig ist. Schließlich stellt (4.) die Bestimmung der eigenüblichen Sorgfalt der Mutter im Verhältnis zu ihrem ungeborenen Kind den Rechtsanwender vor praktische Schwierigkeiten.

1. Geltung des § 1664 BGB auch für das Deliktsrecht

Dass § 1664 Abs. 1 BGB im Rahmen des Deliktsrechts nicht anwendbar ist, lässt sich aus der Norm selbst nicht entnehmen, wurde aber durch eine überwiegend veraltete Auffassung in der Literatur angenommen. Die Haftungsbeschränkung des § 1664 Abs. 1 BGB galt danach nicht, wenn das schädigende Verhalten neben der Verletzung einer Sorgepflicht zugleich einen Verstoß gegen eine allgemeine, dem Schädiger gegenüber Jedermann obliegenden Rechtspflicht darstellt.[643] In diesem Fall sollten die Eltern wie jeder andere nach dem allgemeinen Haftungsmaßstab für jede Form der Fahrlässigkeit haften. Aus § 1618 BGB wurde allerdings eine Pflicht des Kindes entnommen, bei leichter Fahrlässigkeit auf Schadensersatzansprüche zu verzichten.[644]

Nach der überzeugenderen und heute herrschenden Auffassung soll der Maßstab der eigenüblichen Sorgfalt auch für deliktische Ansprüche gelten, wenn die unerlaubte Handlung mit der elterlichen Sorge zusammenhängt.[645] Liegt kein Zusammenhang mit der elterlichen Sorge vor, kommt das Kind also zum Beispiel durch eine Verletzung der im Rahmen der allgemeinen Verkehrssicherungspflicht bestehenden Streupflicht zu Schaden, so kommt die Anwendung des § 1664 Abs. 1 BGB verständlicherweise nicht in Betracht.[646] Nach Auffassung des

643 *Ziegler*, in: Prütting/Wegen/Weinreich § 1664 Rn. 8; *Kemper*, in: Schulze u.a. § 1664 Rn. 3 ; Engler, in: Staudinger § 1664 Rn. 34.

644 OLG Karlsruhe, OLGZ 1977, 326, 329.

645 BGH, NJW 1988, 2667, 2669; OLG Bamberg, NJW 2012, 1820, 1821; OLG Hamm, NJW 1993, 542, 543; OLG Hamm, NJW-RR 1994, 415, 415; *Döll*, in: Erman § 1664 Rn. 6; *Fuchs*, NZV 1998, 7, 10; *Gernhuber/Coester-Waltjen*, FamR § 57 IV Rn. 40; *Hamdam*, in: jurisPK § 1664 Rn. 12; *Huber*, in: MüKo § 1664 Rn. 9; *Götz*, in: Palandt § 1664 Rn. 3; *Heilmann*, in: Staudinger § 1664 Rn. 35.

646 *Döll*, in: Erman § 1664 Rn. 6; *Hamdan*, in: jurisPK § 1664 Rn. 13; *Adelmann*, in: RGRK § 1664 Rn. 12; *Heilmann*, in: Staudinger § 1664 Rn. 35.

BGH ist § 1664 BGB im Falle der Verletzung deliktischer Verhaltenspflichten jedenfalls dann anwendbar, wenn die Eltern ganz in der Sorge für die Person des Kindes aufgingen.[647] Anderenfalls sei eine Einschränkung des § 1664 BGB die Folge, die mit Wortlaut und Sinn der Vorschrift nicht vereinbar sei.[648] Die Haftungsmilderung liefe anderenfalls praktisch weitestgehend leer und wäre nur bei Vermögensschädigungen einschlägig.[649]

Ausdrücklich offen gelassen hat der BGH die Frage, ob für den subjektiven Sorgfaltsmaßstab des § 277 BGB dort noch Raum ist, wo die Pflichten der Eltern gegenüber dem Kind von ihren Pflichten gegenüber dem Verkehr, die nach dem objektiven Sorgfaltsmaßstab des § 276 BGB bemessen werden, kaum sachgerecht zu trennen sind. Dies wird insbesondere für den Kreis der Verkehrssicherungspflichten, etwa der Aufsichtspflicht nach § 832 BGB[650] und für den Bereich der Teilnahme am Straßenverkehr[651] befürwortet.[652]

Eine derartige Differenzierung ist vor allem in der älteren Literatur und Rechtsprechung zu finden. Danach wirke die Haftungserleichterung des § 1664 BGB zwar grundsätzlich auch im Rahmen des deliktischen Anspruchs,[653] beruhe die Schädigung des Kindes aber auf mangelnder Beaufsichtigung durch die Eltern, solle die Haftungserleichterung des § 1664 Abs. 1 BGB keine Anwendung finden.[654] Die Haftung auch für leichte Fahrlässigkeit wurde mit dem Schutzzweck der nach objektiven Kriterien zu bestimmenden Aufsichtspflicht gerechtfertigt, so dass für eine Beurteilung nach den subjektiven Kriterien der diligentia quam in suis kein Raum verblieb.[655]

Überzeugender sah demgegenüber unter anderem das OLG Hamm für eine derartige Beschränkung des § 1664 BGB, über die PKW-Unfälle hinaus, keinen Anlass. Es fehle an einer gesetzlichen Regelung, welche eine derartige Beschränkung vorsehe. Haftungserleichterungen seien in der Regel auf eine umfassende Wirkung angelegt und eine Beschränkung der Anwendung des § 1664 BGB sei deshalb systemwidrig.[656] Die Vorschrift des § 1664 Abs. 1 BGB ist nicht

---

647 BGH, NJW 1988, 2667, 2669.

648 BGH, NJW 1988, 2667, 2669; ebenso: *Huber*, in: MüKo § 1664 Rn. 9.

649 *Gernhuber/Coester-Waltjen*, FamR § 57 IV Rn. 40; *Lange*, JZ 1989, 48, 49; *Huber*, in: MüKo § 1664 Rn. 9.

650 OLG Karlsruhe, OLGZ 1977, 326, 329; *Adelmann*, in: RGRK § 1664 Rn. 13.

651 Heute einhellig so vertreten. Vgl. *Döll*, in: Erman § 1664 Rn. 6; *Hamdan*, in: jurisPK § 1664 Rn. 15; *Heilmann*, in: Staudinger § 1664 Rn. 37; *Huber*, in: MüKo § 1664 Rn. 10 m.w.N.

652 BGH, NJW 1988, 2667, 2669.

653 *Adelmann*, in: RGRK § 1664 Rn. 11.

654 *Adelmann*, in: RGRK § 1664 Rn. 13; ebenso: OLG Stuttgart, VersR 1980, 952ff.; OLG Karlsruhe, OLGZ 1977, 326, 329; *Engler*, in: Staudinger § 1664 Rn. 33; *Veit*, in: BeckOK § 1664 Rn. 3. 1.

655 *Adelmann*, in: RGRK § 1664 Rn. 13; so auch OLG Stuttgart, VersR 1980, 952ff.

656 OLG Hamm, NJW 1993, 542, 543.

auf die Vermögenssorge beschränkt und umfasst auch die Personensorge.[657] Für die Personensorge gemäß § 1631 BGB ist aber, neben der Erziehung und der Pflege, die Aufsicht über das Kind wesentlicher Bestandteil.[658] Verletzungen der Aufsichtspflicht sind aufgrund der elterlichen Garantenstellung im Falle einer Gesundheitsschädigung regelmäßig unerlaubte Handlungen.[659] Diesen gesamten Bereich aus der Anwendung des § 1664 BGB auszunehmen, erscheint aufgrund der umfassenden Ausrichtung der Vorschrift nicht gerechtfertigt.[660] Der Wortlaut des § 1664 BGB lässt keinen Ausschluss von Aufsichtspflichtverletzungen erkennen.[661] Es ist nicht anzunehmen, dass das Gesetz in § 1664 Abs. 1 BGB eine Haftungsmilderung für die Ausübung der elterlichen Sorge anordnet und einen zentralen Bereich dieser elterlichen Sorge, nämlich die Aufsichtspflicht, davon ausnehmen will, ohne dies ausdrücklich anzuordnen.[662]

2. Verfassungsmäßigkeit

In der Literatur anklingende Bedenken hinsichtlich der Verfassungsmäßigkeit des § 1664 BGB sind nicht leicht von der Hand zu weisen. Denkbar sind Eingriffe in das Eigentum des Kindes, das Gleichheitsrecht sowie das Recht auf körperliche Unversehrtheit. Nach den vielfach nur halbherzig wirkenden Argumentationen für eine Rechtfertigung der Norm verbleiben vereinzelte Zweifel, welche jedoch keine Verfassungswidrigkeit der Regelung bedeuten.

a) Eigentum

Das Eigentum des Kindes kann betroffen sein, wenn es einen Schadensersatzanspruch nicht gerichtlich geltend machen könnte. Schadensersatzansprüche gelten als Eigentumsbestandteil im Sinne von Art. 14 GG. Entscheidendes Merkmal des verfassungsrechtlich geschützten Eigentums ist, dass ein vermögenswertes Recht dem Berechtigten ebenso ausschließlich wie das privatrechtliche Eigentum an einer Sache zur privaten Nutzung und zur eigenen Verfügung zugeordnet ist.[663] Der Eigentumsschutz im Bereich des Privatrechts betrifft

657 OLG Düsseldorf, NJW-RR 1999, 1042f.
658 OLG Düsseldorf, NJW-RR 1999, 1042, 1042.
659 OLG Düsseldorf, NJW-RR 1999, 1042, 1042.
660 OLG Düsseldorf, NJW-RR 1999, 1042, 1042f.
661 OLG Karlsruhe, NZV 2008, 511.
662 OLG Karlsruhe, NZV 2008, 511, 512; für eine Einbeziehung der Aufsichtspflicht auch *Götz*, in: Palandt § 1664 Rn. 3; *Heilmann*, in: Staudinger § 1664 Rn. 33.
663 Ständige Rechtsprechung vgl. BVerfG, NJW 1988, 2594, 2595 m.w.N.

grundsätzlich alle vermögenswerten Rechte, die dem Berechtigten von der Rechtsordnung in der Weise zugeordnet sind, dass er die damit verbundenen Befugnisse nach eigenverantwortlicher Entscheidung zu seinem privaten Nutzen ausüben darf.[664] Dementsprechend erstreckt sich Art. 14 GG nicht nur auf dingliche oder sonstige absolute, gegenüber jedermann bestehende Rechtspositionen, sondern auch auf Forderungen.[665] Die der Gewährleistung des Eigentums zukommende, sichernde und abwehrende Bedeutung des Eigentums gilt nach dem BVerfG in besonderem Maße für schuldrechtliche Ansprüche, welche den Charakter eines Äquivalents für Einbußen an Lebensqualität besitzen.[666]

Bezweckt der Entzug der Rechtsposition den Ausgleich privater Interessen, handelt es sich um eine Inhalts- und Schrankenbestimmung des Eigentums.[667] Diese kann der Gesetzgeber festlegen, er ist dabei aber zu einem gerechten Ausgleich der Interessen verpflichtet. Eine einseitig belastende oder bevorzugende Regelung ist mit der verfassungsrechtlichen Vorstellung eines sozial gebundenen Privateigentums nicht zu vereinbaren.[668] § 1664 Abs. 1 BGB ist zwar lediglich eine Inhalts- und Schrankenbestimmung des Eigentums und kein Eingriff im klassischen Sinne, gleichwohl können Inhaltsbestimmungen das Eigentum auf erhebliche Weise beeinträchtigen und bedürfen damit einer Rechtfertigung.

b) Gleichheit

Weiterhin greift die Regelung des § 1664 Abs. 1 BGB in den Schutzbereich des Art. 3 GG ein. Eine Ungleichbehandlung im Sinne des Art. 3 GG liegt vor, wenn eine vergleichbare Personengruppe, zu der auch die vermeintlich ungleich Behandelten gehören, gebildet werden kann und die Vergleichspersonen mit unterschiedlichen Rechtsfolgen belegt werden.[669] Eine vergleichbare Personengruppe für die Bewertung der Ungleichbehandlung durch § 1664 BGB lässt sich aus allen deliktisch geschädigten Personen bilden. Diese werden ungleich behandelt, wenn einigen Schadensersatzansprüche für jede Fahrlässigkeit, anderen Schadensersatzansprüche nur bei grober Fahrlässigkeit und Vorsatz zugesprochen werden. Spiegelbildlich kann auch auf Schädigerseite eine Ungleichbehandlung erkannt werden. Während die Eltern eines geschädigten Kindes bei der

664 *Papier/Shirvani*, in: Maunz/Düring Art. 14 Rn. 160 m.w.N.
665 Vgl. BVerfG, NJW 1986, 1603.
666 BVerfG, NJW 2005, 879, 880.
667 BVerfG, NJW 2005, 879, 880.
668 Ständige Rspr. vgl. BVerfG, NJW 2000, 413, 414.
669 *Sodan/Ziekow*, Grundkurs öffentliches Recht § 30 Rn. 9.

Haftung privilegiert werden, haften andere Schädiger dem Kind für jede Fahrlässigkeit.

c) Körperliche Unversehrtheit

Ferner ist zu bedenken, dass eine Haftungsprivilegierung in die körperliche Unversehrtheit von Kindern eingreift. Dem steht nicht entgegen, dass § 1664 Abs. 1 BGB keine Gesundheits-/Körperverletzungen des Kindes erlaubt. Das Deliktsrecht verfolgt auch präventive Zwecke, indem es potentielle Schädiger zu Gefahrvermeidungsmaßnahmen animiert. Wird einem Schädiger ein »deliktsfreier« Raum gewährt, so wird er in diesem Bereich seltener zu Gefahrvermeidungsmaßnahmen greifen und eine Schädigung wird wahrscheinlicher.

d) Rechtfertigung der Eingriffe

Die Grundrechte auf körperliche Unversehrtheit, Gleichheit und Eigentum werden durch die Regelung des § 1664 Abs. 1 BGB beeinträchtigt. Jedoch werden diese Grundrechte nicht vorbehaltslos gewährt und können beschränkt werden. Dabei muss der Grundsatz der Verhältnismäßigkeit gewahrt werden. Auch wenn er in der Verfassung nicht ausdrücklich genannt wird, ist der Verhältnismäßigkeitsgrundsatz allgemein anerkannt[670] und gilt als wichtigstes Element[671] der Kontrolle von Gesetzgebung, Verwaltung und Rechtsprechung.

(1) Legitimer Zweck

Die Beschränkung der Haftung auf die eigenübliche Sorgfalt wahrt die in Art. 6 GG niedergelegte »Elternautonomie«.[672] Der Schutz des Kindeswohls soll nach dem Grundgedanken des Art. 6 GG durch eine Stärkung des Willens und der Möglichkeiten der Eltern zur selbstbestimmten Pflege und Erziehung der Kinder erreicht werden.[673] Die Eltern bekommen die Aufgabe der Pflege und Erziehung anvertraut, weil sie hierfür am geeignetsten erscheinen[674] und dies dem Wohl des Kindes[675] dient. Maßgeblich ist die Freiheit vor staatlicher Einmischung bei der

670 *Sodan/Ziekow*, Grundkurs öffentliches Recht § 24 Rn. 32.
671 *Schlink*, FS 50 Jahre BVerfG II S. 445.
672 zum Beispiel *Uhle*, in: BeckOK-GG Art. 6 Rn. 50; *Badura*, in: Maunz/Düring Art. 6 Rn. 137.
673 *Badura*, in: Maunz/Düring Art. 6 Rn. 137.
674 *Badura*, in: Maunz/Düring Art. 6 Rn. 90.
675 *Uhle*, in: BeckOK-GG Art. 6 Rn. 55; *Coester-Waltjen*, in: v. Münch/Kunig Art. 6 Rn. 78; BVerfG, MDR 1982, 136, 137.

Entscheidung, wie ein Kind erzogen oder wie die Sorge für das Kind ausgeübt werden soll.[676] Innerfamiliäre Entscheidungen sollen so weit wie möglich von staatlicher Überwachung frei bleiben, damit die Gerichte nicht über »richtig« oder »falsch« elterlicher Verhaltensweisen entscheiden können. Die Haftungsbeschränkung in § 1664 Abs. 1 BGB stärkt die Entscheidungshoheit der Eltern, indem es die Möglichkeit staatlicher Kontrolle elterlicher Entscheidungen erheblich reduziert und auf die Frage beschränkt, ob die eigenübliche Sorgfalt überschritten wurde. Als Rechtfertigung für § 1664 BGB wird weiterhin das Interesse am Schutz der besonderen Eltern-Kind-Beziehung angeführt.[677] Da die Schädigungswahrscheinlichkeit von Eltern gegenüber ihren Kindern deutlich höher ist als gegenüber anderen Personen, dient § 1664 Abs. 1 BGB dem Schutz der Eltern, die sich nicht dauerhaft der Haftungsgefahr ausgesetzt sehen sollen.

Neben dem Schutz der besonderen Eltern-Kind-Beziehung bewirkt die Regelung auch einen Ausschluss von Regressansprüchen, wodurch das innerfamiliäre Leben und der Familienfrieden gewahrt werden.

(2) Geeignetheit

Ob die Beschränkung auf die eigenübliche Sorgfalt geeignet ist, diese Zwecke zu erreichen oder zumindest zu fördern, ist fraglich und bedarf weiterer Ausführungen

(a) Besondere Natur der Eltern-Kind-Beziehung

Nicht geeignet ist die Haftungsbeschränkung des § 1664 Abs. 1 BGB zum Schutz der so häufig erwähnten besonderen Natur der Eltern-Kind-Beziehung.

Unklar ist zunächst, was unter der »besonderen Natur der Eltern-Kind-Beziehung« zu verstehen ist. Der Begriff lässt sich insoweit noch konkretisieren, als dass in Abgrenzung zur gewöhnlichen »Schädiger-Geschädigten-Beziehung« die Eltern-Kind-Beziehung durch eine grundsätzlich nicht aufhebbare, enge räumliche und soziale Nähe zueinander, eine große Abhängigkeit des einen und damit korrespondierende Verantwortung des anderen Teils gekennzeichnet wird.

Diese Beziehung wird durch die Haftungsbeschränkung jedoch nicht geschützt. Das Argument lässt sich ohne weiteres umkehren, so wie dies in der Literatur zum Teil für die Regelung des § 1359 BGB gefordert wird. Wird die besondere Natur der Eltern-Kind-Bindung nur zu Gunsten der Eltern angeführt, wird übersehen, dass es sich auch für die Kinder um eine besondere Beziehung handelt. Weiterhin können aus der besonderen Beziehung zwischen Eltern und Kindern auch Schutzpflichten hergeleitet werden, die für einen strengeren statt

676 Vgl. BVerfG, MDR 1982, 136, 137.
677 *Veit*, in: BeckOK § 1664 Rn. 1.1.

milderen Sorgfaltsmaßstab der Eltern sprechen.[678] Kinder sind in einem hohen Maße abhängig von ihren Eltern,[679] bedürfen deren Schutz und müssen sich damit auch auf deren Sorgfältigkeit verlassen können. Ein Freundschafts- und/oder Vertrauensverhältnis bewirkt üblicherweise keine Herabsetzung des Haftungsmaßstabs, sondern in der Regel das Gegenteil.[680] Ein Vertrauensverhältnis ist unter bestimmten Bedingungen geeignet, eine Haftung zu begründen, die ansonsten nicht besteht.[681]

Etwas anderes ergibt sich auch nicht aus finanziellen Besonderheiten. Freilich sollte nicht übersehen werden, dass die Eltern über Jahre hinweg Aufwendungen für ihre Kinder tätigen, die als unentgeltliche Leistungen angesehen werden können. Zudem gehen Schadensersatzansprüche praktisch in erweiterten Unterhaltspflichten auf, weswegen für eine Schadensersatzflicht der Eltern oftmals kein Bedürfnis gesehen wird. Auch sei zu berücksichtigen, dass der Schaden häufig durch die dem geschädigten Kind zukommende Pflege weitestgehend ausgeglichen wird.[682]

Eine Haftungsbeschränkung zugunsten der Eltern trägt hierzu - meines Erachtens nach - nur bedingt bei. Gehen potentielle Ansprüche ohnehin in Unterhaltsansprüchen auf, fördert der Ausschluss der Haftung diese Besonderheit nicht. Eltern, die für die erhöhten Anforderungen ohnehin aufkommen, werden durch die Regelung des § 1664 BGB nicht geschützt. Allenfalls wenn die Eltern zur finanziellen Versorgung des Kindes nicht in der Lage und auf staatliche Hilfen angewiesen sind, gewährt ihnen die Haftungsprivilegierung einen finanziellen Schutz.

(b) Schutz des innerfamiliären Lebens

Als Rechtfertigung für § 1664 Abs. 1 BGB wird häufig das Bestreben herangezogen, das innerfamiliäre Leben möglichst wenig zu stören.[683] Es wirkt jedoch wie ein »Notnagel«, wenn Heilmann schreibt: » [...] die gesetzgeberische Grundentscheidung mit Blick auf das Interesse am möglichst ungestörten Leben innerhalb der Familie noch zu rechtfertigen« oder Huber erläutert: »Als Rechtfertigung und damit als Ratio für die Vorschrift bleibt deshalb nur das Anliegen, das innerfamiliäre Leben möglichst wenig zu stören«. Es scheint verzweifelt versucht zu werden, die Vorschrift als geltendes Gesetzesrecht zu rechtfertigen.

678 zu § 708: *Bergmann*, in: jurisPK § 708 Rn. 7.

679 *Gernhuber/Coester-Waltjen* § 57 IV Rn. 37; *Huber* in: MüKo § 1664 BGB Rn. 2; *Heilmann*, in: Staudinger § 1664 Rn. 5; *Walker* JuS 2015, 865, 868.

680 *Bergmann*, in: jurisPK § 708 Rn. 7.

681 *Bergmann*, in: jurisPK § 708 Rn. 7.

682 *Mannsdorfer*, Pränatale Schädigung S. 250.

683 *Gernhuber/Coester-Waltjen*, FamR § 57 IV Rn. 37; *Knolle*, Das Haftungsprivileg S. 41; *Huber* in: MüKo § 1664 Rn. 2; *Heilmann*, in: Staudinger § 1664 Rn. 5.

Erkennbar wird aber die durchaus berechtigte Befürchtung vor staatlicher Einmischung und Kontrolle innerfamiliärer Entscheidungen.

Das Ziel, Entscheidungen innerhalb der Familie vollständig von staatlicher Überprüfung freizustellen, kann nur durch einen vollständigen Haftungsausschluss gewährleistet werden. Eine Haftungsmilderung wie § 1664 Abs. 1 BGB kann aber einen gewissen kontrollfreien Raum gewährleisten.

In dieselbe Kerbe schlägt auch der, in der amerikanischen Rechtsprechung[684] häufig zu findende, Gedanke vom Schutz des Familienfriedens.[685] Der Familienfrieden soll nicht dadurch gestört werden, dass ein Familienmitglied gegen ein anderes gerichtlich vorgeht und gegebenenfalls Schadensersatzansprüche geltend macht. Dass ein Gerichtsverfahren zu Streitigkeiten innerhalb der Familie führen kann, ist naheliegend. Der Familienfrieden wird allerdings nicht durch das Gerichtsverfahren als solches, sondern bereits durch die schädigende Handlung gestört.[686] In Fällen in denen Kinder - gleiches gilt für Ehegatten untereinander - gerichtlich gegen ihre Eltern Schadensersatzansprüche gelten machen wollen, wird die Familienharmonie bereits soweit geschädigt sein, dass auch eine innerfamiliäre Haftungsbeschränkung diese nicht wieder herstellen kann. Die Haftungsbeschränkung des § 1664 BGB ist damit nicht geeignet, den Familienfrieden zu schützen. Davon abgesehen kann bereits angezweifelt werden, ob der Familienfrieden substantiiert genug ist, um auf dessen Grundlage Schadensersatzansprüche zu verweigern.[687]

(c) Regressanspruch

Geeignet ist § 1664 BGB jedoch, um Regressansprüche und damit die ungewollte Inanspruchnahme von Familienmitgliedern zu verhindern. Auch wenn ein Kind nicht gerichtlich gegen seine Eltern vorgehen möchte, ist es möglich, dass das elterliche Fehlverhalten Gegenstand eines Gerichtsverfahrens wird. Findet sich neben den Eltern noch ein weiterer Schädiger und nimmt das Kind diesen auf Schadensersatz in Anspruch, so ist ein Regressanspruch des Dritten gegen die Eltern des Kindes denkbar. Es besteht die Gefahr, dass das Verhalten der Eltern, von dem Kind ungewollt, Gegenstand eines Rechtsstreits wird und gegebenenfalls Zahlungen zu leisten sind, die nicht nur die Eltern, sondern mittelbar auch das Kind belasten können. Ebenso kommt eine Minderung des Schadensersatzanspruchs des Kindes um den Mitverschuldensanteil der Eltern nach den Grundsätzen des gestörten Gesamtschuldverhältnisses in Betracht.

684 zum Beispiel: Hewellette v. George, 68 Miss. 703, 9 So. 885.
685 *Wellenhofer*, FamR § 33 Rn. 22 in Bezug auf § 1359.
686 *Jayme*, Die Familie im Recht der unerlaubten Handlungen S. 212; *Wutz*, Beschränkung von Schadensersatzansprüchen zwischen Ehegatten S. 56; Petersen v. City and County of Honolulu, 426 P.2d 1007.
687 So: Petersen v. City and County of Honolulu, 426 P.2d 1007.

Hier schafft die Haftungsbeschränkung des § 1664 Abs. 1 BGB Abhilfe. Voraussetzung für einen Regressanspruch des Dritten nach § 426 Abs. 1 BGB ist, dass dem Kind ebenfalls ein Schadensersatzanspruch gegen seine Eltern zusteht.[688] Eine Haftung der Eltern scheitert jedoch, außer bei Überschreiten der eigenüblichen Sorgfalt, an der Haftungsbeschränkung. Ein direkter Regressanspruch des in Haftung genommenen Dritten gegen die Eltern des geschädigten Kindes kommt daher nicht in Betracht, wenn die Eltern im Rahmen der Haftungsprivilegierung gehandelt haben

Der Schädiger kann auch nicht geltend machen, dass der von ihm an das Kind zu leistende Schadensersatzanspruch durch die Höhe des Mitverschuldensanteils der Eltern gekürzt werden muss. Ein derartiger Gedanken erscheint zunächst naheliegend, da die Haftungssumme im Falle einer zwischen dem Geschädigten und einem der Schädiger bestehenden Haftungsfreistellung grundsätzlich auf den Betrag gekürzt wird, den der nicht haftungsbefreite Schädiger im Innenverhältnis zu tragen hätte.[689] Die Grundsätze über das gestörte Gesamtschuldverhältnis sind aber nach überwiegender Ansicht auf die Haftungsprivilegierung im Eltern-Kind-Verhältnis nicht anzuwenden.[690] Ist den Eltern kein Verschulden im Sinne der §§ 1664 Abs. 1, 277 BGB vorzuwerfen, haften sie dem Kind nicht. Daher kann zwischen den Eltern und dem Schädiger kein Gesamtschuldverhältnis entstehen.[691] Es entspricht dem Wesen und System der Deliktshaftung, dass ein Mitverursacher nur dann an der Haftung beteiligt wird, wenn und soweit er den Schaden zurechenbar mitgesetzt hat.[692] Die Regelung des § 1664 Abs. 1 BGB schützt die Familie insoweit, als dass der Dritte als Alleinverursacher haftet, sofern die Eltern die eigenübliche Sorgfalt eingehalten haben.[693]

§ 1664 BGB dient damit dem (finanziellen) Schutz der Familie, wenn neben den Eltern noch weitere Personen zur Schädigung beitragen. Dann kann das Kind den Schaden von dem Dritten vollständig ersetzt verlangen[694] ohne dass es zu einem Rückgriff gegen die Eltern kommt.[695]

---

688 OLG Hamm, NJW 1993, 542, 542.

689 *Lemke,* r+s 2006, 52, 52; BGH, r+s 2005, 397, 398; OLG Düsseldorf, r + s 2006, 85, 85f.

690 *Veit,* in: BeckOK § 1664 Rn. 9.1; *Dethloff,* FamR § 13 Rn. 8; *Lemke,* r+s 2006, 52, 52; OLG Celle, NJW 2008, 2353, 2354; OLG Düsseldorf, NJW 1978, 891, 891 *Gernhuber/Coester-Waltjen,* FamR § 57 IV Rn. 42; *Hager,* NJW 1989, 1640, 1647; a. A.: *Luckey,* VersR 2002, 1213, 1214ff.; *Muscheler* JR 1994, 441, 446ff.

691 *Veit,* in: BeckOK § 1664 Rn. 9.1; *Lemke,* r+s 2006, 52, 58; BGH, NJW 1988, 2667, 2669.

692 BGH, NJW 1988, 2667, 2669.

693 *Gernhuber/Coester-Waltjen,* FamR § 57 IV Rn. 42.

694 *Gernhuber/Coester-Waltjen,* FamR § 57 IV Rn. 42; BGH, NJW 1988, 2667, 2669; *Hager,* NJW 1989, 1640, 1647; kritisch zur Ablehnung einer Gesamtschuld bei Haftungserleichterungen nach § 1664: *Schmieder,* JZ 2009, 189, 194; a. A.: *Muscheler,* JR 1994, 441, 446.

695 *Gernhuber/Coester-Waltjen,* FamR § 57 IV Rn. 42.

(3) Angemessenheit

Keine Bedenken ergeben sich hinsichtlich der Angemessenheit. Zwar wären alle Regelungen milder, die die Haftung nicht auf die eigenübliche Sorgfalt beschränken, sondern den gewöhnlichen Fahrlässigkeitsbegriff oder die früher teilweise vertretene »eigenmögliche Sorgfalt«[696] in Bezug nehmen würden. Die Anwendung des Maßstabs der gewöhnlichen Fahrlässigkeit oder der eigenmöglichen Sorgfalt würde die Haftung der Eltern jedoch in vielen Fällen ausweiten und ist daher nicht in gleichem Maße geeignet. Anders als die eigenübliche Sorgfalt handelt es sich dabei nicht um einen subjektiven, sondern einen objektiven[697] Haftungsmaßstab, der die individuellen Verhaltensweisen der Eltern weniger berücksichtigen würde. Für die Sorgfaltswidrigkeit nach § 276 BGB kommt es darauf an, wie ein gewissenhafter und bedachter Mensch aus dem Verkehrskreis des Betroffenen gehandelt hätte.[698] Die eigenmögliche Sorgfalt ist dem weitestgehend angenähert. Da in der Regel davon ausgegangen werden kann, dass ein durchschnittlicher Schädiger über durchschnittliche Fähigkeiten verfügt, ist es ihm grundsätzlich möglich, die Sorgfalt anzuwenden, die ein gewissenhafter Durchschnittsbürger anwenden würde.[699] In beiden Fällen könnten sich die Eltern nicht auf einen ihnen üblichen »Schlendrian« berufen, wodurch ihre Haftung ausgeweitet würde und damit ihre Autonomie zur Erziehung ihrer Kinder eingeschränkt wäre. Entscheidungen, die Eltern für ihre Kinder treffen, wären dann nicht im gleichen Maße vor staatlicher Überprüfung geschützt wie durch die Haftungsbeschränkung des § 1664 Abs. 1 BGB.

(4) Verhältnismäßigkeit

Trotz vereinzelt aufkommender Zweifel an der Regelung des § 1664 Abs. 1 BGB ist sie verhältnismäßig im engeren Sinne, das heißt, die gewählten Mittel stehen unter Berücksichtigung der darauf basierenden Grundrechtsbeschränkungen in einem angemessenen Verhältnis zu dem bezweckten Rechtsgüterschutz. Der durch § 1664 Abs. 1 BGB bezweckte Schutz innerfamiliärer Entscheidungen ist von hoher Bedeutung und dient neben den Interessen der Eltern auch denen des Kindes. Es entspricht in der Regel nicht dem Wohl des Kindes, wenn die Erziehung letztlich beim Staat liegt.

---

696 *Döpp*, JR 1969, 14, 15.

697 *Unberath*, in: BeckOK § 276 Rn. 20; *Dauner-Lieb*, in: NK § 276 Rn. 9; *Westermann*, in: Erman § 276 Rn. 10; *Pfeiffer*, in: Soergel § 276 Rn. 75; *Caspers*, in: Staudinger § 276 Rn. 29. Zur eigenmöglichen Sorgfalt: *Heller*, Der Haftungsmaßstab der »diligentia quam in suis« S. 80

698 *Unberath*, in: BeckOK § 267 Rn. 21; *Schulze*, in: Schulze u. a. § 276 Rn. 13.

699 *Heller*, Der Haftungsmaßstab der »diligentia quam in suis« S. 80f.

Die durch die Regelung belasteten Rechte des Kindes sind nicht von einem solchen Ausmaß, als dass sie der Regelung des § 1664 Abs. 1 BGB entgegenstehen. Während § 1664 Abs. 1 BGB alle Eltern und das Wesen der Elternautonomie an sich schützt, beeinträchtigt die Haftungsbeschränkung praktisch nur einige Kinder und schränkt die Rechte nur für die normale Fahrlässigkeit ein.

Dem Interesse der Kinder entspricht es, dass sie aufgrund der Regelung des § 1664 BGB beteiligte Drittschädiger in Haftung nehmen können, ohne einen Regress gegen ihre Eltern fürchten zu müssen.

3. Zweckmäßigkeit der Haftungsbeschränkung bei der Eltern-Kind-Beziehung

Die Entscheidung über die Rechtmäßigkeit der Norm trifft jedoch keine Aussage über deren Zweckmäßigkeit. Diese ist jedenfalls für die Beziehung zwischen Mutter und ungeborenem Kind nicht anzunehmen.

Gegen die Anwendung des § 1664 Abs. 1 BGB sprechen zunächst die Bedenken an der Figur der diligentia quam in suis als solche. Diese steht in der Kritik, weil sie den Unsorgfältigen privilegiere, den Sorgfältigen demgegenüber schlechter stelle, zu nachlässigem Verhalten verleite[700] und dazu führe, dass sich der Schuldner vor Gericht bemühen werde, ein möglichst negatives Bild von seiner Sorgfältigkeit abzugeben und sich ein sorgloses Verhaltensmuster zulege.[701]

Die Erklärungsansätze, auf die in den anderen Anwendungsfällen der eigenüblichen Sorgfalt zur Begründung der Haftungsbeschränkung zurückgegriffen werden kann, passen nicht zu der besonderen Eltern-Kind-Beziehung. Die Zwecke der Haftungsbeschränkung werden bei einer Betrachtung der anderen auf § 277 BGB verweisenden Normen deutlich. In Bezug genommen werden sollen vor allem der § 1358 BGB (Haftungsbeschränkung zwischen Ehegatten) und der § 708 BGB (Haftungsbeschränkung zwischen Gesellschaftern). Der Ursprung der Haftungsbeschränkung liegt in diesen Fällen – wie bei § 1664 Abs. 1 BGB – in einer Nähebeziehung.

700 *Mauel*, Die Sorgfalt in eigenen Angelegenheiten S. 20.
701 *Mauel*, Die Sorgfalt in eigenen Angelegenheiten S. 20.

a) »Einwilligung« als Grund für die Haftungsbeschränkung

Die Regelung des § 1359 BGB beruht anerkannter Weise auf dem Gedanken, dass Ehegatten sich so hinzunehmen haben wie sie sind, da sie den Ehepartner selbst ausgewählt haben.[702] Auch diese Vorschrift ist nicht bar jeglicher Kritik. So wird schon seit langem die Beschränkung der Sorgfaltspflichten zwischen Ehegatten als nicht mehr zeitgemäß oder unrechtmäßig abgetan.[703] Kritisiert wird, dass das Haftungsprivileg nicht zu den besonderen partnerbezogenen Rücksichtnahme- und Fürsorgepflichten passt, die eigentlich zu einer strengeren anstatt einer milderen Haftung führen müssten.[704] Unerheblich ist, ob diese Kritik im Ergebnis zutrifft, deutlich werden soll nur, dass die Anwendungsfälle der diligentia quam in suis in ihrer Allgemeinheit nicht unbestritten sind. Maßgeblich ist, dass für die Regelung des § 1359 BGB, mit dem Kriterium der Freiwilligkeit eine plausible Begründung besteht. Die Wahl eines unsorgfältigen Ehegatten beruht auf einer freien Entscheidung, an der sich der Geschädigte im konkreten Schadensfall festhalten lassen muss.[705]

Der Interessenlage des § 1359 BGB entsprechend, wird für § 708 BGB ins Feld geführt, dass die Gesellschafter sich gegenseitig so nehmen wollen, wie sie sind, die Individualität des anderen berücksichtigen und daher nur verlangen können, dass in gemeinschaftlichen Angelegenheiten dieselbe Sorgfalt wie in eigenen beachtet wird.[706] Kritik an der Vorschrift ist zwar zumindest dann nicht völlig unberechtigt, wenn der Gesellschafter die Individualität des anderen nicht kannte.[707] Allerdings ist insoweit zu berücksichtigen, dass der Gesellschafter den Gesellschaftsvertrag freiwillig eingegangen ist und so das Risiko eines unsorgfältigen Gesellschafters in Kauf genommen hat. Dem entspricht ebenfalls die

702 *Heller*, Der Haftungsmassstab der »Diligentia quam in suis« S. 37; *Schiefer*, in: jurisPK § 1359 Rn. 5; *Roth*, in: MüKo § 1359 Rn. 2; *Voppel*, in: Staudinger § 1359 Rn. 5; *Wacke*, JA 1981, 401; *Walker*, JuS 2015, 865, 868; *Wutz*, Beschränkungen von Schadensersatzansprüchen zwischen Ehegatten S. 55.

703 *Dölle*, FamR S. 686.

704 *Dölle*, FamR S. 686.

705 *Sundermann*, JZ 1989, 927, 934; *Roth*, in: MüKo § 1359 Rn. 2.

706 *Servatius*, in: Henssler/Strohn Gesellschaftsrecht BGB § 708 Rn. 1; *Knolle*, Das Haftungsprivileg der eigenüblichen Sorgfalt im Familienrecht, S. 46; *Schäfer*, in: Müko § 708 Rn. 1: *Caspers*, in: Staudinger § 277 Rn. 2; Der BGH (NJW 1977, 2311, 2312) hat für den Fall, dass die einzelnen Kommanditisten nicht über die Zusammensetzung der Gesellschafterversammlung und den Kreis der Partner mitentscheiden können, angenommen, dass die Haftungsmilderung auf eigenübliche Sorgfalt nicht gilt. Der Zweck des § 708 BGB passe nicht auf eine Massengesellschaft.

707 Dazu *Mauel*, Die Sorgfalt in eigenen Angelegenheiten S. 62f.

Situation eines Verwahrungsvertrags, welcher üblicherweise auf einem freiwilligen Entschluss[708], unter sorgfältiger Auswahl des Vertragspartners zurückgeht.[709]

Diesen Gedanken auf die Eltern-Kind-Beziehung übertragend, meint Adelmann[710] , dass ein Kind seine Eltern so nehmen müsse, wie sie sind. Dies rechtfertige, nach seiner Auffassung, die Beschränkung auf die eigenübliche Sorgfalt. Dieser Begründungsansatz wird zu Recht überwiegend abgelehnt.[711] Ein Kind kann sich seine Eltern nicht selbst aussuchen. Die Abhängigkeit des Kindes von seinen Eltern ist darüber hinaus größer als die eines Ehepartners von dem anderen; seine Stellung in der Familie ist eine andere.

Zudem ist die Beschränkung auf die eigenübliche Sorgfalt in den Fällen der §§ 708, 1359 BGB dispositives Recht.[712] Haben sich die Parteien (Ehegatten, Gesellschafter) zunächst für die Eingehung eines Rechtsverhältnisses entschieden und haben sie die Haftungsbeschränkung, trotz Möglichkeit, nicht abbedungen, so kann mit Recht angenommen werden, dass sie ein sorgfaltswidriges Verhalten des anderen in Kauf genommen haben und diese Entscheidung auch im Schadensfall gegen sich gelten lassen müssen. Im Eltern-Kind-Verhältnis besteht für das Kind nicht nur keine Möglichkeit, sich die Eltern auszusuchen, es besteht auch keine Möglichkeit der Abbedingung. Vereinzelt wird zwar von einer grundsätzlichen Abdingbarkeit des § 1664 Abs. 1 BGB ausgegangen, praktisch scheitert diese aber daran, dass die Eltern ihre Haftung nicht einseitig verschärfen. Die Haftungsbeschränkung der Eltern kann demnach aus diesem Grund nicht gerechtfertigt werden. Auch Floskeln wie »Familiengemeinschaft ist Schicksalsgemeinschaft«[713] können über den Mangel einer stichhaltigen Begründung nicht hinwegtäuschen.

---

708 Anderes gilt zum Beispiel bei der irrtümlichen Zusendung unbestellter Ware, § 241a Abs. 2; vgl. *Mergner/Kraft*, VersR 2016, 435, 438.

709 Ebenso: *Heller*, Der Haftungsmassstab der »Diligentia quam in suis« S. 20f.

710 *Adelmann*, in: RGRK § 1664 Rn. 2.

711 So: auch *Knolle*, Das Haftungsprivileg der eigenüblichen Sorgfalt S. 39; *Walker*, JuS 2015, 865, 868; *Sundermann*, JZ 1989, 927, 934.

712 *Gernhuber/Coester-Waltjen*, FamR § 22 I 9–11; *Grziwotz*, MDR 1998, 1075, 1079; *Budzikiewicz*, in: Jauernig § 1359 Rn. 2; *Roth*, in: MüKo § 1359 Rn. 13; *Brudermüller*, in: Palandt , § 1359 Rn. 3; zumindest für Einzelfälle: *Voppel*, in: Staudinger § 1359 Rn. 12; *Wutz*, Beschränkung von Schadensersatzansprüchen zwischen Ehegatten S. 116. Für § 708: *Schöne*, in: BeckOK § 708 Rn. 3, *Servatius*, in: Henssler/Strohn § 708 Rn. 10; *Schäfer*, in: MüKo § 708 Rn. 3; *Saenger*, in: Schulze u. a. § 708 Rn. 1.

713 *Hilbig-Lugani*, in: Soergel § 1664 Rn. 2; *Veit*, in: BeckOK § 1664 Rn. 1.1; *Adelmann*, in: RGRK § 1664 Rn. 2.

b) Erhöhtes Schädigungsrisiko aufgrund des engen Zusammenwirkens als Grund für die Haftungsbeschränkung

Die den §§ 708, 1359 BGB und auch § 1664 Abs. 1 BGB zugrundeliegenden Beziehungen zeichnen sich weiterhin dadurch aus, dass die Betroffenen sehr eng zusammenwirken, wodurch das Risiko, den anderen durch unsorgfältiges Verhalten zu schädigen, erhöht wird.[714] Ob die Betroffenen nun, wie Ehegatten beziehungsweise Eltern und Kinder[715], in einem gemeinsamen Haushalt leben oder ob sie beruflich so eng zusammenwirken, dass das Fehlverhalten des einen auch zu Nachteilen des anderen führt, in beiden Fällen ist die Wahrscheinlichkeit der Schädigung erhöht. Die Haftungsprivilegierung ist damit ein »Korrelat für das spezifische Gemeinschaftsrisiko«.[716] In einem Gemeinschaftsverhältnis erfordert die partnerschaftliche Solidarität, dass kleinere Versehen nachgesehen werden, weil sie auch dem anderen Partner unterlaufen können.[717] Diese Begründung beruht im Wesentlichen auf zwei Gedankensträngen. Zum einen kommt zum Ausdruck, dass die Haftungsbeschränkung beidseitig wirkt, also für und gegen beide Betroffene. Zum anderen ist entscheidend, dass für beide Parteien tatsächlich die Gefahr besteht, den anderen zu schädigen und von ihm geschädigt zu werden. Eine solche doppelte Beidseitigkeit liegt sowohl in den Beziehungen der Gesellschafter als auch der Ehegatten zueinander vor, ist jedoch im Verhältnis der Kinder zu ihren Eltern fraglich.

Der Wortlaut des § 1664 BGB lässt auf eine einseitige Privilegierung zu Gunsten der Eltern und zu Lasten des Kindes schließen. Die Haftungsmilderung gilt jedoch auch umgekehrt, also für Verletzungen der Eltern durch das Kind.[718] Für dienstverpflichtete Kinder ist dies seit langem von der herrschenden Lehre anerkannt[719] und wird im Übrigen aus § 1618a BGB abgeleitet.[720] Es besteht demnach auch im Eltern-Kind-Verhältnis eine beidseitige Privilegierung.

Zu bedenken ist aber, dass nicht nur die Haftungsmilderung beidseitig bestehen muss. Beidseitigkeit muss auch bezüglich der Gefährdungsrisiken vorliegen. Zweifelhaft ist, ob im Eltern-Kind-Verhältnis ein beidseitiges Gefährdungspotential besteht und ob beide Parteien gleichermaßen unsorgfältig han-

714 *Voppel*, in: Staudinger § 1359 Rn. 6; *Wutz*, Beschränkung von Schadensersatzansprüchen zwischen Ehegatten S. 56; für das Eltern-Kind-Verhältnis: *Knolle*, Das Haftungsprivileg der eigenüblichen Sorgfalt im Familienrecht S. 41, 42.

715 Dazu *Stör*, Der Deliktsschutz des Ungeborenen S. 129.

716 *Mauel*, Die Sorgfalt in eigenen Angelegenheiten S. 63; ebenso: *Schiefer*, in: jurisPK § 1359 Rn. 6.

717 *Mauel*, Die Sorgfalt in eigenen Angelegenheiten S. 63.

718 *Hilbig-Lugani*, in: Staudinger § 1618a Rn. 34; *Heilmann*, in: Staudinger § 1664 Rn. 13.

719 *Huber*, in: MüKo § 1664 Rn. 16; Kemper, in: Schulze u.a § 1619 Rn. 3; *Wacke*, JA 1981, 400, 401.

720 *Heilmann*, in: Staudinger § 1664 Rn. 13; *Hilbig-Lugani*, in: Staudinger § 1618a Rn. 34.

deln können. Diese Fragen müssen zumindest für ungeborene Kinder verneint werden. Dass ein ungeborenes Kind überhaupt nicht unsorgfältig handeln kann, liegt auf der Hand.

Eine Anwendung des Maßstabs der eigenüblichen Sorgfalt auf das Verhältnis zwischen werdender Mutter und ungeborenem Kind ist damit nicht zweckmäßig.

4. Fehlende Übertragbarkeit der eigenüblichen Sorgfalt auf die Sorge für das ungeborene Kind

Aus praktischer Sicht spricht auch die Unmöglichkeit, die eigenübliche Sorgfalt der Mutter auf das ungeborene Kind zu übertragen, gegen eine Anwendung des § 1664 BGB. Bei der eigenüblichen Sorgfalt gilt abweichend von § 276 BGB kein objektiver, sondern ein subjektiver, die Veranlagung und das gewohnheitsmäßige Verhalten des Handelnden berücksichtigender Maßstab.[721] Bei einer besonders sorgfältigen Person wird jedoch auf den objektiven Maßstab des § 276 BGB abgestellt, da der subjektive Maßstab des § 277 BGB die Haftung mildern und nicht erweitern soll.[722] Die in eigenen Angelegenheiten sehr sorgfältig handelnde Mutter haftet daher nach dem objektiven Verschuldensmaßstab.

Ungeklärt ist, welcher Vergleichsmaßstab herangezogen werden soll. Handlungen, welche die Mutter nur geringfügig beinträchtigen, können für die Leibesfrucht in hohem Maße schädigend sein. Eine unvernünftige Lebensweise spricht noch nicht »für die Gewohnheit, sich selbst Gesundheitsschäden vom Ausmaß vorgeburtlicher Entwicklungsstörungen beizubringen«.[723] Diesen Bedenken wurde in der älteren Literatur entgegengehalten, dass auf die eigenmögliche Sorgfalt abgestellt werden könne, wenn vergleichbare eigene Angelegenheiten fehlen.[724] Das Normalverhalten des Schädigers sei nicht nur nach der tatsächlich angewendeten, sondern ebenfalls nach der dem Schädiger möglichen Sorgfalt zu beurteilen. Die eigenübliche Sorgfalt sei nur ein Indiz für die eigenmögliche. Folge dieser Auffassung wäre, dass sich der Schuldner nicht auf notorische Nachlässigkeit sowie einen ihm üblichen Schlendrian berufen könnte. Diese Überlegung ist abzulehnen,[725] da sie im Widerspruch zu dem eindeutigen Gesetzeswortlaut steht. Den gesetzlichen Regelungen ist zu entnehmen, dass der

721 *Lorenz*, in: BeckOK § 277 Rn. 8.
722 *Lorenz*, in: BeckOK § 277 Rn. 8; *Schulze*, in: Schulze u. a. § 277 Rn. 3; *Caspers*, in: Staudinger § 277 Rn. 3.
723 *Stör*, Der Deliktsschutz des Ungeborenen S. 130.
724 *Wacke*, JA 1981, 400, 401; *Döpp*, JR 1969, 14, 15.
725 Explizit: *Heller*, Der Haftungsmaßstab der »diligentia quam in suis« S. 82ff.; *Mauel*, Die Sorgfalt in eigenen Angelegenheiten S. 102ff.; *Grundmann*, in: MüKo § 277 Rn. 3.

Gesetzgeber bewusst zwischen »erforderlichem« (§ 276 BGB) und »üblichem« (zum Beispiel §§ 1664, 1359, 2131 BGB) Verhalten differenzieren wollte.

Die Bestimmung und Übertragung der eigenüblichen Sorgfalt ist im Verhältnis der Mutter zu ihrem ungeborenen Kind kaum möglich. Ganz grundlegend ließe sich die Frage stellen, ob das Kriterium der eigenüblichen Sorgfalt überhaupt Sinn ergibt, wenn zwischen Schädiger und Geschädigtem keine Personenverschiedenheit im eigentlichen Sinn vorhanden ist.

10. Kapitel: Verkehrspflichten

In diesem Kapitel möchte ich zeigen, dass werdenden Müttern durchaus Verhaltenspflichten zum Schutz ihrer Kinder obliegen können.

Die Bedeutung der Grundrechte auf die Frage, was von einer schwangeren Frau zum Schutz des Kindes verlangt werden kann, wurde bereits ausführlich beleuchtet. Fest steht damit, dass Verhaltenspflichten nur in sehr begrenztem Umfang existieren können. Auf den Umfang der Verhaltenspflichten wird in der Literatur nur stiefmütterlich eingegangen. Eine Festlegung der Verhaltenspflichten kann freilich nicht abstrakt, sondern immer nur am konkreten Fall erfolgen.

Bei dem Versuch einer solchen Bestimmung wird erneut das Spannungsfeld zwischen den Bedürfnissen der Mutter und dem Schutzinteresse des Kindes deutlich. Auch wird man hierbei feststellen, dass der gebotene Schutz der Mutter durch einen Rückgriff auf § 1664 Abs. 1 BGB tatsächlich weniger Schwierigkeiten aufwirft. Da die Vorschrift des § 1664 Abs. 1 BGB insbesondere angesichts der Schwierigkeiten, die eigenübliche Sorgfalt zu bestimmen und auf das ungeborene Kind zu übertragen, schwer handhabbar ist und auch aus weiteren Gründen in der Kritik steht, sollte jedoch zumindest der Versuch unternommen werden, den Interessenkonflikt auf andere Weise zu lösen. Dies gilt insbesondere, da die Bestimmung, welche Verhaltenspflichten bestehen, auch für die Festlegung der Grenze der groben Fahrlässigkeit von Bedeutung ist. Gelingt dieser Versuch, ist ein darüber hinausgehender Rückgriff auf die Haftungsbeschränkung der eigenüblichen Sorgfalt nicht erforderlich. Verglichen mit dem Regelanwendungsfall des § 1664 BGB (geborenes Kind) erfüllt die Haftungsbeschränkung gegenüber der Bestimmung der Verhaltenspflicht im Fall des ungeborenen Kindes keinen eigenen Zweck. Bei der Haftung gegenüber geborenen Kindern wird die Verhaltenspflicht objektiv bestimmt und die Privilegierung aufgrund familiärer Nähe erst durch eine Beschränkung des Verschuldensmaßstabs vorgenommen. In Bezug auf das ungeborene Kind sind die Verhaltenspflichten der Mutter nicht mit denen eines Dritten vergleichbar. Die besondere körperliche Verbindung zwischen Mutter und Kind ist schon im Rahmen der Verhaltenspflichten zu berücksichtigen. Es bleibt daneben kein Bedürfnis für eine weitere Haftungsbeschränkung, um die besondere familiäre Beziehung zu berücksichtigen. Allein die Frage nach dem Rückgriff eines dritten Schädigers auf die Mutter ist hiervon nicht umfasst. Fälle, in denen sowohl einen Dritter als auch die Mutter nach den nachstehenden Grundsätzen eine Verhaltenspflicht trifft, sind praktisch aber zumindest aufgrund der eigenverantwortlichen Entscheidung der Mutter nicht denkbar.

Im Ergebnis unterscheidet sich die Anwendung des § 1664 BGB nicht von der hier befürworteten Lösung, die besondere Beziehung durch Beschränkung der Verkehrspflichten zu erreichen. Die Verhaltenspflichten der Mutter werden in einem solchen Maß begrenzt, dass ihre Verletzung die Voraussetzungen grober Fahrlässigkeit erfüllt und damit auch die Grenze des § 1664 BGB überschritten wäre.

1. Bedeutung und grundlegende Voraussetzungen der Verkehrspflichten

Ob eine das ungeborene Kind pränatal schädigende Handlung Schadensersatzpflichten auslöst, hängt davon ab, ob eine Verkehrspflicht verletzt wurde. An welcher Stelle innerhalb der Anspruchsprüfung die Verletzung der Verkehrspflicht genau zu erfolgen hat, ist streitig. Der Verstoß gegen eine Verkehrspflicht wird zum Teil schon im Rahmen des Tatbestands gefordert wird.[726] Andere machen die Rechtswidrigkeit von einem Verstoß gegen eine Verkehrspflicht abhängig.[727] Ob und welche Verhaltenspflichten die Mutter treffen, kann auch im Rahmen des Verschuldens relevant werden. Wenn auch von der überwiegenden Meinung[728] zwischen der Verkehrspflichtverletzung und der Fahrlässigkeit unterschieden wird, hat die Verletzung einer Verkehrspflicht eine Indizwirkung für die Bestimmung der Fahrlässigkeit.[729]

Entstehungsgrund für deliktische Handlungspflichten ist die Existenz einer spezifischen Beziehung des Pflichtigen zu dem bedrohten Rechtsgut oder zur überwachungsbedürftigen Gefahrenquelle.[730] Neben der tatsächlichen und

726 So zum Beispiel *Brox/Walker*, SR BT § 45 Rn. 32ff.; *Lange*, in: jurisPK § 823 Rn. 53; *Staudinger*, in: Schulze u. a. § 823 Rn. 51; *Staake*, gesetzliche Schuldverhältnisse § 8 Rn. 150; *Larenz/Canaris*, SR BT II § 75 II 3c, S. 368; *Wagner*, in: MüKo § 823 Rn. 391.

727 So zum Beispiel: *Medicus/Lorenz*, SR II BT § 72 Rn. 8; *Esser/Schmidt* SR AT II § 25 IV 1c, S. 69; *Esser/Weyers*, SR BT II § 55 II 3, S. 170.

728 *Looschelders*, SR BT, S. 478; *Wandt*, Gesetzliche Schuldverhältnisse § 16 Rn. 113.

729 *Wandt*, Gesetzliche Schuldverhältnisse § 16 Rn. 113, vgl. auch *Jansen*, Struktur des Haftungsrechts S. 614ff.

730 *Deutsch*, Allgemeines Haftungsrecht Rn. 102ff.

rechtlichen Möglichkeit zur Gefahrensteuerung[731] muss eine normativ begründete Zuständigkeit für die Gefahrenquelle beziehungsweise für das zu schützende Rechtsgut bestehen.[732] Unberücksichtigt bleiben kann der Aspekt des »Vertrauensschutzes«. Dieser ist generell bei der Begründung von Verkehrspflichten zu berücksichtigen, weil durch eine Vertrauensstellung die Bereitschaft zur Selbstverantwortung herabgesetzt wird.[733] Da dem ungeborenen Kind keine Selbstverantwortung zukommt, kann auch dessen Bereitschaft hierzu nicht gesenkt werden.

Ein wichtiger Bereich der Verkehrspflichten betrifft die Obhuts- und Fürsorgepflichten.[734] Im Verhältnis der Mutter zu ihrem ungeborenen Kind ist sowohl an Sicherungspflichten für ihr eigenes Verhalten, als auch an Fürsorgepflichten zum Schutz des Kindes zu denken. Die grundsätzlich jedermann treffende Pflicht, das eigene Verhalten beziehungsweise seine Sachen so einzurichten, dass Verletzungen Dritter möglichst verhindert werden,[735] gilt grundsätzlich auch für die werdende Mutter im Verhältnis zu ihrem Kind. Das Verbot gesundheitsschädigender Behandlungen des Embryos erschöpft sich angesichts der einzigartigen Verbindung von Mutter und Kind jedoch nicht in einer Pflicht der Frau, den Rechtskreis eines anderen nicht zu verletzen.[736] Gleichzeitig handelt es sich auch nicht um reine Fürsorgepflichten,[737] welche den Schutz des Rechtsgutsträgers vor Verletzungen seitens Dritter oder der schutzbedürftigen Person selber zum Inhalt haben. Eine genaue Abgrenzung ist nicht möglich, aber auch nicht erforderlich. Die deliktischen Handlungspflichten lassen sich nur im jeweiligen Einzelfall bestimmen.

2. Verhaltenspflichten der Mutter

Die Frage nach den Verhaltenspflichten der Mutter wird in der Literatur bisher nur vereinzelt angesprochen. Für vorsätzliche Schädigungen soll die Mutter nach übereinstimmender Überzeugung haften.[738] Ob darüber hinaus Verhaltenspflichten bestehen, wird kontrovers diskutiert. Der Meinungsstand lässt sich in etwa damit zusammenfassen, dass die Berücksichtigung der Interessen der

731 *v. Bar* ,Verkehrspflichten S. 122ff.; *Wagner*, in: MüKo § 823 Rn. 399.
732 *Wagner*, in: MüKo § 823 Rn. 400.
733 *v. Bar*, Verkehrspflichten S. 117ff.
734 *v. Bar*, Verkehrspflichten S. 99.
735 *Wagner*, in: MüKo § 823 Rn. 400.
736 BVerfG, NJW 1993, 1751, 1754; *Rolfs*, JR 2001, 140, 144f.; *v. Renesse*, ZRP 1991, S. 321, 322f.
737 *Wagner*, in: MüKo § 823 Rn. 401.
738 *Hager*, in: Staudinger § 823 Rn. B 49; *Steffen*, in: RGRK § 823 Rn. 13; *Stoll*, FS Nipperdey I, 739, 758; *Wagner*, in: MüKo § 823 Rn. 205; Vgl. auch *Rolfs*, der die Güterabwägung im Rahmen der Entschuldigungsgründe vornimmt.

werdenden Mutter entweder dadurch erfolgt, dass die Haftung für fahrlässige Verletzungen gänzlich ausgeschlossen wird oder der reduzierte Haftungsmaßstab der eigenüblichen Sorgfalt angewendet wird.

Unter Bezugnahme auf die entgegenstehenden Persönlichkeitsrechte der werdenden Mutter verneinen manche Stimmen in der Literatur Sorgfaltspflichten der werdenden Mutter gegenüber ihrem ungeborenen Kind.[739] Von vorsätzlichen Schädigungen abgesehen, sei die Grenze zwischen Recht und Unrecht schwer zu ziehen, da dem Lebensrecht des Kindes das Persönlichkeitsrecht der Mutter gegenüber stehe.[740] Das Kind müsse die von seiner Mutter getroffenen Lebensentscheidungen gegen sich gelten lassen.[741] Im Vordergrund stehe weniger der Schadensersatzanspruch des Kindes, als die Frage, ob das Zivilrecht im Wege eines vorbeugenden Unterlassungsanspruchs die Mutter in ihrem Lebenswandel kontrollieren dürfe.[742] Das Persönlichkeitsrecht der Mutter gebiete es, diese Problematik schon durch eine entsprechende Begrenzung der Pflichten der Mutter und nicht erst auf vollstreckungsrechtlicher Ebene zu lösen.[743] Das Zivilrecht sei »überfordert, wenn von ihm erwartet würde, auf schwangere Frauen einen Zwang zu einer die Leibesfrucht schonenden Lebensweise auszuüben«.[744] Eine Kontrolle der Lebensweise der Mutter widerstrebe ihren berechtigten Belangen und ließe sich praktisch überhaupt nicht durchführen.[745]

Andere Autoren erkennen Verhaltenspflichten der Mutter gegenüber ihrem ungeborenen Kind an. Wie diese ausgestaltet werden sollen, bleibt jedoch offen. Wagner beispielsweise stellt lediglich fest, dass es darauf ankomme, die Verhaltenspflichten an die Situation der Mutter anzupassen und keine übertriebenen Anforderungen an die Lebensführung einer schwangeren Frau zu stellen.[746] Die haftungsrechtlichen Folgen einer Verkehrspflichtverletzung werden oftmals durch die Anwendung des reduzierten Haftungsmaßstabs in § 1664 Abs. 1 BGB beschränkt.[747]

---

739 *Hager*, in: Staudinger § 823 Rn. B 49; *Steffen*, in: RGRK § 823 Rn. 13; *Stoll*, FS Nipperdey I, S. 739, 758f., *Stieglitz*, wrongful birth und wrongful life Problematik im deutschen Deliktsrecht S. 176ff.

740 *Stoll*, FS Nipperdey I, 739, 758.

741 *Stoll*, FS Nipperdey I, 739, 759.

742 *Hager*, in: Staudinger § 823 Rn. B 49.

743 *Hager*, in: Staudinger § 823 Rn. B 49.

744 *Stoll*, FS Nipperdey I, 739, 758f.

745 *Stoll*, FS Nipperdey I, 739, 759.

746 *Wagner*, in: MüKo § 823 Rn. 205.

747 *Wagner*, in: MüKo § 823 Rn. 205; ebenso: *Coester-Waltjen*, FS Gernhuber 1993, S. 847; *Dau*, jurisPR-SozR 21/2015 Anm. 5; *Hager*, in: Staudinger § 823 Rn. B 49, spricht sich zwar grundsätzlich. gegen Verkehrspflichten der Mutter aus, würden sie jedoch anerkannt, so fände § 1664 BGB Anwendung.

Letztere Auffassung ist insoweit vorzugswürdig, als dass Verkehrspflichten der Mutter grundsätzlich bejaht werden. Nicht gefolgt werden soll jedoch dem Erfordernis eines Rückgriffs auf § 1664 BGB.

Wer Verhaltenspflichten der werdenden Mutter grundsätzlich ablehnt, missachtet die schutzwürdigen Interessen ungeborener Kinder und die zu Beginn des Kapitels ausgeführten Argumente für eine deliktische Haftung werdender Mütter gegenüber ihren ungeborenen Kindern. Ohne Frage gebietet die untrennbare körperliche Verbindung von Mutter und Kind eine Anpassung der Verhaltenspflichten an die besondere Situation. Es mag in der Tat schwierig sein, die Verhaltenspflichten einer Mutter gegenüber ihrem ungeborenen Kind zu bestimmen, das Zivilrecht wäre hiermit aber nicht »überfordert«. Freilich ist es nicht möglich, die Verhaltenspflichten abstrakt und für alle Fälle zu katalogisieren. Da deren Begründung insbesondere von Wertungsgesichtspunkten abhängt, ist stets eine einzelfallbezogene Gesamtbetrachtung vonnöten. Dabei können aber die Interessen der Mutter und das besondere Verhältnis zwischen schädigender Mutter und geschädigtem Kind hinreichend berücksichtigt werden. Im Rahmen der Bestimmung der Verhaltenspflichten lassen sich die Argumente für und gegen eine Haftung der Mutter sinnvoll in Einklang bringen

Des Weiteren ist dem Verfassungsrecht und dessen Ausprägung im strafrechtlichen Abtreibungsrecht die Wertung zu entnehmen, dass die Mutter kein uneingeschränktes Dispositionsrecht über Leben und Gesundheit des Embryos hat[748] und ihr damit bestimmte Verhaltenspflichten obliegen müssen.

Auch die Forderung, Verhaltenspflichten der Mutter zu begrenzen, um Unterlassungsansprüche auszuschließen, überzeugt nicht. Unterlassungsansprüche des ungeborenen Kindes gegen die Mutter bestehen nicht, da vorbeugender Rechtsschutz im Verhältnis zu den Eltern nicht stattfindet. Ein Kind hat gegenüber seinen Eltern weder einen zivilrechtlichen Anspruch auf pflichtgemäße Ausübung der elterlichen Sorge noch kann es das Unterlassen eines sorgerechtswidrigen Verhaltens verlangen.[749] Der Schutz des Kindes vor sorgerechtswidrigen Handlungen obliegt allein den Familiengerichten. Damit verbleibt dem Kind allenfalls die Möglichkeit sekundären Rechtsschutzes in Form von Schadensersatzansprüchen wegen der Verletzung elterlicher Pflichten.[750] Dies kann dem Kind nicht kategorisch aufgrund entgegenstehender Rechte der Mutter versagt werden. Die im Ergebnis stark begrenzte Möglichkeit des Kindes, Schadensersatz zu fordern und die damit ebenfalls begrenzte Präventivwirkung von

748 *Wagner*, in: MüKo § 823 Rn. 156.

749 *Coester-Waltjen*, NJW 1985, 2175, 2176; *Seidel*, Zivilrechtliche Mittel gegen Schwangerschaftsabbrüche S. 61.

750 *Gernhuber/Coester-Waltjen*, FamR § 57 IX Rn. 101.

Schadensersatzansprüchen sind die einzigen Wege, die körperliche Unversehrtheit des Kindes gegenüber seiner Mutter zu schützen.

Die Rechte und Interessen der Mutter können auch bei grundsätzlicher Anerkennung von Schadensersatzansprüchen durch eine den Interessen beider gerecht werdenden Bestimmung der Verhaltenspflichten hinreichend berücksichtigt werden.

Der scheinbare Widerspruch, dass zwar deliktische Handlungspflichten der Mutter gegenüber ihrem Kind bestehen, diese aber vorgeburtlich durch das Kind nicht durchzusetzen sind, ist bei genauerer Betrachtung kein Argument gegen die Begründung von Handlungspflichten. Zwar erscheint es zunächst nicht konsequent, das Handeln der Mutter durch später entstehende Schadenersatzansprüche zu sanktionieren, dem Kind aber zugleich nicht das Recht zu gewähren, bezüglich dieser Handlung vorbeugend Unterlassung von der Mutter verlangen zu können. Dies ist aber alleine darin begründet, dass das Familienrecht gegenüber dem allgemeinen Zivilrecht vorrangig ist, aber mit Ausnahme der Haftungsprivilegierung keine speziellen Regelungen für das Schadensersatzrecht beinhaltet. Nichts anderes gilt für das geborene Kind. Zu berücksichtigen ist auch, dass Untersagungen nicht generell ausgeschlossen sind, sondern lediglich auf ein Tätigwerden des Familiengerichts und besonders gravierende Fälle beschränkt sind. Weiterhin ist die Eingriffsintensität für die Mutter bei vorgeburtlichen Unterlassungsansprüchen erheblich höher als bei nachgeburtlichen Schadensersatzpflichten, die von dem Eintritt eines tatsächlichen Schadens abhängig sind. Auch wenn die Verkehrspflichten selbst von einem etwaigen Schaden unabhängig zu bestimmen sind, greifen die Folgen der Verletzung einer deliktischen Verhaltenspflicht in Form von Schadenersatzansprüchen nur in den Fällen eines tatsächlichen Schadenseintritts. Der Mutter vorgeburtlich jedes potentiell schädliche Verhalten zu untersagen, ist mit ihren Rechten nicht in Einklang zu bringen. Selbst bei einer Beschränkung auf schwere Schäden bestünde stets die Problematik der medizinisch-wissenschaftlichen Unsicherheit über die tatsächliche Schädlichkeitswahrscheinlichkeit. Die Sanktionierung durch Schadenersatzsprüche greift geringer in die Rechte der Mutter ein. Dieser verbleibt stets die Möglichkeit, ihr geeignet erscheinende Maßnahmen zur Gefahrverringerung oder Vermeidung zu ergreifen oder sich auf das – in einer überwiegenden Zahl von Fällen – äußerst geringe Risiko einer tatsächlichen Schädigung einzulassen. Verständlicherweise wirkt auch die Androhung einer Schadensersatzpflicht lenkend auf das Verhalten der Mutter, dies entspricht in gewissem Maße aber dem Zweck des § 823 Abs. 1 BGB, welcher neben einer »Wiedergutmachungs-« auch eine »Präventivfunktion«[751] erfüllt. Wie sich gezeigt hat, liegt der einzig effektive Weg zur Durchsetzung eines Mindestschutzes für

751 *Ludyga*, ZEV 2014, 333, 337; OLG Köln, BeckRS 2016, 12714 Rn. 62.

den nasciturus in der Präventivwirkung von Schadensersatzansprüchen. Das Maß, in welchem diese lenkende Rolle ausgeübt wird, ist entscheidend, um die Interessen von Mutter und ungeborenem Kind in Einklang zu bringen.

Ferner ist zu berücksichtigen, dass sich Schadensersatzzahlungen vielfach mit Unterhaltspflichten überschneiden. Auch bei einem Ausschluss von Schadensersatzansprüchen trägt die Mutter mitunter finanzielle Folgen einer Schädigung ihres Kindes. Die Schlussfolgerung, dass bei Ausschluss von Schadensersatzpflichten keinerlei finanzielle Folgen auf die Mutter zukommen und damit eine freie Ausübung ihrer Persönlichkeit möglich ist, während die Mutter bei Anerkennung von Schadensersatzpflichten ein hohes finanzielles Risiko trägt, welches ihr die Ausübung ihrer Rechte unerträglich erschwert, kann damit nicht uneingeschränkt gezogen werden. Klarstellend soll darauf hingewiesen werden, dass dies nicht dahingehend verstanden werden soll, dass Schadensersatzansprüche wegen der Unterhaltspflicht überflüssig seien.

3. Maßstab der Verkehrspflichten

Welche Verkehrspflichten im Einzelnen bestehen, entscheidet sich nach den Umständen der konkreten Situation. Vor der Beurteilung einzelner Handlungen, ist zunächst ein Maßstab zu erstellen, an dem sich die Verhaltensweisen zu messen haben.

Abstrakt gilt, dass die rechtlich gebotene Verkehrssicherung alle nach den Umständen zumutbaren Maßnahmen umfasst, welche von einem umsichtigen und verständigen, in vernünftigen Grenzen vorsichtigen Menschen für notwendig und ausreichend erachtet werden, um andere vor Schäden zu bewahren.[752]

Der BGH[753] sowie ihm folgend auch andere Gerichte[754] und Teile der Literatur[755] sehen die Grenze der Verkehrspflichten stets in der Zumutbarkeit. Soweit sich die vom Geschädigten erlittene Rechtsgutsverletzung nicht durch zumutbare Sorgfaltsmaßnahmen verhindern lässt, kann sie dem Schädiger nicht als »Unrecht« vorgeworfen werden, sondern ist vom Geschädigten als »Unglück« hinzunehmen.[756] Es besteht damit keine Pflicht, andere vor allgemeinen Lebensrisiken zu schützen. Sorgfaltsmaßnahmen müssen nicht getroffen werden, wenn eine Gefährdung zwar nicht vollkommen ausgeschlossen, aber nur unter be-

752 *Medicus/Lorenz*, SR II BT § 72 Rn. 13; ständige Rechtsprechung: BGH, NJW 1990, 1236, 1237; zuletzt BGH, NJW 2014, 2104, 2105.

753 BGH, NJW 1965, 1760, 1761; BGH, NJW 1972, 724, 726; BGH, NJW 1989, 2808.

754 OLG Stuttgart, NJW-RR 2017, 860, 861.

755 *Krause*, in: Soergel Anh. II § 823 Rn. 32; *Hager*, in: Staudinger § 823 Rn. E 71; *Pick*, Verkehrspflichten S. 106f.

756 OLG Stuttgart, Urteil vom 16. März 2017–13 U 165/16 zit. n. juris Rn. 29.

sonderen Umständen zu befürchten war.[757] Die Grenze der persönlichen Zumutbarkeit ist bei den Mutter-Kind-Fällen von besonderer Bedeutung, da sich der Schutz des nasciturus angesichts der einzigartigen Verbindung von Mutter und Kind nicht in einer Pflicht der Frau erschöpft, den Rechtskreis eines anderen nicht zu verletzen.[758] Vielmehr ist damit eine intensive, die Frau existentiell betreffende Pflicht, zur Ausrichtung ihres eigenen Lebens an den Bedürfnissen des Kindes die Folge.[759] Dahinstehen kann die Frage, ob die persönliche Unzumutbarkeit im Rahmen der Verkehrspflicht relevant wird oder dem Verschuldensvorwurf[760] entgegen zu halten ist.

Dass die subjektive Unzumutbarkeit auch im Verhältnis der Mutter zu ihrem ungeborenen Kind zu beachten ist, zeigt ein »Erst-Recht-Schluss« aus der Entscheidung des BVerfG zu § 218 StGB. Danach kann eine Unzumutbarkeit zur Fortführung der Schwangerschaft angenommen werden bei Belastungen, die ein solches Maß an Aufopferung der Lebenswerte erfordern, dass ein bestimmtes Verhalten von der schwangeren Frau nicht verlangt werden könne.[761] Schließt das BVerfG damit schon die grundsätzliche Pflicht zur Austragung des Kindes aus, ermöglicht somit einen Eingriff in das Rechtsgut »Leben«, so muss dies im Verhältnis zu dem Rechtsgut »Gesundheit« ebenfalls gelten.[762]

Ob im Einzelfall eine Verhaltenspflicht besteht, hängt von einer Abwägung zwischen der im Einzelfall drohenden Gefahr und dem Gefahrvermeidungsaufwand ab. Je größer oder dringender eine Gefahr und je geringer der Vermeidungsaufwand ist, desto eher greift eine Verkehrssicherungspflicht.[763] Relevant ist auch, welche Art von Rechtsgut bedroht ist. Bei Gefahren für Leib und Leben sind strengere Anforderungen an Verkehrspflichten zu stellen, als bei Gefahren für das Eigentum.[764]

Besonderes Augenmerk liegt meines Erachtens nach auch hier auf der Wahrscheinlichkeit des Schadenseintritts. Mit Hilfe dieses Faktors können die Interessen der Mutter an ihrer Selbstbestimmung sachgerecht gewahrt werden. Haftungsbegründende Bedeutung misst der BGH einem Verhalten erst zu, »wenn sich vorausschauend für ein sachkundiges Urteil die naheliegende Möglichkeit ergibt, daß [sic!] Rechtsgüter anderer Personen verletzt werden können«.[765] Je wahrscheinlicher ein Schaden ist, desto eher können der Mutter Maßnahmen zur

757 *Medicus/Lorenz*, SR II BT § 72 Rn. 13.
758 BVerfG, NJW 1993, 1751, 1754; *Rolf*, JR 2001, 140, 144f.; *v. Renesse*, ZRP 1991, S. 321, 322f.
759 Vgl. dazu auch *Rolfs* (JR 2001, 140, 144f.).
760 *Rolfs*, JR 2001, 140, 143.
761 BVerfG, NJW 1993, 1751, 1754.
762 Im Rahmen der Entschuldigungsgründe so *Rolfs*, JR 2001, 140, 143.
763 *Lange*, in: jurisPK § 823 Rn. 87.
764 *Pick*, Verkehrspflichten S. 106.
765 BGH, NJW 1990 1326, 1327.

Gefahrvermeidung zugemutet werden. Insbesondere der Grad der Wahrscheinlichkeit nimmt großen Einfluss auf die Intensität der Beeinträchtigung der schwangeren Frau. Je unwahrscheinlicher die Schädigung ist, desto stärker würde eine Schadensabwendungspflicht in die Rechte der Mutter eingreifen. Sie müsste bei allen hypothetisch schädlichen Verhaltensweisen Maßnahmen ergreifen, um eine Gefährdung des Kindes auszuschließen.

Zu Gunsten der Mutter ist zu berücksichtigen, dass die einzelnen schädigungsgeeigneten Handlungen nicht isoliert betrachtet werden können. Vielmehr ist zu bedenken, dass jede Handlung oder Unterlassung der Mutter Einfluss auf die Entwicklung des ungeborenen Kindes nimmt. Auf den Punkt gebracht wurde dies durch Lord Cunningham in der Entscheidung Stallman v. Youngquist: »It is the mother's every waking and sleeping moment, which, for better or worse, shapes the prenatal environment«.[766] Es ist ihr nicht möglich, jederzeit jeden denkbaren Schaden von dem Kind fernzuhalten. Auch wenn eine einzelne Verhaltenspflicht gegebenenfalls noch keine schwerwiegende Beeinträchtigung ihrer Interessen ist, kann die Summe von Verhaltenspflichten in jedem Lebensbereich eine unerträgliche Belastung und Kontrolle ihres Lebens sein und damit die Grenze der Zumutbarkeit überschreiten. Erkennt man es beispielsweise isoliert als zumutbar an, dass sich die Schwangere zur Vermeidung einer Toxoplasmoseerkrankung von Katzen fernhalten soll, könnte das nicht mehr gelten, wenn man zusätzlich beispielsweise von ihr verlangt, den Kontakt mit rohem Fleisch zu meiden, auf das Radfahren, Joggen, Heben schwerer Gegenstände, den Gebrauch leichter Medikamente zu verzichten oder ausreichende Mengen an Vitaminen, Zink, Eisen oder Folsäure zu sich zu nehmen. Sie müsste sich bei jedem Verhalten zunächst über möglicherweise schädigende Folgen für das Kind informieren und jedes hypothetisch schädliche Verhalten unterlassen beziehungsweise jede erdenkliche Maßnahme zur Förderung der Entwicklung des Kindes ergreifen. Dass dies von der werdenden Mutter nicht verlangt werden kann, ist offensichtlich. Wie auch das geborene Kind, hat das ungeborene keinen Anspruch auf »Idealeltern«. Der Pflichtenkreis muss der besonderen Beziehung angepasst und den Interessen der Mutter gerecht werden. Zu weit geht ein in der Literatur teilweise anklingende Gedanke, dass die Gesellschaft auf Schwangerschaften angewiesen ist[767] und diese den potentiellen Müttern nicht durch zu befürchtende Eingriffe des Zivilrechts verleidet werden sollen.

Zu Lasten der Mutter ist zu bedenken, dass ihre Beeinträchtigung auf die Dauer der Schwangerschaft beschränkt ist, die Belastung des Kindes aber dessen gesamtes Leben andauern kann. Weiterhin ist zu berücksichtigen, dass sich die Frau in der Regel freiwillig für eine Schwangerschaft oder gegen deren Abbruch

766 Stallman v Youngquist 531 N.E.2d 355, 360.
767 So zum Beispiel Stallman v. Youngquist 531 N.E.2d 355, 360.

und damit für eine besonders enge Beziehung, durch die sie schon vorgeburtlich für den Schutz des Kindes verantwortlich ist, entschieden hat. Schuldet die Mutter dem Kind schon vorgeburtlich elterliche Fürsorge, kann sie nicht von sämtlichen Verhaltenspflichten freigestellt werden. Sind Eltern sorgeberechtigt, so sind sie auch sorgeverpflichtet.

Ein weiterer zentraler Wertungsgesichtspunkt für die Ausgestaltung einer Verkehrspflicht im Allgemeinen ist die Schutzbedürftigkeit. Eine solche Schutzbedürftigkeit und mit ihr eine Verkehrspflicht wird immer dann verneint, wenn der potentiell zu schützende Verkehrsteilnehmer ein Risiko eigenständig erkennen und vermeiden könnte.[768] Dass der nasciturus hierzu nicht in der Lage ist, liegt auf der Hand, vielmehr ist ihm eine besondere Schutzbedürftigkeit zuzusprechen.

Aus den obigen Erwägungen ergibt sich folgende These:

Im Grundsatz gilt, dass eine Verhaltenspflicht desto eher angenommen werden kann, je wahrscheinlicher der Schadenseintritt ist.

Allerdings ist auch bei hohem Schädigungsrisiko eine Verhaltenspflicht abzulehnen, wenn ein schwerer Eingriff in die Rechte der Mutter vorliegt und der zu erwartende Schaden des Kindes gering ist.

Diese These geht zunächst von dem Grundsatz aus, dass die Mutter die Schädigungseignung kennt. Ob und in welchem Umfang der Mutter eine Pflicht obliegt, sich über die Schädigungseignung zu informieren, ist eine andere Frage.

4. Anwendung des Maßstabs auf Beispielsfälle

Die vorstehend umrissenen Grundlagen sollen an einigen Beispielen veranschaulicht werden.

Die Ausübung alltäglicher Handlungen, wie das Heben schwerer Gegenstände, wird in der Regel keine Verkehrspflichtverletzung begründen. Hier ist das Risiko einer Schädigung sehr gering und die Beeinträchtigung der Mutter aufgrund der Vielzahl an potentiell schädlichen Verhaltensweisen in ihrem täglichen Leben hoch. Die Pflicht zur Gefahrvermeidung würde im Verhältnis zu dem möglichen Schutz des nasciturus eine unzumutbare Härte für die Mutter sein.

Gleiches gilt für andere Handlungen, bei denen eine Schädigung nur mit geringer Wahrscheinlichkeit angenommen werden kann. Beispielhaft genannt werden sollen hier die Einnahme »leichter« Medikamente oder Urlaubs-Flugreisen. Grundsätzlich besteht auch keine Pflicht der Mutter, sich kategorisch von Katzen fernzuhalten, um eine mögliche Toxoplasmoseansteckung zu verhindern. Eine Verhaltenspflicht kann höchstens dahingehend bestehen, alle zumutbaren

768 *Lange*, in: jurisPK § 823 Rn. 87; *Wagner*, in: MüKo § 823 Rn. 426ff.

Maßnahmen zur Verringerung der Infektionsgefahr zu ergreifen oder den Kontakt zu einer Katze zu meiden, die bekanntlich eine akute Infektion erlebt und damit kurzfristig Erreger ausscheidet.

Bei der Ausübung gefahrengeneigter Sportaktivitäten (wie Rad- oder Skifahren oder Reiten) besteht gegenüber anderen Verkehrsteilnehmern (insbesondere anderen Rad-, Skifahrern oder Reitern) die Pflicht, sich verkehrsrichtig zu verhalten. Es darf in das verkehrsrichtige Verhalten anderer Personen vertraut werden.[769] Eine Verkehrspflicht besteht beispielsweise dahingehend, durch vorsichtiges, vorausschauendes Fahren einen Unfall zu vermeiden. Diese Pflicht dürfte auch gegenüber dem ungeborenen Kind gelten. Es besteht kein sachlicher Grund, den nasciturus hier aus dem Kreis der zu schützenden Personen auszunehmen. Eine Haftungsfreistellung im Bereich eines allgemeinen Verkehrskreises wie dem Straßenverkehr würde keine Anpassung der Sorgfaltspflichten der Mutter an die besondere Situation, sondern eine Schlechterstellung des ungeborenen Kindes gegenüber anderen Teilnehmern desselben Verkehrskreises bedeuten.[770] Die Einhaltung solcher Pflichten ist der Mutter zumutbar, da sie die gebotenen Sorgfaltsmaßnahmen ohnehin zum Schutz Dritter einhalten muss und dadurch nicht weiter beeinträchtigt wird.

Beachtung verdient die Frage, ob eine Pflicht dahingehend bestehen kann, eine risikogeneigte Tätigkeit überhaupt nicht auszuüben. Bei den genannten gefahrengeneigten Sportaktivitäten ist das Verletzungsrisiko des Kindes zwar höher als bei bloßen Alltagshandlungen, bei verkehrsrichtigem Verhalten ist die Wahrscheinlichkeit einer Schädigung dennoch gering. Die Gefährdung erfolgt nicht durch die Ausübung der Sportart an sich. Abgestellt wird vielmehr auf das Risiko eines Unfalls, welcher bei Anwendung der für den jeweiligen Sport erforderlichen Sorgfalt gering und selbst im Falle eines Sturzes eine Verletzung des Kindes selten ist.[771] Eine besondere Verhaltenspflicht wird damit bei der Ausübung risikogeneigter Sportarten im Regelfall nicht anzunehmen sein.

Äußerst fraglich ist, ob eine Verhaltenspflicht zum Verzicht auf Alkohol angenommen werden kann. Es ist unbestritten, dass Alkohol in der Schwangerschaft zu erheblichen Schädigungen des ungeborenen Kindes führen kann, wenn auch eine klare Grenze, ab welcher Menge Alkohol Schäden zu erwarten sind, nicht gezogen werden kann. Da eine Schädigung zumindest nicht auszuschließen ist, wird von vielen Medizinern der vollständige Verzicht als Leitlinie genannt. An dieser Stelle ist das Zivilrecht nicht auf eine exakte medizinische Kenntnis angewiesen. Die juristische Frage im Rahmen der Verkehrspflicht ist, welche

769 *Staake*, Gesetzliche Schuldverhältnisse § 8 Rn. 163.

770 Vgl. *Steffen*, in: RGRK Vor § 823 BGB Rn. 118 in Bezug auf die Haftungsprivilegierungen § 1359, § 1664.

771 Vgl. hierzu in Bezug auf den Reitsport: *Kramarz*, Reiten in der Schwangerschaft.

Maßnahmen ein umsichtiger, verständiger und in vernünftigen Grenzen vorsichtiger Mensch für notwendig und ausreichend erachtet. Auch wenn keine sichere Kenntnis darüber besteht, ob der gelegentliche Alkoholkonsum für das ungeborene Kind schädlich ist, so ist die Wahrscheinlichkeit, anders als bei vielen anderen Tätigkeiten, dennoch hoch. Eine umsichtig handelnde Person würde den vollständigen Verzicht auf Alkohol für notwendig halten, um das nicht unerhebliche Risiko einer Schädigung durch Alkohol zu vermeiden. Jedenfalls bei Überschreiten der von vielen Medizinern für unproblematisch erachteten Mengen an Alkohol, sind Schadensersatzansprüche denkbar. Fragen des Verschuldens beziehungsweise der Verschuldensfähigkeit wegen einer möglichen starken Abhängigkeit bleiben hiervon unberührt.

Zu dem gegenteiligen Ergebnis, nämlich zu einer Verneinung der Haftung bei Schädigungen durch Alkohol und Drogenkonsum, kommt beispielsweise Robben.[772] Dieses Ergebnis wird damit begründet, dass es sich zumindest bei dem Konsum von Alkohol um eine erlaubte, jedermann frei zustehende Verhaltensweise handele, die Gefahren für die Leibesfrucht nicht exakt absehbar seien und es sich bei der Leibesfrucht für die Frau nicht um ein »Gegenüber« im eigentlichen Sinne handele. Diese Erwägungen überzeugen nicht. Auch an sich legale Verhaltensweisen können Schadensersatzpflichten zur Folge haben. Auf eine hundertprozentige Schädigungswahrscheinlichkeit kommt es im Rahmen von Schadensersatzpflichten, wie aufgezeigt, nicht an. Wenn die Tatsache, dass es sich bei der Leibesfrucht nicht um ein »Gegenüber« im eigentlichen Sinn handelt, Schadensersatzansprüche wegen Schädigungen durch Alkohol ausschließt, müsste das auch für alle anderen Formen von Schadensersatzansprüchen zwischen Mutter und nasciturus gelten. Diesen Schluss zieht Robben jedoch nicht. Sodann ist das Argument aber nicht haltbar, da die Mutter auch bei anderen fahrlässigen Verletzungen ihres ungeborenen Kindes als »Gegenüber« ansehen wird.

Im Ergebnis besteht damit grundsätzlich eine Verhaltenspflicht der Mutter, ihr Kind nicht durch die Einnahme von Alkohol oder ähnlichen Stoffen zu gefährden.

Eine Verhaltenspflicht gegenüber dem Kind besteht insbesondere auch dahingehend, keine gesetzlich verbotenen Substanzen zu konsumieren. Hier ist die Handlungsfreiheit der Mutter aufgrund des ohnehin bestehenden Verbotes nicht erheblich beeinträchtigt.

Festzuhalten ist, dass das Bestehen von Verhaltenspflichten in erheblichem Maß von dem Grad der Schädigungswahrscheinlichkeit abhängt. Je wahrscheinlicher die Schädigung ist, desto eher kann der Mutter zugemutet werden, diese Handlung zu unterlassen.

---

772 *Robben,* Pränatale Schädigungen S. 228f.

Die vorgenannten Ausführungen haben unberücksichtigt gelassen, dass eine Verhaltensweise aus medizinischer Sicht zwar in hohem Maße schädigungsgeeignet sein kann, die werdende Mutter hiervon aber gegebenenfalls keine Kenntnis hat. Unter dem Aspekt der Zumutbarkeit stellt sich dann die Frage, ob von der Frau erwartet werden kann, sich bei jeder Handlung zunächst über die potentielle Schädlichkeit des Verhaltens für das Kind zu informieren. Dies mag für Verhaltensweisen angenommen werden können, bei denen die potentielle Schädlichkeit in der Bevölkerung allgemein bekannt ist. Eine generelle Informationspflicht wird man in Anbetracht der Vielzahl an potentiell schädlichen Handlungen aber nicht annehmen können. So wird es der werdenden Mutter wohl nicht zumutbar sein, sich beispielsweise bei jeder Mahlzeit zunächst über die Inhaltsstoffe zu informieren und diese dann auf ihre potentiell embryoschädigende Wirkung zu überprüfen. Auch werden Schwangere auf die Unbedenklichkeit des seltenen und geringfügigen Alkoholkonsums, der auch von ärztlicher Seite »empfohlen« wird, vertrauen dürfen.

5. Privilegierung in den ersten zweiundzwanzig Wochen?

Eine im Rahmen der Haftung nur selten angesprochene Frage betrifft die Anpassung der zivilrechtlichen Lösung an die zeitliche Privilegierung des Strafrechts. Strafrechtlich wird die schwangere Frau während der ersten zwölf Schwangerschaftswochen insoweit privilegiert, als dass sie nach vorheriger Beratung einen Schwangerschaftsabbruch durch einen Arzt vornehmen lassen darf (§ 218a Abs. 1 StGB). Fraglich ist damit, ob die werdende Mutter auch zivilrechtlich während dieser Zeit privilegiert werden soll. Der Frau obliegt in dieser Phase die Entscheidung über die Fortführung oder den Abbruch der Schwangerschaft. Drohende zivilrechtliche Konsequenzen könnten die Entscheidung dahingehend beeinflussen, dass die schwangere Frau sich für die Vornahme eines Schwangerschaftsabbruchs entscheidet, um Schadensersatzansprüchen wegen bereits erfolgter Schädigung zu entgehen.[773] Diese Bedenken werden in den USA unter das Schlagwort »folgenkostengünstigerer Schwangerschaftsabbruch« gefasst. Die Frage, ob die strafrechtliche Privilegierung auf das Zivilrecht übertragen werden soll, ist nicht eindeutig zu beantworten, da beide Seiten gewichtige Argumente für sich geltend machen können. Die Beantwortung dieser Frage bedarf reichlicher rechtspolitischer Erörterung und macht eine klarstellende Regelung durch den Gesetzgeber wünschenswert. Dies gilt insbesondere hinsichtlich einer Abwägung der hochrangigen Rechtsgüter und in Anbetracht des Prognosecharakters einer solchen Entscheidung. Sowohl eine Privilegierung als

773 *Robben*, Pränatale Schädigungen S. 229.

auch ein durchgängiger Gesundheitsschutz dienen höheren Interessen und können auf gute Argumente gestützt werden.

Gegen eine Privilegierung der Mutter wird angeführt, dass sich die zu befürchtenden Risiken im Vergleich zu den Chancen der Schadensersatzklage wegen vorgeburtlicher Schäden nur unerheblich auswirken.[774] Ferner könnte der Sorge um »folgenkostengünstigere Schwangerschaftsabbrüche« entgegen gehalten werden, dass eine entsprechende Problematik auch für den geborenen Menschen besteht. Wird ein Mensch getötet, steht ihm kein Schadensersatzanspruch für die Verletzung seiner Rechte zu. Ersatzberechtigt können allenfalls dessen Angehörigen unter den speziellen Voraussetzungen der §§ 844ff. BGB sein.[775] Ferner ist zu bedenken, dass ein effektiver Zivilrechtsschutz anderenfalls erst im fortgeschrittenen Verlauf der Schwangerschaft bestehen und insbesondere der Präventionsgedanke des Deliktsrechts seinen Schutz erst zu einem sehr späten Zeitraum entfalten könnte.

Über die ohnehin schon schwierige Beweislage hinaus, resultieren aus der Privilegierung während der ersten zwölf Wochen erhebliche Kausalitätsprobleme, wenn nicht sicher ist, ob der Schaden durch eine Handlung während der ersten zwölf Wochen oder danach eingetreten ist.

Für eine Privilegierung der Mutter entsprechend der strafrechtlichen Abstufung spricht, dass der Lebensschutz des Kindes, der für eine Privilegierung der werdenden Mutter angeführt wird, ein hohes Gut ist und dessen Gefährdung durch die Inaussichtstellung späterer Schadensersatzansprüche nicht von der Hand zu weisen ist.

Als – wenngleich hinkendes – Beispiel kann vergleichend an die Regelungen zur anonymen Geburt gedacht werden.[776] Die Abgabe eines neugeborenen Kindes bei einer sogenannten »Babyklappe« stellt an sich eine Straftat nach § 169 StGB (Personenstandsfälschung) dar. Die Möglichkeit einer »vertraulichen Geburt« lässt eine Strafbarkeit der Mutter und ihre Pflicht, gegenüber dem Standesamt Angaben zu machen, entfallen. Damit werden sämtliche Rechte des Kindes aus dem Verwandtschaftsverhältnis zu seinen Eltern, wie Unterhaltszahlung oder Erbteilsanspruch vereitelt, um der verzweifelten Mutter keinen Anreiz zur Tötung oder Aussetzung ihres Kindes zu bieten und somit das Leben des Kindes zu erhalten.

---

774 *Simon*, 14 Colum. J.L. & Soc. Probs. 1978–1979, 47, 84.
775 *Robben*, Pränatale Schädigungen S. 207.
776 Vgl. hierzu *Schroeder*, FamRZ 2014, 1745, 1748.

Fazit und Ausblick

1. Fazit

Dem ungeborenen Leben kommt in der deutschen Rechtsordnung eine besondere Stellung zu. Es wird von der Rechtsordnung anerkannt und geschützt. Ist jedoch das Rechtsverhältnis zwischen dem ungeborenen Kind und seiner Mutter betroffen, wird dieser Schutz erheblich eingeschränkt. Nach dem geltenden Zivilrecht bestehen keine Möglichkeiten, das ungeborene Kind in effektiver Weise vor schädigendem Verhalten seiner Mutter zu schützen.

Im Bereich des präventiven Rechtsschutzes besteht in der Literatur allenfalls eine Tendenz hin zu einem gerichtlichen Einschreiten nach § 1666 BGB zum Schutz vor illegalen Schwangerschaftsabbrüchen. Ob § 1666 BGB tatsächlich eine hierzu taugliche Rechtsgrundlage ist, sehe ich aber kritisch. Alle Übrigen schädigungsgeneigten Verhaltensweisen können durch familiengerichtliche Maßnahmen nicht effektiv verhindert werden. Unabhängig von der Art der Schädigung kommen nur Maßnahmen ohne Zwangscharakter, also vor allem Angebote auf Unterstützung, in Betracht. Auch die Androhung eines Sorgerechtsentzugs, als einzig effektive Maßnahme, hat jedenfalls bei Frauen, die kein Interesse am Schutz ihres Kindes haben, keine lenkende und schützende Funktion.

Ob einem Menschen Schadensersatzansprüche gegen die Mutter wegen pränataler Schädigung zustehen, wird in der Rechtsprechung nicht und in der Literatur kaum erörtert. Unter denjenigen Autoren, welche sich mit der Problematik vertieft auseinandersetzen, besteht Konsens insoweit, als dass Schadensersatzansprüche des Kindes zumindest praktisch nicht geltend gemacht werden können.

Die weitestgehende Versagung von Schutzmaßnahmen gegenüber der Mutter basiert, abgesehen von erheblichen Beweisschwierigkeiten, im Wesentlichen auf folgenden Erwägungen:

a) Der nasciturus nimmt eine Sonderstellung im deutschen Recht ein
b) Die Rechte der Mutter werden gegenüber denen des Kindes höher bewertet
c) Die Privilegierung der Mutter dient auch dem Kindesschutz

a) Sonderstellung des nasciturus nach deutschem Recht

Ein erster Grund für die Versagung von Schutzansprüchen des Kindes ist in der Sonderstellung des menschlichen Lebens vor dessen Geburt zu sehen. Auch wenn oftmals vehement abgestritten wird, dass das menschliche Leben in qualifizierbare Abschnitte einzuteilen ist, lässt sich diese These nach Analyse der Gesetze, Urteile und Literaturfundstellen nicht halten. Die Forderung nach einem »gleichberechtigten Leben« vor der Geburt mag ehrenwert sein, die Praxis spricht jedoch eine andere Sprache. Die Schlechterstellung des ungeborenen Lebens zeigt sich neben den Besonderheiten der Rechtsfähigkeit besonders deutlich bei der Abwägung von Rechten und Interessen von Mutter und Kind.

Der Mensch ist vor seiner Geburt nicht vollrechtsfähig, ihm wird eine Rechtsfähigkeit jedoch auch nicht vollständig abgesprochen. Grund für diesen »Zwischenzustand« ist das Bestreben, der Wertung des § 1 BGB zu entsprechen, dem nasciturus zugleich aber das Menschsein, welches eng mit dem Begriff der Rechtsfähigkeit verbunden ist, nicht vollständig abzusprechen.

Dass der nasciturus durch das deutsche Recht weniger geschützt wird, zeigt sich auch in Bezug auf das Recht der Schwangerschaftsabbrüche, wo sogar das Lebensrecht hinter die Selbstbestimmungsrechte der Mutter zurücktreten muss. Auch wenn die Straffreistellung bestimmter Schwangerschaftsabbrüche aus verfassungsrechtlicher Sicht nichts an der Rechtswidrigkeit derselben ändert, ist sie praktisch als Erlaubnis anzusehen. Auch gegenüber Dritten wird das ungeborene Kind nicht wie der geborene Mensch behandelt und seine Tötung nur mit einer im Vergleich zu den §§ 211, 212 StGB geringen Strafe bedroht.

b) Überwiegende Bedeutung der Rechte der Mutter

Zum anderen beschränken die Grundrechte der Mutter den Schutz des nasciturus in erheblichem Maß. Bei der Interessenabwägung ist die besondere untrennbare körperliche Verbindung zwischen Mutter und ungeborenem Kind zu beachten. Schon im Verhältnis zu geborenen Kindern bewirkt eine enge familiäre und körperliche Nähe eine Besserstellung der Eltern durch eine Haftungsprivilegierung. Die Bindung zum ungeborenen Kind geht jedoch weit darüber hinaus, da die Mutter nichts tun kann, ohne Einfluss auf das Kind zu nehmen.

Familiengerichtliche Maßnahmen scheitern in der Regel daran, dass sie nur bei einer hinreichenden Schädigungswahrscheinlichkeit erlassen werden dürfen. Medizinische Unsicherheiten über die Schädigungseignung schließen den Kindesschutz gegenüber der werdenden Mutter weitestgehend aus.

Aber selbst wenn eine Schädigung aus medizinischer Sicht wahrscheinlich ist und ein Einschreiten des Familiengerichts grundsätzlich denkbar wäre, scheitert ein effektiver Schutz auf Rechtsfolgenseite. Ist die Frau einsichtig, kann mit Weisungen, Hilfsangeboten o. ä. einiges erreicht werden. Anderenfalls wäre ein effektiver Schutz des Kindes nur durch drastische Maßnahmen umsetzbar, beispielsweise durch Einweisung in eine Entzugsklinik. Da bei solchen Zwangsmaßnahmen der Eingriff in die persönlichen Grundrechte der Frau im Vordergrund steht, kann § 1666 BGB, der zu Eingriffen in die elterliche Sorge berechtigt, hierzu nicht herangezogen werden

Auch deliktische Schadensersatzansprüche hängen von einer Interessenabwägung zwischen dem Kindesschutz und den Grundrechten der Mutter ab. Die Ansprüche des Kindes werden durch das Kriterium der Zumutbarkeit begrenzt, wodurch erneut der medizinische Forschungsstand ins Spiel kommt. Je gesicherter die Schädigungseignung ist, desto eher kommen Verhaltenspflichten der Mutter in Betracht. Da bei den wenigsten Verhaltensweisen sichere Kenntnisse über die Schädigungseignung bestehen und eine Verhaltenspflicht, alle potentiell schädlichen Handlungen zu unterlassen oder sich bezüglich jeder zu einer möglichen Schädigungseignung zu informieren, in Anbetracht der Vielzahl solcher Handlungen unzumutbar wäre, bestehen kaum Verhaltensweisen, die deliktische Ansprüche auslösen könnten.

c) Privilegierung der Mutter als Teil des Kindesschutzes

Dritter Grund für den weitestgehenden Verzicht auf vorgeburtlichen Schutz des Kindes gegen die Mutter ist die rechtspolitische Erwägung, dass die Privilegierung der Mutter auch dem Kindesschutz dient. Über das § 1664 BGB zugrunde liegende Bestreben, einen gerichtlich unantastbaren Kreis innerfamiliärer Entscheidungen zu bewahren, ist zu bedenken, dass ein Schutz des ungeborenen Kindes, anders als bei bereits geborenen Kindern, ohne die Mutter nicht möglich ist. Höchstes Ziel aller staatlichen Stellen muss es daher sein, die Mutter zu verantwortungsvollem Verhalten zu bewegen. Dies ist jedoch nur möglich, wenn sie das Kind nicht als rechtlichen Gegner und Verursacher zahlreicher Beschränkungen sieht.

2. Ausblick

Wird das Kind pränatal durch Verhalten verletzt, welches erwiesenermaßen embryonalschädigend ist und handelt die Mutter bewusst und in Kenntnis dieses Risikos, so sollten dem Kind Schadensersatzansprüche zustehen. Kinder, die beispielsweise durch erhebliche Mengen Alkohol vorgeburtlich an ihrer

Gesundheit verletzt werden, sollten ihren Schaden auch von ihrer eigenen Mutter ersetzt verlangen können.

Mit fortschreitender medizinischer Forschung mag die Schädigungseignung in Zukunft für verschiedene Verhaltensweisen, Medikamente oder Genussmittel festgestellt werden können. Ein deutlicher Durchbruch ist aufgrund der ethischen Dimension der Forschung mit Schwangeren und menschlichen Embryonen aber nicht zu erwarten.

In der Rechtspraxis ist vor allem der Nachweis der Schädigungsursächlichkeit problematisch, weswegen Schadensersatzansprüche des Kindes auch in Zukunft eher theoretischer Natur bleiben werden. Eine gewisse Abschreckung und ein Apell hin zu einem kindeswohlfördernden Verhalten mag darin dennoch gesehen werden.

Literaturverzeichnis

Arbeitsgruppe »Familiengerichtliche Maßnahmen bei Gefährdung des Kindeswohls – § 1666 BGB«, Abschlussbericht 2009

Autti-Rämö, Ilona/ Fagerlund, Ase/ u. a., Fetal Alcohol Spectrum Disorders in Finland: Clinical Delineation of 77 Older Children and Adolescents, American Journal of Medical Genetics 2006, 137–143

Badger, Joseph, No, You Can't Sue Mommy in Illinois, the Illinois Supreme Court Rejects Maternal Prenatal Civil Liability, 11 Northern Illinois University Law Review 1990–1991, 409–444

Bamberger, Heinz Georg/ Roth, Herbert, Beck'scher Online Kommentar BGB, München (zit. als: *Bearbeiter*, in: BeckOK) (zuletzt abgerufen und aktualisiert Mai 2019)

Bandstra, Emmalee/ Vogel, April/ u. a., Severity of Prenatal Cocaine Exposure and Child Language Functioning Through Age Seven Years: A Longitudinal Latent: Growth Curve Analysis, Substance Use Misuse 2004, 39 (1), 25–59

Bar, Christian von, Verkehrspflichten Richterliche Gefahrsteuerungsgebote im deutschen Deliktsrecht, Köln, Berlin, Bonn, München 1980

Ders., Ungewollte Schwangerschaft nach ärztlichem Kunstfehler – Kindesunterhalt als Schaden – Schmerzensgeld, ZEuP 1998, 327–331

Beal, Ron, »Can I Sue Mommy?« An Analysis of a Woman's Tort Liability for Prenatal Injuries to her Child Born Alive, San Diego Law Review 1984, 325–370

Beckmann, Rainer, Wachsendes Lebensrecht, ZRP 2003, 97–101

Bergmann, R.L./ Bergmann, K.E./ u. a., Rauchen in der Schwangerschaft: Verbreitung, Trend, Risikofaktoren, Zeitschrift für Geburtshilfe & Neonatologie 2008, 80–86

Bernard, Astrid, Der Schwangerschaftsabbruch aus zivilrechtlicher Sicht unter besonderer Berücksichtigung der Rechtsstellung des nasciturus, Berlin 1995

Bernat, Erwin, Wrongful Birth und Wrongful Conception in der Rechtsprechung des österreichischen OGH: Kann nur die Geburt eines behinderten Kindes die Quelle eines Schadens sein?, MedR 2010, 169–176

Berzewski, Horst, Suchterkrankungen, FPR 2003, 312–315

Becker, Peter, Zur pflichtwidrigen Abhebung vom Sparbuch des Kindes, FamRZ 2016, 869–872

Belling, Detlev, Der Schwangerschaftsabbruch bei Minderjährigen – Eine ungelöste Aufgabe des Gesetzgebers, Festschrift für Wolf-Rüdiger Bub, Berlin 2007, 455–492

Bienwald, Werner, Zur Beteiligung des Mannes bei der Entscheidung über den straffreien Schwangerschaftsabbruch seiner Ehefrau, FamRZ 1985, 1096–1102

Born, Winfried, Anmerkung zu Schleswigholsteinisches OLG, MDR 2000, 397–399

Brox, Hans/ Walker, Wolf-Dietrich, Besonderes Schuldrecht, München 2019

Bundesgerichtshof, Das Bürgerliche Gesetzbuch – mit besonderer Berücksichtigung der Rechtsprechung des Reichsgerichts und des Bundesgerichtshofs, Berlin, New York, Band II 5. Teil §§ 812–831, 1989, Band IV 3. Teil, §§1589–1740 g, 1999 (zit. als *Bearbeiter*, in: RGRK)

Burmann, Michael/ Heß, Reiner/ Berz, Ulrich, Handbuch des Straßenverkehrsrechts, München 2017 (zit. als: *Bearbeiter*, in: Burmann/Heß)

Brönstrup, Anja/ Bode, Christiane/ u. a., Stellungnahme »Auswirkungen eines moderaten Alkoholkonsums in der Schwangerschaft«, 2009

Bürkle, H., Anästhesie bei der schwangeren Patientin, Aktuelles Wissen für Anästhesisten 2015, 63–68

Classen, Claus Dieter, Die Forschung mit embryonalen Stammzellen im Spiegel der Grundrechte, DVBl 2002, 141–148

Clausius, Monika, Kinder, leibliche Eltern und Pflegeeltern im Fokus der höchstrichterlichen Rechtsprechung, jM 2015, 147–152

Chiriboga, Claudia, Fetal Alcohol and Drug Effects, The Neurologist 2003, Vol. 9, 267–279

Coester, Michael, Kinderschutz-Übersicht zu den typischen Gefährdungslagen und aktuellen Problemen, FPR 2009, 549–552

Ders., Embryoschutz in utero, Festschrift für Dagmar Coester-Waltjen, Bielefeld 2015, 29–40

Ders., The protection of the embryo in German family law, Journal of the child law, 1993, 88–94

Coester-Waltjen, Dagmar, Der Schwangerschaftsabbruch und die Rolle des künftigen Vaters, NJW 1985, 2175–2177

Dies., Der nasciturus in der hirntoten Mutter, Festschrift für Joachim Gernhuber, Tübingen 1993, 837–856

Dies., Rechtssubjekte: Natürliche Personen, Jura 2000, 106–108

Czerner, Frank, Der Schutz des ungeborenen Kindes vor der eigenen Mutter durch zeitliche Vorverlagerung zivil- und strafrechtlicher Regelungen? ZKJ 2010, 220–227

Ders., Reform der Reform: Wiedereinführung der embryopathischen Indikation bei Spätabtreibungen? ZRP 2009, 233–236

Dauner-Lieb, Barbara/ Heidel, Thomas/ Ring, Gerhard, Nomos-Kommentar zum Bürgerlichen Gesetzbuch, Baden-Baden, Band 2/1 §§ 241–610, 2016, Band 4 §§ 1297–1921, 2014 (zit. als: *Bearbeiter*, in: NK)

Dederer, Hans-Georg, Menschenwürde des Embryo in vitro? Der Kristallisationspunkt der Bioethik-Debatte am Beispiel des therapeutischen Klonens, AöR Band 127 [2002], 1–26

Dethloff, Nina, Familienrecht, München 2015

Deutsch, Erwin/ Spickhoff, Andreas, Medizinrecht, Berlin 2014

Deutsch, Erwin, Das behindert geborene Kind als Anspruchsberechtigter, NJW 2003, 26–28

Ders., Berufshaftung und Menschenwürde: Akt III, NJW 1998, 510

Ders., Allgemeines Haftungsrecht, München 1996

Deutsche Hauptstelle für Suchtfragen e.V., DHS Jahrbuch Sucht 2017, Lengerich 2017

Deutsches Institut für Jugendhilfe und Familienrecht, DIJuF Rechtsgutachten vom 15.04.2008, Umgang mit Situationen von Kindeswohlgefährdung (Alkohol- oder Drogenkonsum) während der Schwangerschaft, JAmt 2008, 248–250

Dietlein, Georg/ Hannemann, Jan-Gero Alexander, Advocatus nascituri? Die Mitbestimmung des Vaters beim Schwangerschaftsabbruch, ZfL 2015, 44–49

Dölle, Hans, Familienrecht I, Karlsruhe 1964

Dreier, Horst, Kommentar zum Grundgesetz Band I Präambel - Art. 19, Tübingen 2013 (zit. als: *Bearbeiter*, in: Dreier GG)

Ders., Stufungen des vorgeburtlichen Lebensschutzes, ZRP 2002, 377–383

Drygala, Tim/ Kenzler, Mareike, Teilentzug des elterlichen Sorgerechts zur Ermöglichung einer Cochlea-Implantation gegen den Willen der Eltern, FamRZ 2018, 156–161

Döpp, Wolfgang, Die diligentia quam in suis bei Schädigungen im Straßenverkehr, JR 1969, 14–16

Epping, Volker/ Hillgruber, Christian, Beck'scher Online-Kommentar zum Grundgesetz, München (zit. als: *Bearbeiter*, in: BeckOK-GG) (Zuletzt abgerufen und aktualisiert: 29.07.2019)

Epping, Volker, Grundrechte, Berlin 2019

Erman, Walter (Begr.)/ Westermann, Harm Peter/ Grunewald, Barbara/ u.a., Erman Kommentar zum Bürgerlichen Gesetzbuch, Köln 2017 Band I, II (zit. als: *Bearbeiter*, in: Erman).

Ernst, Rüdiger, Der Maßnahmenkatalog des § 1666 BGB, FPR 2008, 602–605

Esser, Josef/ Weyers, Hans-Leo, Schuldrecht Band II Besonderer Teil, Teilband 2, Heidelberg 2000

Esser, Josef/ Schmidt, Eike, Schuldrecht Band I Allgemeiner Teil, Teilband 2, Heidelberg 2000

Fabricius, Fritz, Relativität der Rechtsfähigkeit, München, Berlin 1963

Ders., Gedanken zur höchstrichterlichen Rechtsprechung betreffend den Nasciturus, FamRZ 1963, 403–410

Faßbender, Kurt, Präimplantationsdiagnostik und Grundgesetz – Ein Beitrag zur verfassungsrechtlichen und -dogmatischen Strukturierung der aktuellen Diskussion, NJW 2001, 2745–2753

Finger, Peter, Schwangerschaftsabbruch und Sterilisation in der Ehe, KJ 1986, 326–338

Freymann, Hans-Peter, Der Erwerbsschaden bei Kindern und Jugendlichen, DAR-Extra 2013, 752–757

Frommel, Monika, Stufungen des vorgeburtlichen Lebens, ZRP 2002, 530–531

Fuchs, Maximilian, Die deliktsrechtliche Verantwortung der Eltern für Schäden von und an Kindern im Straßenverkehr, NZV 1998, 7–11

Funke, Jan Christoph, Die sogenannte actio quasinegatoria – Zur Frage der quasinegatorischen Unterlassungsansprüche, Berlin 2010

Geigel, Reinhart (Begr.)/ Haag, Kurt, Der Haftpflichtprozess, München 2015 (zit. als: *Bearbeiter*, in: Geigel Haftpflichtprozess)

Geigel, Reinhart, Anmerkungen zu OLG Schleswig, Urteil vom 18.10.1949, NJW 1950, 388

Geiß, Karlmann (Begr.)/ Greiner, Hans-Peter, Arzthaftpflicht, München 2014

Giesen, Richard/ Kreikelbohm, Rolf, Beck'scher Online-Kommentar zum Sozialrecht, München (zit. als: *Bearbeiter*, in: BeckOK-Sozialrecht) (Zuletzt abgerufen und aktualisiert: 29.07.2019)

Gsell, Beate/ Krüger, Wolfgang/ u. a., Beck-Online.Grosskommentar, München (zit. als: *Bearbeiter*, in: BeckOGK) (zuletzt abgerufen und aktualisiert: 01.05.2019)

Grziwotz, Herbert, Möglichkeiten und Grenzen von Vereinbarungen unter Ehegatten, MDR 1998, 1075–1080

Hager, Johannes, Das Mitverschulden von Hilfspersonen und gesetzlichen Vertretern des Geschädigten, NJW 1989, 1640–1647

Hähnchen, Susanne, Der werdende Mensch – Die Stellung des nasciturus im Recht, Jura 2008, 161–165

Harrer, Herbert, Zivilrechtliche Einflußmöglichkeiten des künftigen Vaters auf die Durchführung des Schwangerschaftsabbruchs, ZfL 1989, 238–242

Ders., Die Beweislast bezüglich des Vorliegens einer Indikationslage beim Schwangerschaftsabbruch, MedR 1989, 178–180

Hansen, Henrik/ Krutz, Birte, Cannabinoids Enhance Susceptibility of Immature Brain to Ethanol Neurotoxicity, Annals of neurology 2008, 42–52

Hayatbakhsh, Mohammed/ Flenady Vicki/ u. a., Birth outcomes associated with cannabis use before and during pregnancy, Pediatric Research Vol. 71, 2012, 215–219

Heilmann, Stefan, Praxiskommentar Kindschaftsrecht, Köln 2015 (zit. als: *Bearbeiter*, in: Heilmann Praxiskommentar Kindschaftsrecht)

Heintschel-Heinegg, Bernd, Beck'scher Online-Kommentar zum Strafgesetzbuch, München (zit. als: *Bearbeiter*, in: BeckOK -StGB) (Zuletzt abgerufen und aktualisiert: 29.07.2019)

Heiß, Beate/ Heiß, Hans/ u. a., Familienrecht, Baden-Baden 2016 (zit. als: *Bearbeiter*, in: Heiß FamR)

Heller, Norbert, Der Haftungsmass-Stab der »Diligentia quam in suis«, Diss. Würzburg 1990

Heldrich, Andreas, Der Deliktsschutz des Ungeborenen, JZ 1965, 593–599

Henssler, Martin/ Strohn, Lutz, Gesellschaftsrecht, München 2014 (zit. als: *Bearbeiter*, in: Henssler/Strohn Gesellschaftsrecht)

Herberger, Maximilian/ Martineck, Michael/ u. a., Juris Praxiskommentar, Saarbrücken (zit. als: *Bearbeiter*, in: jurisPK) (Zuletzt abgerufen und aktualisiert: 31.01.2019)

Herdegen, Matthias, Die Menschenwürde im Fluß des bioethischen Diskurses, JZ 2001, 773–779

Heuermann, Paul, Argumentationsschwierigkeiten mit der Menschenwürdegarantin, NJW 1996, 3063–3064

Hilgendorf, Eric, Scheinargumente in der Abtreibungsdiskussion – am Beispiel des Erlanger Schwangerschaftsfalls, NJW 1996, 758–762

Hillenkamp, Thomas, Zum Schwangerschaftsabbruch nach Pränataldiagnostik, Festschrift für Knut Amelung, Berlin 2009, 425–446

Hippel, Eike von, Rechtspolitik: Ziele – Akteure – Schwerpunkte, Berlin 1992

Hirsch, Hans Joachim, Die Grenze zwischen Schwangerschaftsabbruch und allgemeinen Tötungsdelikten nach der Streichung des Privilegierungstatbestandes der Kindestötung (§ 217 StGB a. F.) Festschrift für Albin Eser, München 2005, 307–322

Hoerster, Norbert, Ein »verringertes« Lebensrecht zur Legitimation der Fristenregelung? NJW 1997, 773–775

Ders., Stufungen des vorgeburtlichen Lebensschutzes, ZRP 2003, 218

Hohm, Karl-Heinz, Grundrechtsträgerschaft und »Grundrechtsmündigkeit« Minderjähriger am Beispiel öffentlicher Heimerziehung, NJW 1986, 3107–3115

Hufen, Friedhelm, Präimplantationsdiagnostik aus verfassungsrechtlicher Sicht, MedR 2001, 440–451

Ders., Staatsrecht II - Grundrechte, München 2014

Huber, Peter/ Scherer, Holger, Die Neuregelung zur Ächtung der Gewalt in der Erziehung, FamRZ 2001, 797–801

Humphriss, Rachel/ Hall, Amanda/ May, Margaret, Prenatal alcohol exposure and childhood balance ability: findings from a UK birth cohort study, abrufbar unter: Humphriss R, Hall A, May M, et al. BMJ Open 2013, 3:e002718.doi:10.1136/bmjopen-2013-002718

Hübner, Heinz, Allgemeiner Teil des BGB, Berlin 1996

Hülsemann, Jörn, Die Schweigepflicht des Betriebsarztes, ArbRAktuell 2015, 192–195

Isensee, Josef/ Kirchhoff, Paul, Handbuch des Staatsrechts, Karlsruhe 2009 (zit. als: *Bearbeiter*, in: Isensee/Kirchhoff Handbuch des Staatsrechts)

Jakobs, Horst Heinrich/ Schubert, Werner, Die Beratung des Bürgerlichen Gesetzbuchs Allgemeiner Teil §§ 1–240, Berlin New York 1985

Jansen, Nils, Die Struktur des Haftungsrechts, Tübingen 2003

Jarass, Hans/ Pieroth, Bodo, Grundgesetz für die Bundesrepublik Deutschland, München 2018 (zit. als: *Bearbeiter*, in: Jarass/Pieroth)

Jauernig, Othmar (Begr.)/ Stürner, Rolf, Kommentar zum Bürgerlichen Gesetzbuch, München 2018 (zit. als: *Bearbeiter*, in: Jauernig)

Jayme, Erik, Die Familie im Recht der unerlaubten Handlungen, Frankfurt a.M, Berlin 1971

Joecks, Wolfgang/ Miebach, Klaus, Münchener Kommentar zum Strafgesetzbuch, Band 4 München 2017 (zit. als: *Bearbeiter*, in: MüKo-StGB)

Johannsen, Kurt (Begr.)/ Henrich, Dieter, Kommentar zum Familienrecht, München 2015 (zit. als: *Bearbeiter*, in: Johannsen/Henrich FamR)

Johnsen, Dawn, The Creation of Fetal Right: Conflicts with Womans's Constitutional Rights to Liberty, Privacy, and Equal Protection; Yale Law Journal 1985–1986, 599–625

Kahl, Wolfgang/ Waldhoff, Christian/ Walter, Christian, Bonner Kommentar zum Grundgesetz Band II, München Loseblattsammlung (Stand 2015) (zit. als: *Bearbeiter*, in: BK-GG)

Kaufmann, Armin, Tatbestandsmäßigkeit und Verursachung im Contergan-Verfahren - Folgerungen für das geltende Recht und für die Gesetzgebung?, JZ 1971, 569–576

Kelly, Yvonne/ Sacker, Amanda, Light drinking in pregnancy, a risk for behavioural problems and cognitive deficits at 3 years of age? International Journal of Epidemiology 2009, 129–140

Kindhäuser, Urs/ Neumann, Ulfrid/ Paeffgen, Hans-Ullrich, Kommentar zum Strafgesetzbuch, Baden-Baden 2013 (zit. als: *Bearbeiter*, in: Kindhäuser/Neumann/Paeffgen)

Kindler, Heinz, Kinderschutz im BGB, FPR 2012, 422–427

King, Patricia, Should Mom be Constrained in the Best Interests of the Fetus?, Nova Law Review Vol. 13 Iss. 2 (1999), 393–404

Klopfer, Karsten, Verfassungsrechtliche Probleme der Forschung an humanen pluripotenten embryonalen Stammzellen und ihre Würdigung im Stammzellgesetz, Berlin 2006

Kluth, Winfried, Indikationsfeststellung und ärztlicher Beurteilungsspielraum, NJW 1986, 2348–2350

Knolle, Eike, Das Haftungsprivileg der eigenüblichen Sorgfalt im Familienrecht – Weiterentwicklung der §§ 1359, 1664 BGB aufgrund der rechtlichen und sozialen Veränderungen von Ehe und Kindschaft, Berlin 1999

Koch, Elisabeth, Anmerkung zu BGH Urt. v. 15.2.2000 – VI ZR 135/99, JR 2000, 465–467

Korrop, David, Setting the standard: A mothers's duty during the prenatal period; 1989, University of Illlinois Law Review, 493–516

Kramarz, Susanna, Reiten in der Schwangerschaft, med. Diss München 2011

Küper, Wilfried, Mensch oder Embryo? Der Anfang des »Menschseins« nach neuem Strafrecht, GA 2001, 515–537

Lackner, Karl/ Kühl, Kristian/ Heger, Martin, Kommentar zum Strafgesetzbuch München 2018 (zit. als: *Bearbeiter*, in: Lackner/Kühl)

Lange, Hermann, Anmerkung zu BGH JZ 1989, 45f., JZ 1989, 48–50

Lanz-Zumstein, Monika, Die Rechtsstellung des unbefruchteten und befruchteten menschlichen Keimguts – Ein Beitrag zu zivilrechtlichen Fragen im Bereich der Reproduktions- und Gentechnologie, München 1990

Laufs, Adolf, Haftung für Nachkommenschaftsschäden nach § 823, NJW 1965, 1053–1057

Laufs, Adolf/ Kern, Bernd-Rüdiger, Handbuch des Arztrechts, München 2010 (zit. als: *Bearbeiter*, in: Laufs/Kern Handbuch des Arztrechts)

Laufs, Adolf/ Katzenmeier, Christian/ Lipp, Volker, Arztrecht, München 2009 (zit. als: *Bearbeiter*, in: Laufs/Katzenmeier/Lipp Arztrecht)

Larenz, Karl (Begr.)/ Canaris, Claus Wilhelm, Lehrbuch des Schuldrechts Zweiter Band 2. Halbband, München 1994

Lehmann, Matthias, Der Begriff der Rechtsfähigkeit, AcP 207 (2007), 225–255

Lemke, Hermann, Die gestörte Gesamtschuld in der Personenschadenregulierung, r + s 2006, 52–59

Linde, Trutz, Zur Ausschlagung einer Erbschaft – Nasciturus, Sozialhilfe, BWNotZ 1988, 54–58

Linke, Christine, Die rechtlichen Einflußmöglichkeiten des werdenden Vaters auf die Entscheidung über Fortdauer oder Abbruch der Schwangerschaft, Diss. Berlin 1992

Lipp, Volker/ Schumann, Eva/ Veit, Barbara, Kindesschutz bei Kindeswohlgefährdung – Neue Mittel und Wege? Göttingen 2008 (zit. als: *Bearbeiter*, in: Lipp/Schumann/Veit)

Losch, Bernhard/ Radau, Christine, Die »Kind als Schaden« Diskussion – Probleme der rechtlichen Bewältigung medizinischer Technikfolgen, NJW 1999, 821–827

Looschelders, Dirk, Schuldrecht Besonderer Teil, München 2018

Luckey, Jan, Die Haftungserleichterung und Konsequenzen für den Gesamtschuldnerregress, VersR 2002, 1213–1217

Ludyga, Hannes, Entschädigung in Geld und postmortales allgemeines Persönlichkeitsrecht, ZEV 2014, 333–338

Lüttger, Hans, Der Beginn der Geburt und das Strafrecht – Probleme an der Grenze zwischen Leibesfruchtcharakter und Menschenqualität, JR 1971, 133–142

Mahr, Jürgen Thomas, Der Beginn der Rechtsfähigkeit und die zivilrechtliche Stellung des ungeborenen Lebens – Eine rechtsvergleichende Betrachtung, Frankfurt a.M. 2007

Maunz, Theodor/ Düring, Günter (Begr.)/ Herzog, Roman/ u.a., Kommentar zum Grundgesetz Band 2, München Stand Januar 2019 (zit. als: *Bearbeiter*, in: Maunz/Düring)

Mangoldt, Hermann (Begr.)/ Huber, Peter/ Voßkuhle, Andreas, Kommentar zum Grundgesetz Band I Präambel, Artikel 1–19, München 2018 (zit. als: *Bearbeiter*, in v. Mangoldt/ Klein/Stark)

Manssen, Geritt, Staatsrecht II, München 2019

Mauel, Joachim, Die Sorgfalt in eigenen Angelegenheiten – Ursprung, Zweck und Grenzen des Haftungsprivilegs. Diss. Köln 1985

Mannsdorfer, Thomas, Pränatale Schädigung Ausservertragliche Ansprüche pränatal geschädigter Personen, Diss. Freiburg, Schweiz 2000

Medicus, Dieter (Begr.)/ Lorenz, Stephan, Schuldrecht II Besonderer Teil, München 2018

Medicus, Dieter/ Petersen, Jens, Allgemeiner Teil des BGB, Heidelberg 2016

Mergner, Tobias/ Kraft, Anna, Praxisrelevante Haftungsbeschränkungen, VersR 2016, 435–441

Merkel, Reinhard, Grundrechte für frühe Embryonen? Festschrift für Heinz Müller-Dietz, München 2001, 493–521

Mugdan, Benno, Die gesamten Materialien zum Bürgerlichen Gesetzbuch für das Deutsche Reich Band 1, Aalen 1979

Muscheler, Karlheinz, Die Störung der Gesamtschuld: Lösung zu Lasten des Zweitschädigers? JR 1994, 441–447

Musielak, Hans-Joachim/ Voit, Wolfgang, Kommentar zur Zivilprozessordnung, München 2018 (zit. als: *Bearbeiter*, in: Musielak/Voit-ZPO)

Mutius, Albert von, Grundrechtsfähigkeit, Jura 1983, 30–42

Münder, Johannes, Verhältnis zwischen Hilfen nach dem SGB VIII und familiengerichtlichen Maßnahmen nach § 1666 BGB, FPR 2003, 280–285

Müller, Gerda, Unterhalt für ein Kind als Schaden, NJW 2003, 697–706

Münch, Ingo von (Begr.)/ Kunig, Philip, Kommentar zum Grundgesetz Band 1: Präambel bis Art. 69, München 2012 (zit. als: *Bearbeiter*, in: v.Münch/Kunig)

Mittenzwei, Ingo, Die Rechtsstellung des Vaters zum ungeborenen Kind, AcP 187 (1987), 247–284

Oberloskamp, Helga, Der Schutz von Kindern nach dem Gewaltschutzgesetz und Kinderrechteverbesserungsgesetz einerseits und den Vorschriften der §§ 1666, 1666a andererseits, FPR 2003, 285–290

O'Leary, Colleen/ Bower, Carol, Guidelines for pregnancy: What's an acceptable risk, and how is the evidence (finally) shaping up? Drug and Alcohol Review 2012, 170–183

Onstein, Vera, Familiengerichtliche Intervention bei Gefährdung von Kindern durch neue Medien, jM 2017, 95–100

Paehler, Hans-Hermann, Hat die Leibesfrucht Schadensersatzansprüche? FamRZ 1972, 189

Palandt, Otto (Begr.)/ Brudermüller, Gerd/ Ellenberger, Jürgen/ u. a., Kommentar zum Bürgerlichen Gesetzbuch, München 2019 (zit. als: *Bearbeiter*, in: Palandt)

Pardey, Frank, Berechnung von Personenschäden Ermittlung des Gesundheits- und Mehrbedarfsschadens, des Erwerbsschadens und des Haushaltsführungs- bzw. Hausarbeitsschadens sowie des Unterhaltsschadens, Heidelberg 2010

Pelz, Christian, Notwehr- und Notstandsrechte und der Vorrang obrigkeitlicher Hilfe, NStZ 1995, 305–309

Peschel-Gutzeit, Lore Marie, Anmerkung zu BGH NJW 2010, 1351 ff., NJW 2010, 1356

Dies., Die Regelung des Umgangs nach der Herausnahme des Kindes aus dem Elternhaus, §§ 1666, 1666a BGB, FPR 2003, 290–293

Pick, Olaf, Verkehrspflichten und Handlungsfreiheit des »Schädigers«, Diss Saarbrücken, Frankfurt am Main 2005

Picker, Eduard, Schadensersatz für das unerwünschte eigene Leben »Wrongful Life«, Tübingen 1995

Piper, Brian/ Corbett, Selena, Executive Function Profile in the Offspring of Women that smoked during Pregnancy. Nicotine & Tobacco Research 2012, Vol. 14 (2), 191–199

Popova, Svetlana/ Lange, Shannon/ u. a., Estimation of national, regional, and global prevalence of alcohol use during pregnancy and fetal alcohol syndrome: a systematic review and meta-analysis, The Lancet 2017, 290–299

Prütting, Hanns/ Wegen, Gerhard/ Weinreich, Gerd, Kommentar zum Bürgerlichen Gesetzbuch, 13. Auflage, Köln 2018 (zit. als: *Bearbeiter*, in: Prütting/Wegen/Weinreich)

Quaas, Michael/ Zuck, Rüdiger/ Clemens, Thomas, Medizinrecht, München 2014

Raschen, Wolfgang, Zivilrechtliche Verhaltens- oder Schutzpflichten der Eltern für Leben und Gesundheit des ungeborenen Kindes?, Diss. Göttingen 1994

Rauscher, Thomas, Familienrecht, Heidelberg 2011

Renesse, Margot von, § 218f. StGB – eine unvollkommene Antwort auf ein unlösbares Problem Rechtsdogmatische Überlegungen zur Reform des Schwangerschaftsabbruchrechts, ZRP 1991, 321–325

Rhonheimer, Martin, Abtreibung und Lebensschutz, Paderborn 2004

Robben, Christine, Pränatale Schädigungen mit postnatalen Folgen, Frankfurt am Main 2015

Rolfs, Christian, Pränatale Schädigungen beim Menschen, JR 2001, 140–146

Roth, Andreas, Unterhaltspflicht für ein Kind als Schaden?, NJW 1994, 2402

Roth-Stielow, Klaus, Nochmals: Der Schwangerschaftsabbruch und die Rolle des künftigen Vaters, NJW 1985, 2746–2747

Röchling, Walter, Gefährdung des Kindeswohls, Anmerkungen zum Abschlussbericht der Arbeitsgruppe »Familiengerichtliche Maßnahmen bei Gefährdung des Kindeswohls«, FamRZ 2007, 431–435

Rudolphi, Hans-Joachim/ Horn, Eckhard/ u.a (Begr.)/ Wolter, Jürgen, Systematischer Kommentar zum Strafgesetzbuch Band IV §§ 174–241a StGB, Köln 2017 (zit. als: *Bearbeiter*, in: SK)

Sachs, Michael, Kommentar zum Grundgesetz, München 2018 (zit. als: *Bearbeiter*, in: Sachs)

Salaschek, Sarah, Die »Kind als Schaden« Rechtsprechung im Verhältnis zu den §§ 218ff StGB, Arzthaftungsansprüche der Eltern bei unterlassenen und misslungenen Schwangerschaftsabbrüchen und die Rolle des § 218a StGB, Heidelberg 2018

Säcker, Franz Jürgen/ Rixecker Roland/ u. a., Münchener Kommentar zum Bürgerlichen Gesetzbuch, München, Band 1: 2015, Band 6: 2017, Band 9: 2017 (zit. als: *Bearbeiter*, in: MüKo)

Scheffen, Erika, Erwerbsausfallschaden bei verletzten und getöteten Personen (§§ 842 bis 844 BGB), VersR 1990, 926–934

Schlink, Bernhard, Aktuelle Fragen des pränatalen Lebensschutzes, Berlin 2002

Ders., Der Grundsatz der Verhältnismäßigkeit, FS 50 Jahre BVerfG II, 445–465

Schmidt, Rudolf, Der Schutz der Leibesfrucht gegen unerlaubte Handlungen, JZ 1952, 167–169

Schmieder, Philipp, Die gestörte Gesamtschuld – ein Normenkonflikt, JZ 2009, 189–194

Schnitzler, Klaus/ Arens, Wolfgang, Münchener Anwaltshandbuch Familienrecht, München 2014 (zit. als: *Bearbeiter*, in: Schnitzler Anwaltshandbuch FamR)
Schönke, Adolf (Begr.)/ Schröder, Horst (Fortgeführt)/ Eser, Albin, Kommentar zum Strafgesetzbuch, München 2019 (zit. als: *Bearbeiter*, in: Schönke/Schröder)
Schulze, Reiner/ Dörner, Heinrich/ u. a., Handkommentar zum Bürgerlichen Gesetzbuch, Baden-Baden 2019 (zit. als: *Bearbeiter*, in: Schulze u. a.)
Schwab, Dieter, Familienrecht, München 2018
Schwerin, Anne Marie von, Schwangerschaft und Fliegen – Patho-Physiologische Überlegungen und Richtlinien der Airlines, med. Diss. München 2009
Sonnenberger, Hans Jürgen, Ersatzansprüche trotz pränataler Schäden nach ärztlicher Fehldiagnose ausgetragener Kinder, FamRZ 2001, 1414–1420
Sowada, Christoph, Die Geburt als statusändernder Akt der »Mensch«-Werdung, GA 2011, 406–411
Sodan, Helge/ Ziekow, Jan, Grundkurs öffentliches Recht: Staats- und Verwaltungsrecht, München 2018
Soergel, Hans Theodor (Begr.)/ Siebert, Wolfgang, Kommentar zum Bürgerlichen Gesetzbuch, Stuttgart, Band 3/2: 2014, Band 12: 2005, Band 19/2 2017, Band 20, 2000 (zit. als: *Bearbeiter*, in: Soergel)
Spickhoff, Andreas, Kurzkommentar zum Medizinrecht, München 2014 (zit. als: *Bearbeiter*, in: Spickhoff Medizinrecht)
Spohr, Hans-Ludwig, Das Fetale Alkoholsyndrom im Kindes- und Erwachsenenalter, Berlin, Boston 2016
Stachowske, Ruthard, Drogen, Schwangerschaft und Lebensentwicklung der Kinder, Kröning 2012
Staudinger, Julius v (Begr.), Kommentar zum Bürgerlichen Gesetzbuch, Berlin, §§ 255–304: 2014, §§ 1353–1362: 2018, §§ 1616–1625: 2015, §§ 1626–1633: 2015, §§ 1638–1683: 2016 (zit. als: *Bearbeiter*, in: Staudinger)
Stieglitz, Susanne, Die wrongful birth und wrongful life Problematik im deutschen Deliktsrecht, München 1989
Stoll, Hans, Zur Deliktshaftung für vorgeburtliche Gesundheitsschäden, Festschrift für Hans Carl Nipperdey I, 739–763
Stürner, Rolf, Der Schutz des ungeborenen Kindes im Zivilrecht, Jura 1987, 75–81
Ders., Die Unverfügbarkeit ungeborenen menschlichen Lebens und die menschliche Selbstbestimmung, JZ 1990, 707–724
Simon, Carol Ann, Parental Liability for Prenatal Injury, 14 Columbia Journal of Law and Social Problems 1978–1979, 47–92
Staake, Marco, Gesetzliche Schuldverhältnisse, Berlin 2014
Stör, Eckart, Der Deliktsschutz des Ungeborenen, Diss München 1968
Stößer, Eberhard, Anmerkung zu BGH FamRZ 2010, 720ff, FamRZ 2010, 725–726
Sundermann, Werner, Schadensausgleich bei Mitschädigung Minderjähriger durch Vernachlässigung der Aufsichtspflicht und elterliches Haftungsprivileg (§ 1664 Abs. 1 BGB), JZ 1989, 927–935
Terbille, Michael (Begr.)/ Clausen, Tilman, Münchener Anwaltshandbuch Medizinrecht, München 2013
Tröndle, Herbert, Gibt die Rechtsprechung den Schutz ungeborenen menschlichen Lebens vollends preis? MedR 1986, 31–36

Ders., Zum Begriff des Menschseins, NJW 1991, 2542–2543

Umbach, Dieter/ Clemens, Thomas, Mitarbeiterkommentar und Handbuch zum Grundgesetz, Heidelberg 2002 (zit. als: *Bearbeiter*, in: Umbach/Clemens)

Veit, Barbara, Pränatale Schädigungen beim Menschen, FPR 2008, 598–602

Vennemann, Ulrich, Anmerkung zu AG Celle, FamRZ 1987, 738ff., FamRZ 1987, 1069

Vorwerk, Volkert/ Wolf, Christian, Beck'scher Online-Kommentar zur Zivilprozessordnung, München (zit. als: *Bearbeiter*, in: BeckOK-ZPO) (Zuletzt abgerufen und aktualisiert: 29.07.2019)

Wacke, Andreas, Das Rechtssprichwort des Monats: Diligentia quam in suis rebus adhibere solet, JA 1981, 400–40

Walker, Wolf Dietrich, Haftungsprivilegierungen, JuS 2015, 865–874

Wandt, Manfred, Gesetzliche Schuldverhältnisse, München 2019

Walter, Elfriede, Annahme und Ausschlagung einer Erbschaft, ZEV 2008, 319–323

Weber, Martin, Sorgerecht und Umgang bei Substanzmissbrauch, NZFam 2018, 510–516

Weimar, Wilhelm, Haftpflichtansprüche des Kindes im Mutterleib? MDR 1962, 780–781

Wellenhofer, Marina, Familienrecht, München 2014

Wellington, Kate, Maternal liability for prenatal injury: The preferable approach for Australian law?, Tort Law Review Australia 2010, 89–101

Wiebe, Knut, Fallstudie zu zivilrechtlichen Möglichkeiten der Verhinderung eines Schwangerschaftsabbruchs, ZfL 2000, 12–19

Will, Annegret, Gewaltschutz in Paarbeziehungen mit gemeinsamen Kindern, FPR 2004, 233–238

Wilts, Walter, Zum Anwendungsbereich der §§ 1664, 1359 BGB, VersR 1967, 105–107

Wolf, Ernst, Naujoks, Hans, Anfang und Ende der Rechtsfähigkeit des Menschen, Frankfurt am Main 1955 (zit. als: *Bearbeiter*, in: Wolf/Naujoks, Anfang und Ende der Rechtsfähigkeit)

Wutz, Maximilian, Beschränkungen von Schadensersatzansprüchen zwischen Ehegatten, Diss. München 1991

Zeising, Michael, Der Nasciturus im Zivilverfahren, Diss. Würzburg 2004

Zimmermann, Reinhard, »Wrongful life« und »wrongful birth«, JZ 1997, 131–132

Zöller, Richard (Begr.)/ Althammer, Christoph/ u.a., Kommentar zur Zivilprozessordnung, Köln 2018 (zit. als: *Bearbeiter*, in: Zöller)